现代图书馆服务实践与理论研究

王　东◎著

吉林出版集团股份有限公司

图书在版编目（CIP）数据

现代图书馆服务实践与理论研究 / 王东著. — 长春：
吉林出版集团股份有限公司，2022.10
ISBN 978-7-5731-2510-1

Ⅰ. ①现… Ⅱ. ①王… Ⅲ. ①图书馆服务—研究
Ⅳ. ①G252

中国版本图书馆 CIP 数据核字 (2022) 第 190116 号

现代图书馆服务实践与理论研究

著　　者	王　东
责任编辑	陈瑞瑞
封面设计	林　吉
开　　本	787mm×1092mm　　1/16
字　　数	240 千
印　　张	10.75
版　　次	2022 年 10 月第 1 版
印　　次	2022 年 10 月第 1 次印刷
出版发行	吉林出版集团股份有限公司
电　　话	总编办：010-63109269
	发行部：010-63109269
印　　刷	廊坊市广阳区九洲印刷厂

ISBN 978-7-5731-2510-1　　　　　　　　　　定价：68.00 元

前　言

　　图书馆作为一个专门收集、整理、保存和传播文献信息资源的公益服务性机构，一个重要的知识信息集散地，有责任为国家建设中的科学、文化、教育和科研工作者提供更高层次的服务，满足他们的信息需求。

　　21世纪，我们看现代图书馆管理的发展状况，会发现在科技快速发展与信息日益膨胀的今天，图书馆管理正在发生翻天覆地的变化。一方面，科技发展对图书馆的影响已经日益加深，主要原因在于计算机和网络技术的普及，使得社会网络化、信息化得到发展，图书馆的现代化管理的技术支撑已经齐备。另一方面，与图书馆管理发展有密切关系的各种基础学科也已经快速发展，并与其他学科交叉，使图书馆管理发展的理论基础得到加强，现代图书馆管理的水平获得提高。因此，图书馆在继续加强馆藏资源建设，完善服务设施的基础上，以先进的科技手段和管理思想为依托，在新世纪迅速蓬勃发展。

　　本书主要内容包括现代图书馆服务概论、现代图书馆服务理念、公共图书馆现代化服务、高校图书馆的个性化服务、智慧图书馆以及RFID与手机二维码在图书馆中的应用等。

　　本书在成书之时参考和借鉴了国内外同行专家的设计和研究成果，在此表示衷心的感谢。由于时间紧，水平有限，难免有许多不足之处，肯请广大读者批评指正。

目　录

第一章　现代图书馆服务概论

服务是图书馆的基本宗旨，是贯穿图书馆发展的主线，是图书馆的核心价值观内容之一。

第一节　服务及其特性

早在亚当斯密时代，人们就从经济学领域开始研究服务，经济学意义上的服务是一种可供销售的活动，是以等价交换的形式满足企业、公共团体或者是其他社会公众的需要而提供的劳务活动。

关于服务的概念学术界目前还没有一个统一的界定。现在介绍几个比较有代表性的关于服务的定义或解释。1960 年美国市场营销学会将服务定义为"用于出售或者是同产品连在一起进行出售的活动、利益或满足感"。泽丝曼尔认为服务"包括所有产出为非有形产品或构建品的全部经济活动，通常在生产时被消费，并以便捷、愉悦、省时、舒适或健康的形式提供附加价值，这正是其第一购买者必要的关注所在"。"所谓服务，就是提供时间、空间、方式或是心理效用的经济活动。"菲茨西蒙斯认为服务是一个由在支持设施内使用辅助物品实现的显性利益与隐性利益构成的"包"。服务包由以下四个部分组成：①支持性设施，在提供服务前必须到位的物质资源。②辅助物品，消费者购买和消费的物质产品，或是消费者自备的物品。③显性服务，那些可以用感官察觉到的和构成服务基本或本质特性的利益。④隐性服务，消费者能够模糊地感到服务带来的精神上的收获，是服务的非本质特性。

综上所述，我们对服务的理解为：服务是一方向另一方提供无形利益而并不发生所有权转移的行动过程，同时服务也是消费者通过相关设施和服务载体所得到的显性和隐性利益的完整组合。

与实体产品相比，服务具有独特的性质，包括无形性、不可分离性、不稳定性与易逝性等，这些特性既相对独立又相互联系。服务的无形性是服务与有形产品之间最基本的区别，是服务所有其他独特性的源泉。服务的无形性使人们不能像对待有形产品那样来观察、感觉和 HT3H 触摸，也使得服务不容易向消费者展示或者轻易地与消费者进行沟通交流。因此，消费者难以感知和评价服务质量，对服务的体验充满着主观色彩。服务的无形性正

1

是服务品牌建立必要性的基础，同时也为服务品牌建设特别是服务品牌形象塑造提出了严峻挑战。

服务的不可分离性有两个含义：一是服务的生产和消费同时进行；二是消费者参与到服务传递过程之中。服务的不可分离性，使得消费者与服务提供者之间具有交互作用，因而会影响彼此对服务的体验。由于消费者参与到服务过程中来，这就要求服务组织必须注意服务场所和服务设施等物质环境。对于消费者来说，服务是一种发生在服务设施环境中的经历。对内部装饰、陈设、布局、噪声以至于颜色的关注也将会影响消费者对服务的感知。

服务的不稳定性是指服务的质量会随着提供者、提供对象、提供方式、提供时间、提供地点等方面的差异而发生较大的变化。服务不稳定性有两个主要特点：其一，与服务提供者绩效一致性相关的不稳定性。其二，与消费者相关的因素。消费者对服务的感知不仅仅是按照对象的目标和行动来感知，还按照自己的主观判断来感知，而在某种程度上消费者的主观感受常常也是不同的。服务的不稳定性主要表现在服务传递系统的不稳定、服务人员的不稳定和消费者自身的不稳定等三个方面。

在服务易逝性方面，面临的一个基本问题是服务不可储存，这就必然会很难解决需求与供给不平衡之间的矛盾，常常会出现等待与排队现象。如何从等待心理学或管理排队方面进行能力规划是一个极富挑战性的问题。所以充分利用服务能力进行预测并制订有创造性的计划就成为重要的和富于挑战性的决策问题。

上述服务特性特别是其中的无形性和不可分离性，使得服务不能被退回或重新销售，这一事实对消费者而言意味着面临巨大的选择风险。服务组织的任务就是如何增强消费者的选择信心，这为服务组织的品牌建设提供了机会。另外，服务的上述特性，又使得服务及其传递过程变得异常复杂和充满诸多的不确定性因素。这对于服务品牌建设提出了挑战，使得服务品牌建设遇到了更多的困难。

第二节　图书馆服务的基本概述

一、图书馆服务的概念

随着社会经济的发展，人类分工的不断细化，一方为满足另一方需求的社会活动——服务就必然产生，所以说服务是人类社会发展到一定阶段的必然产物。

人们对服务概念的认识是随着社会实践过程的发展而不断深化的。图书馆服务这个概念在现代图书馆工作中有着特定的内涵和外延，它反映了人们对图书馆服务工作本质属性的认识。阐明图书馆服务概念的含义对于开展图书馆服务工作和研究图书馆服务有着非常重大的意义。

　　这里所讲的图书馆服务，就是我们通常所讲的图书馆读者服务。但是由于现代图书馆服务功能的扩大和服务形式的多样化，图书馆的服务对象在以传统读者为主体的情况下，已经不单单只是局限于读者这个群体，而是已经扩大到其他需要图书馆提供各种类型服务的用户。因此，图书馆读者服务改称图书馆服务更为贴切的符合图书馆工作实际，也有利于我们对图书馆服务做深入的研究。

　　长期以来，图书馆界不但把图书馆读者服务混同于图书馆读者工作，对读者工作的研究代替了对图书馆服务的研究，而且读者工作研究本身就比较薄弱，最终导致我们在图书馆服务理论上研究不深且不远，没有切实地在工作实践中把握图书馆服务的发展和运作规律，导致图书馆事业还不能完全满足现代社会对图书馆的功能要求和广大社会公众的文献信息及娱乐、休闲需求，使图书馆工作在一定程度上还游离于火热的有中国特色的社会主义建设事业。对于图书馆服务研究的重要性，正如彭斐章教授在《数字时代的图书馆学研究》一文所总结的："图书馆学是强调服务的科学，服务观念应成为图书馆学的主要因素。离开了服务，图书馆事业就失去了存在的价值；离开了服务，图书馆学研究也就偏离了方向。"

　　目前图书馆界同人对图书馆服务的界定是众说纷纭，处于不完全确定阶段。袁琳老师对图书馆服务的界定是：图书馆根据读者的文献信息需求，充分利用图书馆资源直接向读者提供文献和信息的一系列活动。同时，他把读者服务、读者工作和图书馆服务三者基本等同起来。毕九江同志认为，图书馆服务简单地说就是为满足读者的信息需求而开展的各项工作，并把服务分为信息资源提供服务和信息咨询服务两大类，认为图书馆服务的内涵并不单单是指为满足读者的信息需求而开展的各项工作，还应包括图书馆的服务理念、服务质量、服务环境，以及在图书馆服务过程中工作人员的业务能力、服务态度等。谭祥金先生把图书馆服务定义为图书馆运用图书馆资源满足读者对文献信息需求的行为和过程。吴慰慈老师则把图书馆文献的使用和服务工作以及用户发展、用户研究、用户培训等一系列工作称为图书馆服务，并把其作为用户服务工作、读者服务工作的同义词。谢景慧则认为图书馆将丰富的文献信息资源向社会、向读者传递就形成了图书馆特有的活动内容——读者服务。

　　从众人对图书馆服务的各种界定分析，现代图书馆服务具有几个共同的结构因素：一是图书馆的服务对象——以读者为主体的社会各种组织和个人组成了图书馆服务的用户，其中某些个人和单位可能还不一定是图书馆文献信息资源的利用者。二是图书馆资源，也可称为图书馆服务资源。它是图书馆开展服务的基础条件，包括文献信息资源、人力资源、设施资源以及其他一切可以为社会和个人所利用的资源。三是图书馆服务对象的以文献信息为主包括其他各种形式的服务需求。四是为满足社会和用户需要的各种服务手段和方式，它是服务实现的前提条件。因此综合起来讲，图书馆服务就是图书馆为了满足社会和用户的文献信息等多方面需求，利用自身资源，运用多种方法所开展的一系列服务活动。这样一个定义，既符合当前图书馆服务工作的实际，又符合图书馆服务功能开放性发展的趋势，具有一定的前瞻性。

从服务营销学的角度来说，我们可以把图书馆服务看成是一种服务产品，一种被称之为知识服务的产品，即以信息知识的搜集、组织、分析、重组的知识和能力为基础，根据用户的需求和环境，融入用户解决问题的过程之中，提供能够有效支持知识应用和知识创新的服务。由于图书馆服务大多都是无形的不可感知的，用户获得服务的过程实质上也是感知和体验服务的过程，具有很强的伸缩性。因此，必须把用户感知到的与图书馆服务的载体连接起来。为此，图书馆"服务产品"这个概念，我们可以从以下四个层次来加以理解：

核心产品。它由基本服务产品组成，就图书馆而言，就是为用户不断地查询、分析、组织文献和知识和信息的过程。

期望产品。它与核心产品一起构成满足需要的基本条件。人们到达图书馆后，除了获得文献、知识和信息外，还有一些附加元素，包括简单和方便的办证手续、准确而又简明的导引系统、舒适的等候条件、快速的检索和输出服务等。

增值产品。即得到的产品与其他产品的差别体现。图书馆提供的服务产品有别于其他产品的差别体现在图书馆关注和强调利用自己独特的知识和能力，对现有的文献进行加工，从而形成新的具有独特价值的信息产品，为用户解决他们不能解决的问题。

潜在产品。用户得到产品所获得的潜在利益和价值。用户在接受图书馆提供的服务产品的同时，他们自身的知识积累和文化修养也因此得到提高，增加了用户感知的附加值。

上面谈到的四种产品中后三个层次（期望产品、增值产品、潜在产品）统称为边缘产品，有时也叫"附加服务"。

从图书馆服务是指图书馆利用其文献、设备设施等资源为人们的需求开展一系列活动可以看出，图书馆服务是人类社会活动的重要组成部分，贯穿于人类社会发展的历程之中。从古代藏书楼到现代图书馆，随着社会的不断发展，其服务形式、服务内容、服务手段不断变化，但是其服务本质没有改变，仍以文献资源为主体，为社会提供服务。

二、图书馆服务的发展

图书馆服务经历了从封闭到开放，从仅提供一次文献到提供一、二、三次文献服务，从借阅服务到参考服务，从坐等服务到主动推进服务，从信息服务到知识服务，从完全无偿服务到出现有偿服务，从按时服务到即时服务，从在馆服务到多馆服务、馆外服务，从在线服务到全球服务的漫长历史过程。

在西方，图书馆服务可以追溯到公元前6—前5世纪。在雅典出土的古希腊一个图书馆的墙壁上曾发现刻有"不得将图书携出馆外"的阅览规则。但是在印刷术发明前的很多世纪，藏书只能被少数人拥有和利用，且多限于馆内阅览。到中世纪初、中期，在修道院基础上发展起来的大学图书馆已开始重视借阅工作，但那些稀有珍贵的书籍仍被金属链锁住，以防读者携出馆外。17世纪，德国图书馆学家 G. 诺德提出图书馆不应只为特权阶层服务，应该向"一切愿意来图书馆学习的人开放"，服务时间也相应地延长。G.诺德主持的马萨林图书馆1645年起每周开放一次，1648年以后每日开放。约在同一时期，把图书馆喻为"人类百科全书""一切科学宝库"的另一位德国图书馆学者G.W.莱布尼茨认为"图书馆头等重要的义务是想方设法让读者利用馆藏，配备完整的目录，延长开放时间，不要对出借图书规定大多的限制"。受莱布尼茨思想的影响，1752年格丁根大学明文规定除星期日外每天开放10小时，读者可以自由地利用馆藏进行借阅与学习。

1735年，法国皇家图书馆向民众开放。19世纪上半叶，美国出现了指导读者利用图书馆的服务。1894年，美国丹佛公共图书馆率先开辟了儿童阅览室。20世纪初，美国出现了农村图书馆和流动书库，英国开始使用流动书库并开展邮寄借书，许多国家的大型公共图书馆和大学图书馆设立不同学科的参考咨询、文献检索部门，配备学识渊博的专家，指导阅览，开展参考咨询和情报检索等工作。许多公共图书馆还设立讲演厅、展览厅、电影放映室，出借唱片等音像制品。针对图书馆服务问题，许多著名科学家、思想家发表了精辟论述，对图书馆服务工作的发展提供了良好的指导具有促进作用。例如，美国图书馆学家M.杜威在长期寻求把书和人联系起来的最有效的方式的基础上，提出任何图书馆都应向读者提供情报，解答咨询。伟大的革命导师列宁说："值得公共图书馆骄傲和引以为荣的，并不在于它拥有多少珍本书，有多少16世纪的版本或10世纪的手稿，而在于如何使图书在人民中间广泛地流传，吸引了多少读者，如何迅速地满足读者对图书的一切要求，有多少图书被读者带回家去，有多少儿童来阅读和利用图书馆。"

第二次世界大战以后，随着图书馆事业的迅速发展，图书馆服务的内容和方式日益多样化，影响越来越大，一些国家开始制订图书馆服务方面的法律、法规。其中具有代表性、影响较大的是美国国会于1956年制订的《图书馆服务法》（1964年发展成《图书馆服务与建设法》）。这类法规对于促进图书馆服务逐步走向法制化、科学化和现代化，更好地搜集、整理、保存和提供人类已有知识发挥了重要作用。20世纪中期以后，许多国家努力实现图书馆资源共享，广泛开展馆际协作，向各类型用户提供深入、系统和便捷的文献和情报服务。

中国的图书馆蕴含丰厚的历史，且博大精深，源远流长。但由于长期受封建社会制度的制约，"保存藏书"一直是其主要功能，很少对外开放服务。尽管明末曹溶曾经在其所著《流通古书约》一书中，提倡用传抄和刊刻方法扩大藏书的流通和传播范围，清代乾隆进士周永年的"籍书园"和道光内阁国英的"共读楼"等私人藏书楼曾准许少量读者定期入内阅览，但影响都微乎其微。真正向社会开放，提供服务的是1904年浙江绍兴徐树兰创建的古越藏书楼和在此后的一些省立公共图书馆。辛亥革命以后，中国图书馆的服务对象逐渐扩大，如京师通俗图书馆设置新闻阅览室、儿童阅览室，并在一些县设立巡行文库。1919年五四运动前后，当时任北京大学图书部主任的李大钊强调图书馆的教育职能，提出公共图书馆应向工人、市民开放，实行开架阅览。以杜定友、刘国钧等为代表的欧美图书馆学派，推行西方的办馆思想，也主张图书馆为民众服务，要用各种方法吸引读者，并辅导他们自学。李小缘则强调图书馆发挥"消息总机关"的作用，向社会提供咨询服务。

中华人民共和国成立以后，公共图书馆、高等学校图书馆、科学技术图书馆等各类型图书馆分别根据文化部、教育部和科学院等部门制订的图书馆条例中的有关规定，通过阅览、外借、复制、参考咨询、文献检索、宣传报道、定题情报提供和情报分析等方式，广泛地为人民服务，为经济建设、科学技术和文化教育事业的发展服务。由于代查、代借、代复制、邮寄借书和流动图书馆服务的开展，使远离图书馆的读者也可以获得图书馆服务。

20世纪70年代前后，图书馆工作开始计算机化，但主要应用于内部业务，未能在根本上改变图书馆服务的基本架构。随后兴起的信息化热潮，对图书馆传统的一次文献服务形式形成了强烈的冲击。信息服务是向人们提供有用的显性信息为内容的信息传播过程，其特点和局限性在于信息内容限于显性信息与显性知识，在信息服务过程中采集、提供的信息，主要是将文献直接提供给用户，如一次文献、二次文献等。计算机网络普遍应用后，文献利用的"场所束缚"、图书馆利用的"时间限制"、文献与利用者的"地理间隔"等问题不复存在。为此，美国加利福尼亚大学伯克利分校图书馆情报学院（现改为信息管理与系统系）教授伯克兰德在《图书馆服务的再设计：宣言》一书中提出"未来一百年将是图书馆馆员必须重新构筑图书馆服务架构的时代"。他指出，信息技术的发展已经从根本上改变了图书馆世界，一场图书馆革命迫在眉睫。但是这场正在进行的革命是一场技术方法的革命，并没有证据说明图书馆的历史使命会有根本性变化。他同时认为，整个图书馆服务的架构要发生根本性变化，有必要重新设计，这也就是该书的"宣言"。另外他还指出了图书馆服务的变化主要表现为：服务的便利性、服务的自助利用和馆外利用等。网络的出现使得图书馆界认识到我们的核心能力并不在于所拥有的资源，而在于我们具备的利用广泛信息资源为用户创造价值的知识和能力。在今后的发展中，图书馆的核心能力将定位在知识服务上，即以信息知识的搜寻、组织、分析、重组的知识能力为基础，根据用户的问题和环境，融入用户解决问题的过程之中，提供有效支持知识应用和知识创新的服务。

从古代图书馆到现代图书馆的历史演变来看，图书馆服务具有以下发展规律：

一是服务对象扩展。图书馆的服务对象经历了一个从严禁到限制到部分开放到全面开放的过程。

在我国，新中国成立前因为能够对外开放的图书馆数量和藏书极其有限，加上广大工农群众中文盲占大多数，图书馆实际上只能为少数达官贵人和有文化者提供服务，是完完全全的"精英服务"。新中国成立后直至20世纪80年代后期，虽然通过开展扫盲运动，普及教育，广大人民群众的科学文化水平逐渐得以提高，图书馆服务对象扩展到了全民族的各个阶层，但是服务对象还是受地域、身份等方面限制，读者必须持有关证件进馆，办理借书证须单位证明本地户口。到了20世纪90年代，由于人们文献信息需求的增加，图书馆事业的发展，特别是公共图书馆事业的发展，公共图书馆已经面向全社会开放，社会成员可以不受地域、身份等方面的限制，可以就近享受图书馆服务。目前许多图书馆都免费向所有居民开放，任何人都可以免证件进馆阅览书刊，无论是本地居民还是外来劳务工，只要持本人身份证就可以办理借书证，免费借阅图书馆的书刊资料。

二是服务内容增加。由于人类信息需求的扩大，图书馆的服务内容也在相应增加。古代图书馆只是为皇朝政事提供参考、为公私著述提供资料，近代图书馆主要是阅览服务。现代图书馆除了为用户提供借阅服务、参考咨询和文献情报检索等服务外，同时为他们提供网络服务，包括全文检索、多媒体检索服务、网络检索服务、网络咨询服务，以及查新咨询服务、休闲娱乐服务等；不仅提供传统印刷型文献资料，还同时提供数字化的文献信息。服务功能的多样化已经使图书馆不再是单纯的文献收藏中心，同时是社会教育的基地、信息传播中心和民众休闲娱乐的重要场所。

三是服务手段提高。20世纪60年代以前，图书馆各项工作都处于手工操作阶段，图书馆服务效率低下。20世纪70年代以来，随着计算机技术在图书馆的应用，图书馆内部管理逐渐实现了自动化，图书馆服务效率有了显著提高。机读目录的出现为用户提供了更多的检索途径，流通自动化简化了用户的借、还手续。20世纪90年代以后，随着互联网技术的发展，图书馆服务实现了网络化。通过互联网，用户可以端坐家里轻松地享受图书馆服务，阅读图书馆数字化的文献资料，并下载自己所需要的信息。图书馆则可以利用互联网建立虚拟馆藏，共享他馆及其他信息机构的信息资源，为用户提供信息服务。

四是服务方式进化。随着社会的进步和发展，人类的信息需求日趋增加，图书馆的服务方式也有了巨大变化。古代图书馆，由于馆藏信息资源数量、管理手段及信息需求等方面的限制，图书馆一般仅提供室内阅览服务。然而到近代，图书馆馆藏文献数量有了显著增长，人类文献需求趋于大众化，图书馆除了提供馆内阅览服务外，亦向读者提供文献闭架式外借服务。到了现代，随着科学技术的飞速发展，文献信息资源急剧增长，人类的信息需求日趋多样化，封闭式服务已不能满足他们的需要，图书馆乃逐步实现了开放服务，实现了借、藏、阅一体化，极大地方便了用户利用文献信息资源，也提高了文献信息资源的利用率，最大限度地发挥了资源的效用。随着互联网的发展，图书馆服务已不再仅局限于图书馆内服务。通过互联网，图书馆可以提供网上阅读，全文信息传输等多种服务，及时快捷地满足社会大众的文献信息需求。同时，图书馆服务已不再局限于提供纯文献信息，而是提供多种功能、多种形式的社会化服务。

三、图书馆服务的本质

系统论主张从系统整体出发研究系统与系统、系统与各组成部分及系统与外部环境的关系。如果将图书馆看做是一个系统，则图书馆系统包含了文献采集处理子系统、文献信息传递子系统、图书馆管理子系统、读者子系统四部分。在具体的图书馆工作中，我们在强调前三个子系统的同时，却忽略了衡量前三个子系统效益标准的读者子系统。一般来说，只有读者子系统与前三个子系统相互作用才能显示出整个图书馆系统的活力，这种相互作用在图书馆工作中便体现在图书馆的服务工作上。一个图书馆对于读者的态度决定着读者服务工作的质量，这一切又影响着图书馆内部工作的展开。从系统的内部来分析，不重视读者工作的图书馆，系统总是处于超稳定的状态，即输入的文献信息总是大于输出的文献信息总量。

阮冈纳赞在图书馆五原则中一直强调图书与读者的关系，同时认为图书馆作为一个发展的有机体的存在必须适应读者不断变化的需求，图书馆的价值最终是为了读者而存在。如果一个图书馆失去读者，其价值体现也便失去依据，而衡量图书馆价值一般是从图书馆服务这方面来说的。我们可以从中看到，国外图书馆的一个良好传统是：素来以读者至上。英国的英国图书馆学术界和图书馆界对图书馆服务的基本观点是：为读者服务是图书馆存在的最终目的；图书资料只有被人们利用时才会转化为情报；信息时代图书馆的去向最终取决于读者服务的去向。美国学院和研究图书馆学会制订的图书馆标准明确规定：必须经常教育读者有效地利用图书馆。有了读者，同时还有为满足读者不断变化的需求而服务的观念，便是完整的、有活力的图书馆系统。

第二次世界大战以后，世界形势发生了重大的变化，科学技术有了新的突破性发展。1946年第一代电子计算机诞生于美国，带来了科学史上的重大革命。1954年，第一台计算机应用于图书馆，带来了信息的自动化，信息论、控制论、系统论等横向学科相继问世，为图书馆学与社会科学、自然科学的结合架起了桥梁。通信技术、自动化技术等在图书馆和情报部门得到了广泛应用，文献类型日益增加，文献数量急剧增长，人类社会开始进入信息时代。而信息化时代的根本特征之一是社会化，在社会化过程中，图书馆与社会的政治、经济、文化和教育乃至人们的日常生活联系得更为广泛和深刻。

图书馆的服务观念和服务工作有一个缓慢的发展过程。在漫长的发展过程中，由最初形式的藏书开放，逐步发展外借、阅览等流通方式：由只为少数学者专家服务，发展到为广大的民众服务；由单纯的流通书刊，发展到宣传图书，指导阅读；由被动的提供文献的资料，发展到主动的开发信息资源。这是一个由低级向高级，由简单向复杂，由被动向主动的历史发展过程。每个发展阶段都使读者服务工作向更高的水平迈进。

从服务观念和服务思想上来看，在强调文献的提供和传递作用的同时，必须强调对读者的教育作用。从历史发展来看，凡是比较强调图书馆服务工作的教育作用，把读者服务作为一种教育人民的手段来看待的，那个时期的服务工作就比较深入，也比较丰富和活跃，取得的成绩也比较明显和突出。所以，在读者服务工作中抓住教育作用这个重点是提高服务质量的关键。

由于读者服务工作是利用书籍来进行宣传和教育的工作，因此，它总是与各个历史时期的政治、文化密切相关。从上述我国近代图书馆读者服务工作的发展简史中，透过这个小小的窗口，也可以窥视中国近现代社会历史发展的部分内容。

当前世界新技术革命的浪潮冲击着各行各业。作为信息交流中间环节的读者服务工作，必然会受到深刻的冲击和影响。我们必须掌握时机，一方面要在认识上赶上形势的发展，提出新的服务观念和服务思想；另一方面要抓紧应用新的科学技术来装备和发展图书馆事业，促使读者服务工作向新的方向和水平进军。

传统图书馆的服务主要是以文献借阅为主，而在信息网络时代的图书馆应力图突破这种局限，强调图书馆的多功能创新服务，即图书馆要深化文献信息资源服务，不仅提供文献单元服务，还要提供信息知识服务，接受各种咨询，解答各种问题。同时，还要扩大服务内容与服务领域，积极为大众提供休闲、审美、交流、健身以及学习等多方面的服务。在信息化社会，图书馆服务的本质不但强调图书馆服务多功能，还要注意加强特色服务，特色服务的基本前提是每一个图书馆都应该建设出自己的馆藏特色，以展示自己存在的个性，同时馆藏资源以某一学科领域以及相关文献为范围，在服务上有针对性，服务方式灵活新颖。图书馆因其馆藏的专一性，可以在信息知识服务上迅速形成"垄断"地位，提高服务的权威性及保障率。

在现代社会，图书馆服务是一种有着丰富内容和重要意义的工作，它是图书馆工作的主要组成部分之一，是图书馆这个组织联系社会与用户的桥梁，是图书馆工作的最终价值体现，是图书馆工作的出发点和最终目的，也是图书馆为社会的物质文明、政治文明和精神文明建设作出贡献的主要途径和手段。图书馆是文献信息的服务中心，而图书馆馆员作为信息资源的管理者，无论对传统的印刷品信息资源，还是对现代化的电子出版物及网络信息资源，都应利用其自身的知识和技能进行有序的管理，主动搜选编辑、加工提炼生产再创信息，以便向用户提供快捷的、高质量的、针对性强的信息资源；成为信息资源管理的专家，在信息社会中扮演并担负起"信息导航"者的角色，辅导读者合理利用文献信息资源，引导读者以最快最佳的方式查找所需文献，并且在整个服务过程中，要遵循"省力原则"，要了解到"查找、利用方便"是吸引读者的关键。在新时期我们应积极构筑全新的知识服务平台，提高信息用户的信息意识和信息能力，以读者为中心，只有这样才能赢得更多的读者。

在图书馆事业的发展中，应该逐步确立起"以人为本"的服务思想。图书馆各项工作的最终目的是为读者提供服务，读者对文献信息资源的使用情况和满意程度是评价图书馆业绩的重要指标。在当前网络环境下，图书馆如何站在读者的角度，想读者所想，急读者所急，只有充分利用各种现代手段和资源，及时了解并解决读者提出的各种问题，才能与读者建立起一种相互依赖、相互支持的关系。

信息技术迅猛发展，Internet 席卷全球，证明了信息资源共享、信息服务的网络化已经是不可逆转的潮流。网络环境给图书馆的服务工作带来了前所未有的机遇，同时也带来了挑战。网络环境为图书馆服务提供了得天独厚的良好机会，图书馆应抓住这个机会，对信息资源的收集、加工整理、服务赋予新的内容和方式。图书馆的整体组织、人员安排、业务流程都要不断适应网络环境的要求，传统的服务方式可以利用网络环境来发挥新的效益。例如，图书馆的查询、外借预约、馆际互借等服务，可以通过网络功能实现。但是要实现网络环境下对图书馆服务提出的高水平、高质量的要求，必须对图书馆馆员的知识结构提出新的更高的要求。在信息服务的过程中知识技术含量加大，向智能化发展，图书馆从事读者服务工作的专业人员在工作方式、工作价值、工作效率、工作成果等诸方面将发生质的变化。

因此，为了方便读者在馆内的借阅方便快捷，就要提高图书馆馆员应用计算机网络通信等技术的能力。由于现代信息技术在图书馆的广泛应用，在网络环境下图书馆与信息用户发生了新的变化，随着用户自行上网检索的增多，需要馆员服务的机会也逐渐减少，图书馆馆员必须转变观念，提高认识，由过去那种检索服务转变为检索服务和指导服务并重，这就要求馆员必须对网络环境的检索工具、信息资源、使用方法，包括计算机日常操作、信息检索技术、网络技术、信息存储技术、系统开发与维护等。比一般用户有更多更全面的了解，以保证在计算机网络环境下，顺利进行信息处理工作，而且可以利用网络转变图书馆与读者之间原本传统的交流和沟通方式。网络环境下图书馆工作人员必须彻底转变旧的服务理念，重视"人"的因素；以读者为中心，真正树立"读者至上，服务第一"的观念，自觉做好读者服务工作，更好地服务于读者。

图书馆服务经历了从封闭到开放，从仅是提供了一次文献到提供一、二、三次文献服务，从借阅服务到参考服务，从坐等服务到主动推送服务，从信息服务到知识服务，从完全无偿服务到有偿服务，从按时服务到即时服务，从在馆服务到脱馆服务，从在线服务到全球服务的漫长历史过程。

20世纪70年代前后，图书馆工作开始计算机化，但主要应用于内部业务，未能从根本上改变图书馆服务的基本架构。随后兴起的信息化热潮，对图书馆传统的一次文献服务形式形成了强烈的冲击。信息服务是以向人们提供有用的显性信息为内容的信息传播过程，其特点和局限性在于信息内容限于显性信息与显性知识。在信息服务过程中采集、提供的信息，主要是将文献直接提供给用户，如一次文献、二次文献等。计算机网络普遍应用后，文献利用的场所束缚，图书馆利用的时间限制，文献与利用者的地理间隔等问题不复存在。在今后的发展中，图书馆服务的变化主要表现为：服务的便利性、服务的自助利用和馆外利用等。图书馆的核心能力将定位在知识服务上，即以信息知识的搜寻、组织、分析、重组的知识能力为基础，根据用户的问题和环境，融入用户解决问题的过程之中，提供能够有效支持知识应用和知识创新的服务。

图书馆服务就是我们通常所讲的图书馆读者服务。在信息网络环境下，由于现代图书馆服务功能的扩大和服务形式的多样化，图书馆的服务对象在以传统读者为主体的情况下，已不单单局限于读者这个群体，而是已经扩大到其他需要图书馆提供各种类型服务的用户。因此，图书馆读者服务改称图书馆服务更为贴切和符合图书馆工作实际，也有利于我们对图书馆服务做深入的研究。图书馆根据读者的文献信息需求，充分利用图书馆资源直接向读者提供文献和信息的各项工作，形成了图书馆特有的活动内容——读者服务。

现代图书馆服务具有几个共同的结构因素：一是图书馆的服务对象，是以读者为主体的社会各种组织和个人组成了图书馆服务的用户。二是图书馆资源，它是图书馆开展服务的基础条件，包括文献信息资源、人力资源、设施资源以及其他一切可以为社会和个人所利用的资源。三是图书馆服务对象的以文献信息为主包括其他各种形式的服务需求。四是为满足社会和用户需求的各种服务手段和方式，它是服务实现的前提条件。因此综合起来讲，图书馆服务就是图书馆为了满足社会和用户的文献信息等多方面需求，利用自身资源，运用多种方法所开展的一系列服务活动。

（1）在服务中要融入参考咨询。参考咨询是图书馆开展信息服务工作的重要途径。一线馆员不能仅仅停留在借借还还的水平上，而应该将咨询服务工作融入读者服务工作的各个环节，及时为读者答疑解难，最大限度地满足读者对文献信息的需求。

（2）在服务中要做到换位思考。站在读者的角度去思考问题，就会更深切地理解读者的心情，想读者之所想，急读者之所急，就会极大地提高我们的服务质量。

（3）在服务中要坚持一视同仁。这里指的是要公平对待每位文献信息利用者。要时刻牢记每一个公民都应该享受到公平公正的待遇，应当区别不同需要为其平等地利用图书馆提供最佳服务。

（4）在服务中要自觉用心服务。这里的用心服务包括热心、耐心、爱心和细心。为读者服务要满腔热情（热心），服务读者要"百问不烦，百答不厌"（耐心），接待读者要时时处处为读者着想（爱心），服务读者要把工作做细做精，让读者在细微之处体会到馆员的真诚服务（细心）。

（5）在服务中要注意交流沟通。馆员可以利用直接为读者服务的机会，了解读者的信息需求以及对图书馆工作的建议，并在交流中研究其阅读心理和阅读需求，区别不同情况提供不同服务，做好知识中介、信息导航工作；还可以利用定期举办读者座谈会、设立读者意见簿等方式，与读者交流沟通，以便于倾听读者意见，从而提高服务质量。可以利用网络加强图书馆与读者交流沟通的方式。多年来传统图书馆与读者交流沟通的方式一般有以下几种：面对面交流，主要是在书刊借还过程中工作人员与读者的接触和交谈；在图书馆内设立"读者意见箱"获取读者的建议事项；利用问卷调查，通过流通阅览数据的分类统计，分析读者对所需资源的意向。传统图书馆通过多种形式与读者进行交流和沟通，对于研究读者阅读心理，把握读者实际需求，增进读者对图书馆的了解，提高文献资源的利用率，都起到了一定的促进作用。但是，由于受工作方法和工作手段的限制，传统图书馆与读者交流沟通的面比较窄，难以做到深入、及时、互动、持久和有效，因此有待提高。

然而随着知识经济时代的到来和知识的多元化，读者对图书馆的需求呈现出多样化的趋势，信息技术的发展和计算机的应用也使图书馆的工作方式和服务模式发生了质的变化。图书馆联机书目信息系统的建立，为现实馆藏的展示和利用开辟了快捷的服务通道；同时，各种各样的电子文献数据库及网上资源逐渐成为读者获取信息的重要途径，越来越多的读者热衷于通过计算机网络获取信息资源，解决在文献资源使用过程中遇到的各种问题。为了使读者更好地了解和利用图书馆的现实馆藏、虚拟馆藏及各种服务，置于网络环境下的图书馆都在利用其主页，加强自身宣传和对读者的指导，并开始利用现代网络技术展开与读者的交流和沟通；在分析了当前图书馆存在的问题及读者的信息行为的基础上，图书馆利用网络有针对性地构建了新的信息服务机制，按用户的信息需要和信息行为来设计信息服务内容、服务方式、服务推销等，从而改变以往信息服务内容面狭窄，服务方式单一、僵硬，服务系统不全面的状况；全面提高服务人员的素质，以提高服务质量和水平，定期对网络服务人员进行培训和再教育，使其掌握先进的现代信息技术，不断更新知识结构，提高服务水平。积极研制和开发方便、易用的信息服务系统，使读者产生亲切感和信赖感，大大满足读者信息行为中的现实需求和信息提问；针对不同的读者开展专项服务，如利用电子邮件进行联系，用于回答读者在使用图书馆过程中遇到的实际问题，促进问题的及时解决；让读者直接参与文献信息资源建设，设立"新书推荐"，提供新书书目信息，请读者直接在网上进行选择等，使不同层次不同专业的读者均能在图书馆得到满意的服务。

图书馆服务是图书馆发展的基础，也是图书馆生存的根本，只有做好服务工作，才能充分发挥文献资源的价值，实现图书馆的社会功能，才能够有图书馆良好的生存和发展前景。所以，图书馆员的服务不再是传统的书刊资料的保管员和外借员，而是要面向社会各层次人员，为他们提供全方位、多层次的信息服务。要抛开传统思维定式，从思维方式上快速与知识经济接轨，以适应时代所需。每一位图书馆馆员都应立足于丰富多彩的图书馆实践，通过捕捉，发现实践中的问题，对其加以创造性的研究，为发展和完善图书馆增砖添瓦，成为发展和创新图书馆的一支重要力量。

四、图书馆服务的特点

现代图书馆读者服务工作正在凸显出一些与以往不同的特点，特别是网络化时代，网络技术的发展和应用，使图书馆向数字化、网络化和虚拟化发展，导致图书馆传统观念的变化。随着网络时代的到来，作为人类知识宝库的图书馆正在发生深刻的变化，它不再仅仅是保存和利用图书的场所，而逐步发展成为人类的知识信息中心。在网络环境下，图书馆的地位将大大提高，图书馆的服务必将成为图书馆建设最为重要的内容。

网络环境下图书馆的信息服务是一种高效的网络化、数字化服务，是现代信息服务的高级形式。它在服务理念、服务内容、载体形式、服务策略与方式等方面都有别于传统的信息服务，其主要特点如下：

（一）服务理念的信息化

信息服务首先是一种观念、一种认识和组织服务的理念。信息服务理念是开展信息服务工作，确定信息服务策略、方式与模式的思维准绳和理论基础，是信息服务的灵魂。知识经济的迅速发展以及用户在网络环境下呈现出对知识的迫切需要，促使图书馆必须在知识服务层面上下工夫，有效地收集、组织、存贮信息资源，根据用户的需要对信息资源进行深层次开发，挖掘其中隐含的知识，提供解决问题的知识。信息服务的价值主要体现其为社会经济发展提供服务的知识含量上，而非简单的信息数量上。

（二）服务内容的知识化

服务内容的知识化是以信息用户的需要为目标，将图书馆信息服务的工作重点从文献利用转移到知识运用上，强调信息资源的开发与利用，为信息用户提供的不仅仅是信息线索及相关文献，更主要的是从复杂的信息资源中获取到解决现实问题的信息知识，将这些知识信息融化和重组为相应的问题解决方案，并将之转化到新的产品、服务或管理机制中。

（三）服务载体的网络化

网络环境，以数字化资源为基础，以网络技术为手段，实现了跨越时空的资源共建共享。图书馆的馆藏不仅包括各类载体的本地数字信息资源，而且包括大量网上的虚拟数字信息资源。互联网的真正价值就在于可以通过四通八达的信息高速公路快速传递信息资源，它彻底地改变了传统的信息提供和获取方式，将分散于不同载体、不同地理位置的信息资源以数字方式存贮起来，并通过网络相互连接，实现了真正的信息资源共享。用户可以根据自己的需要，自由地访问那些适合自己的信息资源，极大地增加他们信息资源的拥有量，进而提高了整个社会的信息获取能力。网络化图书馆建设，打破了传统图书馆的封闭服务理念。通过局域网、CER-NET 和 Internet 互联，实现网上各种数据库资源的共享。通过网络资源的共享，图书馆的服务范围不断扩展，形成服务的无区域化。无论国内还是国际，这种变化趋势的进程都在加快。目前大多数图书馆已经同 Internet 联网。这种变化的最终目标是摆脱图书馆仅仅是为特定读者群体服务的思想束缚，向全社会开放，开展多种形式、多种渠道的信息服务，满足社会对信息的需求，更好地为社会各界服务，形成"大图书馆服务于大社会"的理念。

（四）服务方式的多元化

网络环境下，数字文献的服务实现了网络化，用户可以通过信息网络同时进行访问、检索和下载，如利用数据库开展定题服务、课题查新或追溯服务等都是数字图书馆为用户提供服务的重要方式。图书馆在网上发布各种文献资源的消息，不断地向用户提供所需要的信息和知识，用户可以在任何一个地方通过终端以联网的方式查找所需要的信息。数字信息的检索技术不再单纯地采用传统图书馆中惯用的关键词及其逻辑组合的方式，而且可以通过智能式人机交互方式来检索信息。图书馆利用互联网上的虚拟信息开展信息服务，主要包括利用互联网上的各类网站和搜索引擎按学科或专题建立网上学科导航站或学科指引库，并存放于某一网页，引导用户浏览或检索相关信息；利用互联网上的各类网站和搜索引擎按学科或专题搜集、下载、筛选、分析、重组和整合以建立专题数据库，然后向特定的用户提供服务。用户可以通过自己的语言不断地与系统进行交互，逐步缩小搜索目标，获取自己所需要的文献资料。

（五）服务中心的转变

这一转变主要体现为图书馆管理上的人性化转变，即图书馆在注重信息服务的同时，开始注重人文环境的建设。信息服务方面，在提供传统图书借阅服务的同时，重点加强网络建设，突破图书馆的时空限制，延长服务时间，拓展服务空间，为各类读者获取信息提供快捷、方便的服务；加强信息的收集、加工、组织，提高网络馆藏信息的数量和质量，为读者提供充分、有价值的信息资源。人文环境建设方面，图书馆应有效利用数字化和网络化技术，减少图书馆的馆藏空间，相对扩大读者的学习空间，为读者创建出舒适的学习环境，提供资料检索、查找、复印、装订等自助式快捷服务，同时建立读者同图书馆的有机联系，使读者特别是学生离不开图书馆。例如，澳大利亚的墨尔本大学，把学生证与借书证一体化，同时在入学时由图书馆为每个学生注册一个校园电子信箱，为学生提供在图书馆借阅图书的信息，同时学生可以通过电子信箱预约图书。

（六）服务态度的主动化

服务是图书馆的基本宗旨，是图书馆的核心功能。网络环境下图书馆的服务已经由传统的被动型服务向主动型服务转变，这种转变已经发展成为现代图书馆的主要特征之一。这种转变趋势主要表现在以下三个方面：一是图书馆的服务方式由信息储藏向信息加工和传递转变，使图书馆成为读者获取最新信息和知识的来源；二是主动为科研服务，使图书馆成为国内外新学科、新领域、新课题、新动态、新技术成果的跟踪者和信息提供者，发挥出信息的时效性，为读者特别是科研人员提供及时、准确的服务；三是主动参与市场竞争。图书馆发挥自身的信息优势，改变被动服务方式，树立市场观念，主动参与市场竞争，根据市场需求，为社会各部门提供各种信息服务。

（七）印刷文献与电子文献并存

带光盘图书现已成为许多图书馆在阅览和外借时需要探索的读者服务新问题，一些图书馆已在实践中总结了一些好的做法，如外借时带盘书单独处理等。北大方正较为妥善地解决了图书电子版的知识产权后，其所提供的数以万计的图书正逐渐成为一些图书馆的服务内容。上海图书馆在"读书月"中开展了主题为"引领网络环境下的学习"的系列活动，其中就包括方正三万册电子图书的网上借阅服务。在一周时间内，便吸引了上百万的点击率，2500张电子图书码数天之内便登记一空，表现出广大读者对电子图书的热情。而美国OCLC所提供的NETLI-BRARY的西文电子图书经过上海中心图书馆和西安交大图书馆等12家机构的联合采集，总共4000种左右的外文图书也向读者开通使用。这些信息，都反映出现代图书馆服务中文献载体已是印刷型与电子型各具优势、并驾齐驱。

（八）阵地服务与网络服务并重

在传统阵地服务的同时，现在几乎稍有规模的图书馆都有了自己的网页，清华大学、上海图书馆、中山图书馆等都先后开展了网络参考咨询工作，国家图书馆和上海图书馆的网上文献传递工作也与日俱增。而网上借阅、网上讲座、网上咨询、网上文献提供、网上读者信箱等等，网络已经成为现代图书馆生长的有机体中的一个不可或缺的组成部分，它连接着被认为是图书馆三大要素的藏书、读者和工作人员，从而使网络服务与传统的阵地服务互为补充、等量齐观，并已经并将愈益表现出其无限的生命力。

（九）突破时间和空间的限制

服务时间的限制、服务空间的限制一直是读者服务不能实现方便读者的跨越式发展的两大障碍。而借助于信息技术的支撑，图书馆已可以向读者提供24小时的"全天候"服务；服务的触角也已延伸至全国以及世界各个国家和地区。读者与图书馆馆员之间从来没有像今天这样"天涯若比邻"，虽远隔千山万水，但犹如近在咫尺，即时的咨询问答等服务方式使远距离的感觉不复存在。人们已经并将可以通过图书馆来实现这样的服务愿景，即任何读者、在任何时间、在任何地点、可以利用任何馆藏、与任何参考馆员联系进行他所希望的个性服务。

（十）资源无限带来服务无限

当数字化的技术将传统介质的文献转化为数字信息，在网络通信技术的帮助下使全世界各图书馆以及其他机构的数字信息连为一体时，人们真正感受到了资源的无限以及由此产生的图书馆读者服务空间的无限广阔。一些图书馆的馆藏并不丰富但善于利用社会各类信息资源的图书馆在近年来做出了惊人的成就，使传统对馆藏数量及建筑面积的追求开始改变，资源共享的理念更加深入人心。

（十一）功能拓展带来服务延伸

当代图书馆的发展在其原有的文献典藏、知识交流、文化教育以及智力开发功能的基础上，其终身学校、文化中心、信息枢纽的功能开始显现，虽然这些功能与原有的功能可能有重合的部分，但是这些功能却显示出其强大的生命力，使图书馆的读者服务不断得到延伸，服务空间不断得到拓展，服务平台不断得到扩大。以讲座为例，国家图书馆的部级领导干部历史文化讲座、上海图书馆大型宏观信息讲座等都将服务的触角延伸向了社会，在发挥图书馆作为市民的终身学校方面显示出了勃勃生机。

（十二）个性化服务的需求越来越突出

中国正在全面建设小康社会，社会中的中等收入阶层已经形成并在不断扩大。这一读者群体在服务上就体现出了个性化的需求。而网络技术的发展为自助性的读者服务提供了许多的途径和服务内容，而在这样的服务过程中，读者的自主性得到张扬，个性化得到满足。当上海图书馆庆祝新馆开馆五周年与上海有线电视台共同推出"把我的图书馆送入千家万户"的服务时，这种个性化的服务正逐步成为图书馆界追求的服务新理念。

（十三）便捷服务的要求越来越高

方便快捷是广大读者对图书馆服务的基本要求，信息化时代最重要的就是速度。为读者节约时间已成为一种服务理念，如有的图书馆提出了为读者的限时服务，尽可能地缩短读者在借阅中的等候时间。许多图书馆向读者主动提供了个性化的、快速的、高质量的、标准化和规范化的服务，特别是在第一时间提供了最新的各类文献和信息；同时在读者导引、空间布局、文献提供以及网上咨询等图书馆服务的每一个环节和业务中体现出了效率与质量。

（十四）免费服务的呼声越来越强烈

按照国际图联和联合国教科文组织《公共图书馆宣言》中所指出的，"公共图书馆原则上应该无偿提供服务"。在图书馆的一般服务中，向读者收取服务费与会员费等只能是权宜之计；而收取一些文献外借逾期费、复印费等也是允许的，但收取的费用不能太高。这些在国际图联和联合国教科文组织所发布的《公共图书馆服务发展指南》中所阐述的观点已为越来越多的图书馆管理者所认可，而广大读者则按照这样的规定要求图书馆提供更多的免费服务，并对目前的一些收费项目提出了质疑。

第三节　图书馆服务的原则

在长期的社会实践中，图书馆界根据服务工作的规律，总结出了一系列的服务原则，推动了图书馆服务。图书馆服务工作的原则，是图书馆服务理念的具体贯彻，体现着其用户服务的水平与质量。这些原则贯穿于服务工作的各个环节之中，互相渗透，互相补充，形成了一个有机的整体。

一、以人为本原则

以人为本通常是指正确认识和处理人与其他生产要素的辩证关系，重视人的智能、创造力及其主导、能动和决定作用，将人作为"活力源"而形成的关于人的科学理念。对于图书馆而言，人、时、物、文献管理、信息开发、用户服务等内容纵然千头万绪，但这一切是受人的统计和支配的，是通过人的工作和劳动去实现的。因此，在人与物的矛盾中，人总是起主导作用的，是矛盾的主要方面。

在图书馆服务工作中，坚持"以人为本"，指的是在为用户服务时，不管何时何地，都要"以用户为中心"，要把"为一切用户服务""一切为了用户""满足用户的一切合理需求"作为图书馆服务工作的出发点和最终目标。

在图书馆坚持"以人为本"的管理思想，重视提高图书馆工作人员的思想文化素质和业务水平，增强他们的向心力和凝聚力，这样他们工作起来就会有干劲、有热情，用户就能从中受益，图书馆也将因此而成为用户满意的图书馆。

二、主动服务原则

所谓主动服务，就是指图书馆以社会和用户的文献信息及其他文化、教育、休闲需求为核心，以积极的态度和服务精神，采取各种措施和手段主动地为社会服务。主动性服务是积极的服务思想的反映，体现出图书馆馆员的奉献精神和对图书馆的事业心。

图书馆主动服务的内容有：

（1）图书馆应由文献资料的收藏者转变为知识信息的生产者、开发者。生产、开发有特色、实用等能上网服务的数据库及馆藏资源网上公开查询和浏览系统，大馆有实力可自行建立，小馆可与相关做信息资源数字化的公司合作。

（2）网络资源导航。图书馆工作人员可利用自身收集、综合、分析、判断与整理信息能力的专业优势，开发利用网上资源，拓展图书馆服务，将网络信息分门别类地整理，提供给用户，担负起组织加工、检索导航的职责。具体实践时可立足于本单位学科特色、主要研究方向、重点课题及用户特点等进行收集归类。如中国医科大学图书馆将网络信息分为：一般主题指南、医学专业性指南、一般查询引擎与医学查询引擎、免费网址、电子期刊、数据库、周内热门站点、国外院校等，深受用户欢迎。

（3）用户培训。在网络环境下，图书馆的教育职能与情报服务职能可更好地结合，如为用户举办讲座和培训班，普及网络知识和检索技能，介绍上网常见问题及其解决办法，推荐优秀网络搜索引擎等。这种服务的结果，就是提高了用户自我服务的能力，图书馆的情报服务职能也因此得以实现。

（4）继续开展传统的主动服务并利用新的技术改善其质量。传统的主动服务形式比如定题服务、新书通报服务、剪报服务、中英文期刊目次通告服务、馆际互借服务等，在图书馆服务中取得了很好的效果，以后仍然要十分重视。在网络环境下，还可借助网络与通信的优势，改善这些传统服务中存在的问题，开展新的更高质量的服务。

（5）追踪用户需求的变化，做好机动性主动服务。倡导主动服务，对图书馆和图书馆馆员提出了更高的要求。

首先，要理性地认识到开展主动服务是图书馆职责所系。为用户服务是图书馆工作者"为人民服务"的具体体现，而主动服务则是达到"完全""彻底"这一崇高境界的一次升华。在人类社会生活中，人与人之间会形成各种内容、各种形式的服务和被服务的关系，正是这种关系，保证了人类社会这部大机器得以正常运转，保证了社会生活呈现出千姿百态并不断地向前发展。这便是所谓的"人人为我，我为人人"。社会分工的结果，作为人类社会生活这部大机器中的一个组成部分的图书馆，以向人们提供知识信息等服务为己任。任何一个图书馆工作者，不管当初是自己选择了图书馆还是图书馆选择了自己，既然已是这支队伍中的一员，就应该热爱这个事业，并把自己的全部精力和才智贡献给这个事业。由于现在还有许多民众不了解图书馆，不了解图书馆的服务，我们就应该义无反顾地通过主动服务去宣传图书馆，吸引更多的人来利用图书馆。这是我们的职责所系，也是我们自身存在的价值所在。

其次，图书馆服务人员应具备良好的心理素质。图书馆服务的过程是馆员和用户共同参与的过程，也是图书馆与他们之间进行交流和沟通的过程，双方应具有良好的心理和感情联系，达到提高图书馆资源利用率并确保用户获得良好的利用效果这个最终目的。因此，馆员应与用户建立起相互信任的情理相容关系，充分体现出对图书馆资源的利用人人平等，所有用户一视同仁。只有这样，才能为顺利开展服务工作创造必备的条件与环境。主动服务，意味着在接待用户的过程中，尊重用户的意愿和意见，充分利用现有条件和积极创造条件，开展尊重用户的各种活动；通过日常接待和座谈、问卷等形式，主动与用户进行心理沟通，与他们在心理上进行"角色互换"，从而建立心心相印、相互依赖的牢固心理基础，使图书馆充分依赖与用户的心理联系，深刻领会和理解其需求，主动提供文献信息等资源，促进图书馆资源的开发和利用。

最后，馆员要有较高水平的职业素养。图书馆服务特别是文献信息服务是一种具有学术性、理论性、技术性及创造性的工作。但伴随着现代社会和科学技术迅猛发展，人们的需求范围越来越广泛，求知面越来越宽，个人需要的文献信息越来越专业，对图书馆的要求也越来越高。图书馆馆员的水平不高，就不能圆满地解决用户提出的问题，或者不能很好地满足用户的要求，也就不可能深度开发和利用图书馆资源。因此，要主动提供服务，就要求馆员具有广阔的知识面，掌握文献信息整理、检索、开发的职业技能，特别是要熟练地掌握现代信息技术，适应时代和用户需求的发展。

三、开放原则

图书馆自诞生之日起，从封闭到局部开放再到全面开放，经历了漫长的演变过程。开放服务已成为现代图书馆的重要特征。开放是服务的前提，开放原则是图书馆服务的首要原则，没有开放便无服务可言。现代意义上的图书馆开放，是一种全面开放，包括资源开放、时间开放、服务对象开放和馆务公开。

1. 资源开放
资源开放是指把图书馆的所有馆藏资源（包括实体馆藏和虚拟馆藏）、人力资源和设施向用户开放。资源开放的内容及要求有：

（1）所有馆藏全部开放利用；
（2）尽最大努力实施开架借阅；
（3）经常进行馆藏宣传（如新书通报）；
（4）图书馆之间相互开放资源，实现资源共享；

（5）馆内所有设施（如书库、展览厅、视听室等）向用户开放；

（6）全面揭示馆藏，健全检索体系等；

（7）全面实行全员服务。

2. 时间开放

时间开放是指最大限度地延长用户利用图书馆的时间。西方一些发达国家的公共图书馆，不仅保证天天开馆，而且保证从早晨至午夜的开馆时间。我国的国家图书馆和上海图书馆也实行"365天，天天开馆"。图书馆服务的时间开放要求做到：

（1）节假日和公休日不闭馆，即"图书馆无休息日"；

（2）馆内开展任何公务活动都不影响正常开馆；

（3）保证开馆时间的完整性或连续性，避免中断。

3. 服务对象开放

服务对象开放是指图书馆不分国籍、种族、年龄和地位等，向所有人开放。图书馆不仅仅是一个阅读场所，也是人们观光、交谈、休闲和娱乐的场所，是具有综合功能的社会文化中心。图书馆服务在文化层面上具有不可或缺的存在价值，它沟通了人与人之间的感情联系，也提供了人们相互交流的场所。正如原国际图联图书馆建筑与设备委员会主席P.J.舒茨先生所说："不少读者来到图书馆，并不一定是为了想看某一特定的东西，而是随便浏览一下，看看有什么值得一看的东西，或者只是来会会老朋友，他们把图书馆当成了第二起居室。"图书馆向社会上所有的人开放应成为现代图书馆服务最具吸引力的魅力所在。

4. 馆务公开

凡是与用户服务有关的决策（如有关制度、规定、做法等）过程及其结果应向用户公开。馆务公开既是图书馆决策民主化的需要，也是图书馆服务取信于用户的需要。实行馆务公开要做好以下几方面的工作：

（1）制订馆务公开制度。对需要公开的事项、公开的时间、公开的方式等，做出明确规定，使其制度化。

（2）建立用户参与管理、参与决策的机制。但凡是与用户利益相关的重大事情，都应事先征求用户意见，并在可能的情况下让用户直接参与决策过程。为此应设立"读者监督委员会"之类的非常设机构。

（3）公开用户监督途径。如公开用户监督电话（首先应公开馆长电话）和E-mail邮箱，设立用户意见箱，公布领导接待用户日等。

（4）公开接受用户评价。图书馆服务工作的好坏，主要评价主体应该是用户，用户是否满意是衡量图书馆服务工作好坏的主要标准之一。在组织图书馆评估时，应设有"用户满意度"指标，并使这一指标在整个评估指标体系中占有足够的话语权。

四、充分服务原则

充分服务就是要求图书馆服务工作人员，全面开发利用图书馆资源，最大限度地满足用户需求，充分发挥图书馆为社会服务的职能。由于图书馆资源是社会共同的财富，每个社会公民都享有充分利用的平等权利，而且文献资源又是一种软资源，它与其他的物质资源有着明显的不同，其最显著的特点就是必须在应用中实现其自身的价值，如不及时应用，则很可能失去其存在的生命力。因而，它是一种活资源。文献信息的使用频率越高，其社会价值就越大，所发挥的作用也越大。因此，充分服务是图书馆事业发展的必然趋势，是社会对图书馆服务工作的客观要求。

要做到充分服务，必须做到以下几点：

首先，要扩大图书馆服务范围，提高文献利用的普及率。图书馆是社会文献信息传播与交流机构，各类型的图书馆，除了向本单位本系统用户提供服务外，还应该会向社会开放，为所有的社会成员服务，以扩大文献信息利用的覆盖面，尤其是在市场经济条件下，社会经济活动中的主体成分应该成为图书馆服务的主要对象，要采用多种方式，运用公关艺术，尽量扩大用户范围，增加用户数量，提高文献信息利用的普及率。

其次，要做好图书馆资源的开发、利用和宣传报道工作。广泛、深入地揭示、宣传、报道文献信息，是图书馆服务工作多层次、多途径开发利用图书馆资源的有效措施。图书馆应加强文献信息的开发利用与宣传报道工作，从大量的文献中开发出符合现实需要的、有用的、重要的文献信息。并及时让读者了解文献信息的收藏及开发利用情况，吸引更多的用户利用图书馆资源，把"静态"的文献内容变为动态的、多方面的、多层次的知识信息，从而把图书馆这座知识的宝库，变为人人都能利用的"知识喷泉"。

最后，要注重用户需求的发展与变化。用户需求是图书馆服务工作的原动力，充分服务原则的基本出发点，就是要挖掘一切潜力，调动一切因素，千方百计地满足用户需求。因此，图书馆服务必须注重用户需求的发展与变化，尤其是要注重在充分满足用户现实文献需求的基础上，激发用户的潜在需求（包括现实用户未表达出来的文献需求和潜在用户的文献需求）。目前，我国图书馆在用户服务过程中，往往比较注意用户的现实需求而忽略用户的潜在需求，有的在不了解用户需求变化的情况下闭门造车，生产出一些针对性不强、质量不高、实用性不大的信息产品，造成了图书馆资源的浪费。由于图书馆和用户之间缺乏沟通和了解，许多用户有文献需求但求助无门，大量的潜在需求被拒之于图书馆大门之外。而图书馆丰富的资源又无人问津，要改变这种状况，就要深入社会各阶层中去、深入用户中去，及时了解和掌握用户需求的发展与变化，并不失时机地向社会各界大力宣传图书馆的社会职能，包括用户文献需求服务的内容和功能、人才、技术、力量、业务范围等，为用户搭起一座文献信息的供需桥梁，源源不断地向用户输送丰富的知识和信息，从而使大量的、潜在的用户转化为图书馆的现实用户，使用户潜在的文献信息需求转化为现实需求，并以最大的努力来满足用户的这些需求。

五、区分服务原则

区分服务就是要求图书馆服务人员根据用户的不同需求特点，采取不同的服务方式，提供不同内容、不同范围以及不同层次的文献信息，换一句时髦的话说，就是根据用户不同的需求特点，尽可能地提供个性化的服务。它是由图书馆服务机构的性质、任务和服务方式的多种功能所决定的，是由多层次、多级别的藏书结构与用户结构决定的，也是由图书馆的各项社会职能决定的。

首先，区分服务要建立在对用户和馆藏资源的基本分析这个基础上。图书馆的馆藏文献资源及其使用，是一个多级别、多层次的动态结构。馆藏文献的内容性质，有不同学科、不同类别之分；馆藏文献的形式，有不同装帧和文种之分；馆藏文献的使用，有流通、参考、备查和保存之分。不同类型的馆藏文献，有不同的使用条件和特点应区别对待。用户及其需要也是一个有层次的动态结构。不同的用户，对图书馆资源的需求不但是多级别的，而且是发展变化的。针对他们的需求，同样需要分别予以满足。

其次，这个原则是由图书馆服务组织和实施方式的多样性决定的。根据用户的需要和馆藏文献与设备资源的特点，图书馆分别设置了多个服务部门，根据用户不同的需要开展借阅服务、咨询服务、检索服务、复制服务、上网信息检索服务、视听服务以及编译服务等等，这一切都是为了满足不同用户的需求和同一用户的不同需求。

最后，区分服务的原则是实现图书馆各项社会职能所要求的。总体上讲，图书馆有收藏职能、教育职能、信息职能以及文化娱乐职能等等。就教育职能而言，又可分为一般教育、专业教育、技术教育、思想教育及其综合教育等。只有区分服务才能达到应有的教育效果，促进人才的成长。就信息职能而言，为教学、科研、生产服务，"广快精准"地传递文献信息，开展对口跟踪服务、定题服务，实际上就是一种区分服务。就文化娱乐职能而言，从内容到形式，要满足各类型用户千差万别的需要，必须贯彻区分服务的原则。

因此，图书馆的区分服务是图书馆服务深化的结果，是图书馆服务发展过程中必然会产生的，也是图书馆适应社会的新需求而产生新的社会功能的结果。

必须明确，区分服务与充分服务并不矛盾。区分服务是建立在对用户和资源进行系统分析的基础上，根据不同用户的需求开展多样化服务，这正是充分服务的表现。但不应该严格按照用户的成分（职业、年龄、文化程度等）区分服务，甚至搞所谓的"对口服务"，什么职业用户就看什么专业书，这不仅不利于充分发挥馆藏文献信息资源的作用，对于用户阅读需求亦由于出现某种限制，而违反信息平等、阅读自由的基本原则。

六、省力原则

省力原则又称最小付出原则、方便原则。人们在解决任何一个问题时，总是力图把所有可能付出的平均工作或成本最小化，即人们在解决所面临的问题时，要把这个问题放在他所估计到的、将来还会出现的整体背景中去考虑。当他着手解决这个问题时，就会想方设法寻求一种途径，把解决面前的问题和将来可能出现的问题所付出的全部成本最小化。省力原则描述的是人类的各种社会行为，用户利用图书馆服务的行为自然也不例外。用户在利用图书馆服务的过程中，也会有以最小的付出获取最大收益的心理与行为趋向。

图书馆服务的省力原则具体体现在：馆舍地理位置和资源组织要方便用户，用户辅导要容易获得并通俗易懂，服务设施与服务方式要方便用户，阅览空间要人文化。对于图书馆来说，重视省力原则，不仅需要注意服务的可接近性与易用性，还要进一步深化服务内容，特别是提供多元化的服务项目和准确可靠的信息内容。因为用户利用图书馆服务都是为了满足自己的某种文献信息需求，达到自己的某个目的。因此，图书馆提供的文献信息应该尽量满足他们对知识和信息的需求。满足度高，用户就会认为自己所付出的代价值得。

1. 馆舍位置

网络条件下，"图书馆离我有多远"的问题已不那么重要，但是，"去图书馆是否便利"仍是许多人关心的问题，因为亲身到图书馆享受恬静、舒适、典雅环境的惬意感受，是网络环境所不能提供的。既然图书馆是人们向往的理想去处，就应该处于便利的位置。美国学者 M.E. 索普通过调查研究得出的结论说，一个信息源在物理距离上越易接近，被利用的可能性越大。由此可见，图书馆的地理位置是否方便于人们到达，是影响图书馆利用率的一个极其重要的因素。

2. 资源组织

文献信息资源组织的用户保障原则要求图书馆按照方便用户检索、利用的原则组织资源。首先，在馆藏资源的物理载体组织上要方便用户利用，这既要求图书馆在馆藏资源的空间布局上最大限度地拉近用户与资源之间的时空距离。其次，馆藏资源的内容组织要方便用户利用。图书馆要建立一套完善的馆藏文献信息检索体系，力争达到"一检即得"的效果。著名的穆尔斯定律指出：如果一个检索系统使用它比不使用它更麻烦、更费力的话，这个系统便不会被使用。这就说明，检索系统不仅要讲究科学性，还要讲究方便性。

3. 服务设施

服务设施要方便用户，首先应在建筑格局和家具摆设上考虑用户利用的方便，显示出书中有人、人在书海的意境。其次，服务设施的设计要根据人体工程学的原理。另外，服务设施的方便性还有一个重要问题就是要专为残障群体用户提供方便。

4. 服务方式

在服务方式上，一要贴近用户，二要从细微处入手。深入社区或街区设立分馆，是图书馆贴近用户、方便用户的有效服务方式；关注并满足用户的个性化需求，也是图书馆贴近用户、方便用户的有效形式；千方百计减少对用户的限制，是方便用户不可或缺的重要方面；从细微处方便用户，要让用户感到方便无处不在；服务方式灵活多样，也是方便用户的重要措施。

图书馆正处在前所未有的变革与发展时期，图书馆所做的一切工作都是为了搞好服务工作。遵循省力原则规划图书馆的服务系统，方便用户利用，满足他们的心理要求，保证他们只需付出最小代价便可轻松使用图书馆的服务，应成为每个图书馆追求的目标。

七、平等原则

图书馆是体现人类自由与平等理想的圣地。"图书馆面前人人平等"，是图书馆界的"人权宣言"。图书馆服务中的平等原则，要求图书馆以博爱精神关爱每一个读者，尊重每一个读者，坚决维护读者的合法权益。

平等原则是图书馆服务的首要原则，也是其他原则的基础。平等原则主要表现在两个方面。

1. 平等权利

图书馆的用户拥有平等利用图书馆的基本权力。例如，图书馆服务社区的公民，不分种族、肤色、国籍、年龄、性别、宗教、语言、地位或受教育程度，均享有平等地成为图书馆用户的权利，享有平等利用图书馆信息资源的权利，用户享有平等地利用图书馆各种服务的权利。这既是人类社会的基本价值观，也是人类社会和图书馆事业发展的必然结果。从一定程度上讲，世界近现代图书馆的历史，实质是图书馆逐步走向公共、公开、共享的发展历史，而公共、公开和共享的发展过程实质上也就是图书馆用户平等利用图书馆权利逐步完善的过程。只有在图书馆用户充分地享有平等利用图书馆权利的前提条件下，图书馆信息资源服务才具有真正的意义，才能够健康发展。

2. 平等机会

图书馆应该保障用户平等利用图书馆的权利。一方面，图书馆在提供各种服务的过程中不能够有任何的用户歧视，例如性别歧视、年龄歧视、种族歧视、地位歧视等，应该不分男女老少、不分贫富贵贱、不分地位高低，一律一视同仁，平等对待每一个图书馆用户。另一方面，图书馆应该为一切用户提供利用图书馆的平等机会，尤其是弱势用户群体和存在各种障碍的用户群体。例如，为在贫困线以下的用户、有健康障碍的用户、有阅读障碍的用户、边远地区的用户等，提供利用图书馆的平等机会。图书馆要保障用户平等利用图书馆的权利，就必须坚持其公共性和公益性，实行免费服务和成本服务，否则所谓的平等机会就会成为水中月、镜中花，图书馆服务也就会背离人类社会的基本价值观念和图书馆的基本发展方向。

在图书馆服务中贯彻落实平等原则，就表现为对读者权利的充分维护。根据国家的有关法律和图书馆的实际情况，图书馆读者应享有的权利至少有以下几方面：

（1）平等享有取得读者资格的权利；

（2）平等享有阅读的权利；

（3）平等享有个人人格和隐私不受侵犯的权利；

（4）平等享有提出咨询问题的权利；

（5）平等享有参与和监督图书馆管理的权利；

（6）平等享有遵守图书馆规章制度的权利和义务；

（7）平等享有提出合理化建议的权利；

（8）平等享有接受安全、卫生等辅助性服务的权利；

（9）平等享有对图书馆工作进行评价的权利；

（10）平等享有自己的合法权益受到侵害时提出改进、赔礼或诉讼的权利。

只有充分维护和保障上述读者权利，图书馆服务中的平等原则才能得到贯彻。"读者的权利不可侵犯"，应成为所有图书馆人所铭记在心的职业信念。

八、自由原则

自由原则是图书馆服务的关键原则。没有平等权利，就不可能有自由权利，如果只有平等权利而没有自由权利，那么平等权利则不是真正意义上的平等权利。

1. 自由权利

图书馆用户应该享有自由利用图书馆信息资源的基本权利。一方面，图书馆用户应该可以自由地利用图书馆的信息资源，即图书馆用户可以自由地检索和获取各种内容、类型、形式的信息资源。另一方面，图书馆应该充分地保障图书馆用户自由利用信息资源的权利。其一，图书馆不应该对图书馆用户进行各种形式的审查。例如，图书馆用户身份的审查、用户利用信息资源动机与目的的审查、用户利用信息资源内容的审查等等。其二，图书馆应该坚持公共、公开的原则，向用户开放图书馆的信息资源，不应该审查馆藏信息资源，或者自行划分馆藏信息资源的使用等级，以限制用户的自由利用。其三，图书馆应该自觉抵制各种非法的审查制度与行为，不受制于任何商业压力，如公司企业或者利益集团通过各种形式的赞助来限制或者改变图书馆信息资源的利用方式。

2. 合理利用

确保国家利益和用户利益不受侵害，是保障用户自由地利用图书馆权利的基本前提。任何时候、任何地方都不存在绝对的自由，利用图书馆的自由自然也不例外。也就是说，自由利用必须以合法利用和合理利用为基本前提。其一，图书馆在向用户提供信息资源的自由利用的过程中必须遵守国家的法律制度，自觉地维护国家的利益，自觉地抵制各种违法犯罪行为；同样，图书馆用户在自由地利用图书馆的过程中也必须遵守国家的法律制度，不损害国家的利益，不危害信息安全，不发生违反法规的行为。其二，图书馆应该自觉地保护图书馆用户利用信息资源的隐私权，如不泄露图书馆用户的身份信息、不泄露图书馆用户利用信息资源的信息等，同样图书馆用户也应该尊重其他用户的隐私权。其三，图书馆在提供信息资源服务的过程中应该充分地尊重和保护知识产权，自觉地抵制各种盗版信息资源和盗版信息资源的行为；同样，图书馆用户在利用信息资源的过程中也应该充分地尊重和保护知识产权，不违规复制信息资源，不恶意下载信息资源，不滥用信息资源。

九、创新原则

图书馆服务创新，包括理念创新、内容创新以及方式方法创新等多方面内容。

1. 理念创新

先进的服务理念，是创新的基础。当前，图书馆服务创新应重点打造三个方面的理念。

（1）服务是一种品牌。程亚男女士指出，"如果一个图书馆能够通过自己的某种独特性，或一定的规模和馆藏，或某一信息产品，或某一特色服务，在同一行业中形成差别优势，那么，这种优势就是品牌"。日本图书馆界提供的无微不至的方便服务和美国图书馆界的全面开放服务，可已被称之为具有品牌效应的服务。我国深圳图书馆的剪报服务和上海图书馆的导人 CS（客户满意）管理与服务，也可已被称之为是一种品牌。品牌化服务突出的是服务的特性与特色。特色馆藏、特色服务、特色活动、特色环境等都可形成图书馆特有的品牌。

（2）服务是一种文化。图书馆服务具有其独特的规范和价值观，这些规范和价值观的总和就是一种文化——图书馆文化。图书馆特有的知识底蕴、特有的人文环境、特有的行业规范和特有的价值追求，都衬托着图书馆服务的文化品格。这种文化品格象征着图书馆服务的高尚与高雅、神圣与光荣。

（3）服务是一种获得。图书馆服务是为了获得知识在传递中的轨迹，是为了获得公民素质在提高的价值，是为了获得读者需求被满足的效果，是为了获得人生价值在实现的喜悦。图书馆服务赋予图书馆人以高尚的荣誉、真诚的尊敬、奉献的欣慰、清苦的价值和文化人生的伟大。

2. 内容创新

从图书馆服务发展趋势看，图书馆服务的内容急需拓宽。其主要趋势是加大信息服务和"便民服务"的内容。在信息服务方面，主要是加大网上信息导航服务内容。在便民服务方面，加大为社区服务的力度，其内容包括职业介绍、购物指南、技能培训指南、市政服务咨询以及家政服务咨询等等。在文献信息服务方面也要创新，主要是加大参考咨询服务的力度，努力从文献服务向知识服务演进，提高图书馆服务的知识含量。

3. 方式方法创新

就是改变以往单一的馆藏文献的外借与内阅服务模式，利用现代网络平台，提供各种数据库服务、知识库服务以及多种在线或离线信息服务，如信息推送、知识发现、网络呼叫、智能代理等服务。这些服务方式方法具有较强的智能性、实时性、交互性等特征，能够提供全新的个性化服务。这种能够同时提供实体馆藏与虚拟馆藏服务的模式，极大地丰富了图书馆服务的内容，强化了图书馆服务的能力。

十、满意原则

读者是否满意及其程度如何，是衡量图书馆服务质量的最终标准。满意原则是图书馆服务诸原则中的核心原则。

美国宾夕法尼亚州立大学的安达利（S.S.An-daleeb）和西蒙兹（P.L.Sim-monds）提出了测度读者满意度的五个命题：感受到的图书馆资源质量越高读者满意度就越高；图书馆工作人员反应性越强，读者满意度就越高；感受到的图书馆工作人员能力越强，读者满意度就越高；图书馆工作人员道德行为越积极，读者满意度就越高；感受到的图书馆设施越好，读者满意度就越高。

读者对图书馆服务是否满意，这也属于是读者的主体评价范畴，即属于读者（主体）对图书馆（客体）所做的评价范畴。黄俊贵先生认为，读者的主体地位一般表现在三个方面：一是读者对文献，即文献是否符合读者需要，必须由读者做出判断；二是读者对图书馆馆员，即图书馆馆员的服务态度、服务能力、服务效果必须由读者进行鉴定；三是读者对图书馆工作，即图书馆的各项业务建设、制度规章、服务项目及设施是否反映读者利益与要求，必须由读者加以评价。

近几年在图书馆界备受青睐的 CS 理论，可以说是对图书馆服务之读者满意原则的极好注释。图书馆 CS 管理建立的是以读者为导向，以追求读者满意为基本精神，并以社会和读者的期待为理想目标的管理模式。它包括三方面的内容：图书馆理念满意（MS）、图书馆行为满意（BS）和图书馆视觉满意（VS）。图书馆的理念满意是图书馆的办馆宗旨、管理策略等带给读者的心理满足感。它的核心就在于正确的读者观，"一切为了读者满意"是它的精神实质。图书馆的行为满意，是图书馆的行为状况带给读者的心理满足状态，是图书馆理念满意思想的外部表现形式，包括行为方式满意、行为规范满意和行为效果满意。工作人员的服务态度是图书馆行为是否让读者满意的最直接表现。图书馆的视觉满意，是图书馆所具有各种可视性的显在形象带给读者的心理满意状态，它包括对图书馆一切设施设备的性能及其色彩的满意，对工作人员职业形象、业务形象的满意，它传递着图书馆的理念，是图书馆理念的视觉化形式。

十一、科学服务原则

科学服务就是遵循图书馆服务的自身规律，按照科学的思想，以科学的态度、科学的方法、科学的管理措施，组织和开展图书馆的服务活动。这是图书馆服务工作的基本要求，也是体现图书馆服务学术性、理论性的具体体现。

科学的思想，是指在图书馆服务工作中，要统筹全局，善于运用全面的、联系的、发展的观点去认识问题、解决问题，以开发图书馆资源，充分和有效地满足用户的各种需求为重要依据，加强各方面的联系，做好协调工作，不断解决矛盾。

科学的态度，就是要实事求是，一切从实际出发，讲究实效，不搞浮夸，不追求表面形式，创造性地将社会的文献信息需求与图书馆的实际条件结合起来，进行研究，切实满足各方面的需求。

科学的方法，就是要理论联系实际，采用先进的、实用的、有效的方法，提高工作效率和服务质量。

科学的管理措施，代表着图书馆和用户的根本利益，是顺利开展服务工作的保证。既有原则性，又有灵活性地执行图书馆的规章制度，一切以图书馆服务对象的利益为出发点。

在上述图书馆服务原则中，满意原则是核心原则或称为最高原则；开放原则是其他四项原则的基础或平台，它体现的是现代图书馆服务的基本方向；省力原则体现的是现代图书馆服务的内在品质；平等原则体现的是现代图书馆服务的人性化方向；创新原则体现的是现代图书馆服务的可持续发展及其动力；满意原则体现的是现代图书馆服务的终极目标。

十二、资源共享原则

资源共享是当今图书馆事业发展的一个重要课题，也是用户服务工作的基本原则。

关于资源共享的概念，图书馆界的有识之士早在20世纪五六十年代就正式提出了基本的观点，他们认为资源共享是指图书馆与图书馆之间的关系，即图书馆之间相互分享各自的资源，为读者或用户提供更多的服务。后来，这个概念在原来的基础上又有延伸和发展，如美国匹兹堡大学教授肯特认为："资源共享是图书馆的一种工作方式，即图书馆的全部或部分功能为许多图书馆所共享。"他还认为，图书馆资源不仅仅是藏书，图书馆所拥有的人员、设备、工作成果等都是资源，因而也可以某种方式为许多图书馆所共享。关于资源共享的目的，肯特认为有两个方面：一方面是使图书馆的用户获得更多的文献资料；另一方面是为图书馆的用户提供更多的服务，而且这种服务所需支付的费用比单个图书馆所支付的费用要少得多。

在图书馆用户工作中坚持资源共享的原则，对单个的图书馆而言，可以变"一馆之藏"为"地区之藏""国家之藏"以至"世界之藏"，从而更加充分地发挥出馆藏文献信息资源的作用。对图书馆事业而言，则可以在尽可能地减轻单个图书馆负担的基础上，充分发挥出图书馆事业的群体作用，用群体的集合力量为社会的广大读者提供质量更高、效果更好的服务，从而极大地提高了图书馆事业在社会中的地位和发挥其知识宝库的重要作用。为此，不同系统、不同级次的图书馆，都要从为人类文明的进步多做贡献的高度考虑，认真地、积极地加强图书馆之间的联合和合作，把资源共享这个图书馆的重点课题做好。

第四节　图书馆服务存在的问题

现代图书馆服务发展可谓迅速，但同时也存在不少发展中需要解决的问题。这些问题大致可归纳为以下几个方面：

一、"读者第一"仅仅停留在纸上和墙上

多少年来，图书馆界一直把"读者第一"作为图书馆的服务理念，但在实践中，这一理念往往成为一句空洞的口号：文献采访无视读者的需求，不倾听读者的意见，甚至以个人的好恶及回扣的多少来定夺；读者导引如云里雾里，让读者半天找不到方向；服务的空间布局多从图书馆内部管理着眼，让读者上下左右来回奔波，好不累人；读者意见束之高阁，如同耳边风，多少天后也没有反馈与整改；读者的构成、读者的借阅倾向、读者的咨询需求，以及读者的文化及其管理，很少有图书馆将其视作图书馆最重要的工作来加以研究落实如此等等。世界企业界在 20 世纪 90 年代初，针对"顾客第一"管理理念中存在的问题，提出了"员工第一"的理念，值得引起我们思考。

二、文献采访未能满足读者的需求

无论是省市级公共图书馆，还是大学图书馆，或是专业图书馆，读者到图书馆的文献满足率始终是一个问题，特别是一些研究性的读者，感到去图书馆找不到自己所需要的文献，这已不是一种个别的现象。这一问题产生的原因是由于目前各图书馆基本没有形成采访馆员、参考馆员、读者用户三者之间有机结合与联系的文献采访质量保障机制。一些图书馆虽有专家采访委员会，但活动并不正常，且一些专家也仅是局限于本学科领域并很可能根据个人的善恶来发表意见。如果说图书馆有杜绝浪费、节约成本的问题，那么采访质量的劣质恐怕是目前图书馆最大的浪费现象。如何提高文献采集的质量已是提高读者服务水平、发挥图书馆投资效益最大化的一个关键问题。

三、建筑与服务布局未能方便读者

许多图书馆在建筑设计以及业务区域总体考虑时，很少事先征求读者用户的意见，很少从读者用户的角度设身处地去进行细致的思考，以致形成了读者到图书馆后要多问、多走，甚至是上下来回奔波，可以一次解决的、一起集中解决的问题只能多次在不同的区域解决。如上海图书馆读者办证处原设在大楼外的知识广场，虽有导引，但众多第一次来馆的读者还是登上石阶先进大楼，问询后再下石阶去办证处，以致总咨询台一天的问询中办

证处在什么地方的问询多达 35% 以上。为了方便读者，上海图书馆下决心将图书馆大门入口处最醒目的黄金地段让出来辟为办证服务。仅此一例，可见一斑。

四、图书馆参考馆员队伍尚未形成规模

一些图书馆虽实施了参考馆员制度和学科馆员制度，但人数不多，例如上海图书馆最初确定了 6 位参考馆员，有 29 位馆员参加了争创助理参考馆员的活动，但对于一个世界最大的城市图书馆来说，这样的数量实在是太少了。上海图书馆开通的网上知识导航站有 21 位参考咨询馆员，但从读者需求的学科的覆盖面而言，也还远远不够。由于基本上还没有参考馆员的制度，所以一些图书馆的参考咨询还停留于一般的问询，尚且没有达到知识导航的境界，参考馆员队伍的建设更是一个迫在眉睫的任务。

五、图书馆职业资格证书制度尚未施行

图书馆职业资格证书制度起源于英国。1880 年，英国图书馆协会年会通过了对图书馆从业人员进行专业能力考试的决定。1885 年，英国图书馆协会受国家委托，举行了第一次专业考试。自 20 世纪初叶开始，这种图书馆职业资格证书制度开始在美国、日本等世界各国逐步建立起来。进入 21 世纪之后，随着中国图书馆人力资源建设越来越为人们所重视，中国图书馆界开始将建立图书馆职业资格证书制度提上了议事日程。上海图书馆率先进行建立图书馆职业资格证书的调研，并完成了课题报告，并计划开始试行这一制度。中国图书馆学会也积极拟订图书馆职业资格证书专业能力考试的实施办法。

国际图联和联合国教科文组织《公共图书馆宣言》在第五部分"运作与管理"中指出："必须有效地管理公共图书馆并保持运作的专业水准。""图书馆馆员是图书馆用户和馆藏资源之间的能动中介，图书馆馆员的专业培训和继续教育对保证服务质量至关重要。"这些正是尽快施行图书馆职业准入机制的理论依据。

六、以参考咨询为主导的服务体系尚未完全形成

图书馆参考馆员制度首创于 19 世纪后期的美国。被美国图书馆界誉为美国参考工作之父的塞缪尔·斯威特·格林（Samuel Swett Green）于 1876 年提出了图书馆参考咨询服务的倡议，在美国图书馆界引起了广泛的共鸣。1883 年，美国波士顿公共图书馆开始设立了第一位全日制的参考馆员以及参考阅览室。1891 年，美国图书馆杂志（American Library Journal）首次使用了"参考工作"（Reference Work）一词。这样参考服务的理念和参考馆员制度在图书馆界开始逐渐建立起来。20 世纪 20 年代，中国的清华大学图书馆和国立北平图书馆也先后成立了参考部和参考组。参考咨询工作在各图书馆得到了很好的开展，而与之相适应的参考馆员制度却没有得到很好的建立。尽管清华大学图书馆等建立起了学

科馆员制度，上海图书馆推行了参考馆员制度，但参考馆员制度作为一项过去、现在和未来图书馆的主导服务，在中国图书馆界，无论是广泛性、科学性、操作性还是新颖性，都需要进行理论的研究和实践的探索。

七、以服务为核心的业务重组尚未全面展开

服务既然是图书馆存在的理由，就应该按照服务内容、服务方式和服务需求等要素进行业务机构的重组，如上海图书馆在整合提高中专门在职能部门新设立了协调辅导处，专门负责中心图书馆、资源共建共享以及协作网的工作；又在业务中心新设立了文献提供中心，在网络和阵地服务中整合了图书馆内部文献提供服务的业务链，以满足日益增长的国内外用户文献提供的需求。又如，上海图书馆将各部门的对外讲座和展览加以整合，统一管理并对外宣传，从而方便了读者，树立了上图讲座的品牌，类似这样的业务重组有许多工作要做。

八、图书馆经费短缺成为制约读者服务的瓶颈

无论是中国国家图书馆，还是中西部地区的图书馆，几乎都存在程度不同的经费短缺问题。经费的短缺使图书馆服务的质量和图书馆馆员队伍的稳定受到了很大的影响。一些图书馆由于经费得不到合理的支撑，于是在读者服务中擅自增加了收费的项目；或是将优秀人才和主要精力放在信息增值方面，使公众服务质量大打折扣。

九、图书馆服务中的知识产权保护观念淡薄

2001 年 10 月 27 日第九界全国人大常委会第二十四会议修改通过的《中华人民共和国著作权法》第二章第十条"著作权包括下列人身权和财产权"的第五款规定："复制权，即以印刷、复印、拓印、录音、录像、翻录、翻拍等方式将作品制作一份或者多份的权利。"第十二款又规定："信息网络传播权，即以有线或者无线方式向公众提供作品，使公众可以在其个人选定的时间和地点获得作品的权利。"按照以上规定，中国许多图书馆在业务工作和读者教育方面都需要进一步提高著作权的保护意识。例如为读者服务的文献资源（包括网络传播）是否得到了许可，在复印机（包括自助复印）是否有尊重知识产权的警示，如此等等。

十、图书馆服务中的平等观念尚未深入人心

国际图联和联合国教科文组织的《公共图书馆宣言》中指出："每一个人都有平等享受公共图书馆服务的权利，而不受年龄、种族、性别、宗教信仰、语言或社会地位的限制。"《公共图书馆服务发展指南》中又指出："公共图书馆的一项最基本的原则就是它的各项

服务必须对社区的所有成员开放，而不能因为社区的某个团体而排斥其他成员。必须确保那些由于某种原因不能得到主流服务的少数群体也能够平等享受到各种服务，例如少数民族、身心残疾或居住离图书馆较远而不易到馆的社区居民等。""任何形式的限制利用，不论是有意的还是无意的，都将会降低公共图书馆发挥其主要作用的能力。"由于中国数千年的封建思想的影响，目前在各类图书馆中，或多或少还存在着读者不能平等享受服务的现象，读者的阅读权利没有得到有效的保障。

十一、图书馆服务缺乏法律规范与保障

几年前，中国地方上如深圳、上海、湖北等地曾经制定过公共图书馆的管理条例，特别是北京市还通过了中国第一部地方图书馆法，值得庆贺。但中国的图书馆法的颁布及实施尚需时日。就图书馆的服务而言，图书馆的经费管理、数据保护、健康与安全、职业准人、员工条件、质量评估以及公共图书馆的分布等等，都需要得到法律的规范与保障。

十二、图书馆服务的国际化程度较低

从目前全国各图书馆的文献采集的文化多元化、图书馆导引的多语言化、图书馆馆员咨询的双语服务、图书馆服务研究课题的国际化、图书馆服务管理的国际化、图书馆参考馆员交流的国际化、图书馆服务辐射的区域化等方面来分析，或者是程度较低，或者还处于空白阶段，差距很大。从中国正在融入世界大家庭的背景来看，图书馆服务的国际化问题已是一个不容忽略的服务难点。

第五节　图书馆服务的开拓思路

中国全面建设小康社会的发展目标、创建学习型社会和终身学校理念的不断推广、中国加入经济全球化而带来的文化多元化、网络技术和资源共享的大力推进，这些都为图书馆服务工作实现跨越式发展创造了良好的外部环境。而中国广大读者日益增长的文化信息需求也为图书馆服务工作的进一步拓展带来了良好的发展机遇。

一、构建复合型图书馆的服务布局与体系

目前各大图书馆的服务布局是按照印刷型文献和阵地服务的特点设计安排的，已经不能适应于电子文献的不断增长和网络服务的不断增加的读者服务态势，需要加以重新布局。从目前世界一些发达国家图书馆的布局来看，将印刷文献与电子文献、阵地服务与网络服务融为一体是一种较为适应读者需求的选择，即不是按照文献载体，而是按照文献与内容

服务的主题来布局，如古籍阅览室可以将《四库全书》《续修四库全书》《四部丛刊》影印本等加以开架阅览，同时可以提供有关古籍的缩微胶卷、古籍全文数据库光盘以及古籍书目数据库的查阅，阅览室中，可以有印刷型文献，也可以有电子型文献，同时放置计算机提供局域网甚至是广域网的检索。读者也可以带便携式电脑到图书馆进行学习研究。这样可以避免让读者上下来回奔波，在古籍阅览室中提供一站式服务。

二、形成以参考咨询为主导的读者服务体系

参考咨询是图书馆的核心业务，也是图书馆读者服务工作的重中之重。为读者提供知识导航服务已成为当代图书馆服务的新理念，而参考咨询正是实现知识导航的业务管理和人力资源的保障。要形成这样的服务体系，不仅要建立图书馆职业资格证书制度作为基础，而且要创建出对参考馆员评价与激励的管理方法，让最优秀的图书馆馆员在一线担任参考咨询馆员的角色，使读者在图书馆中得到如同看医生时的专家门诊、法律咨询时的私人法律顾问般的服务。这种参考咨询服务应当在图书馆服务的各个层面体现出来，也应该在网络服务中体现出来。

三、确立读者服务在图书馆管理中的中心地位

"服务至上"是图书馆管理的格言。但是在实际工作之中，各个图书馆是否把读者服务真正放在了中心的地位，是否以"服务至上"的理念来整合全馆的文献资源、技术咨询和人力资源，这就值得我们深思了。按照"服务至上"的理念，我们应该将最优秀的管理人才和业务人才安排在阅览和参考咨询岗位并建立具有激励作用的人才高地机制，应该把最好的设备首先满足一线读者服务的需求，应该将资金首先投向一线服务和读者用户需要的地方，应该按照以读者服务为中心的理念重组修改我们的管理模式和管理条例。

四、树立图书馆服务的职业道德规范

《公共图书馆服务发展指南》中提出："公共图书馆的员工有责任在与公众、同事和其他机构人员交往时保持高度的职业道德标准。"上海中心图书馆的成员共16家成员馆曾经在图书馆服务宣传周中共同提出了图书馆馆员职业道德规范十条，即用户第一，服务至上；一视同仁地对待每一位读者；爱岗敬业，甘为人梯；文明服务，礼仪规范；敬老助残，关爱社会；为用户提供方便快捷的服务；尊重读者的合法权益；尊重知识产权；珍惜爱护图书文献和设施；钻研业务，互帮互学。同时，中国图书馆学会也通过了《中国图书馆馆员职业道德准则》，共十条，即确立职业观念，履行社会职责；适应时代需求，勇于开拓创新；真诚服务读者，文明热情便捷；维护读者权益，保守读者秘密；尊重知识产权，促进信息传播；爱护文献资源，规范职业行为；努力钻研业务，提高专业素养；发扬团队

精神，树立职业形象；实践馆际合作，推进资源共享；拓展社会协作，共建社会文明。以上职业道德规范的提出，关键在于要真正成为成千上万图书馆馆员的理念、价值观和行为准则。这就需要进行不间断的宣传和培训。

五、树立用户管理和用户文化理念

每一个图书馆都有其相对忠诚型的用户群和散客型的用户群，要实现读者服务的跨越式发展，就要对这些用户群进行管理，定期进行问卷调查并分析研究用户群的各种成分结构、发展变化、文献需求、阅读倾向以及咨询案例等等。对于用户的投诉要建立服务质量的快速反馈机制以及用户服务质量评估指标体系。不仅如此，一些图书馆还建立了社会监督员队伍、社会志愿者队伍，使图书馆的管理从馆内延伸到馆外。许多图书馆与社会的捐赠者之间建立了良好的联系，构建起了用户的公共关系网络，从而使图书馆的文化创建从内部扩展到了社会，这种用户管理与用户文化理念的确立，是图书馆服务走向更高层次的一个标志。

六、形成跨地区跨行业的图书馆服务联盟

图书馆的服务要实现跨越式的发展，就必须树立协作联合、资源共享的观念并付诸实践。上海市中心图书馆就是一个跨行业的图书馆服务联盟，中心图书馆已有多家分馆加盟，其中包括区县图书馆、大学图书馆、专业图书馆。而网上外文图书服务（NETLIBRARY），则是跨地区的图书馆服务联盟模式，共有上海、西安等地的多家公共图书馆、大学图书馆和专业图书馆参加。类似这样的联盟目前在中国已经十分普遍，但是仍有无限广阔的发展空间，特别是在建立跨地区、跨国界的服务联盟方面有许多文章可做。

七、不断拓展用户服务平台

公共图书馆是文化中心、信息中心、社会的起居室、公众聚会的场所以及市民的终身学校，而学校图书馆和专业图书馆也具有以上部分功能。在网络技术的支持下，用户的需求正在与日俱增，而图书馆必须满足这种需求。同时，还应培育需求、引导需求，对读者如何利用图书馆进行指导和帮助，从而提高读者的信息素养。由于图书馆的性质和特点，它与社会各界均已经或可以发生各种各样的联系，图书馆用户服务平台可以说是无限广阔的，这需要图书馆根据读者的需求进行创新思维。在这方面，全国各地中心图书馆的建设、一些图书馆的讲座服务、香港中央图书馆的丰富多彩的读者推广活动、英国国家图书馆令人惊叹的文献提供服务等都给了我们有益的启示。

八、借用社会资源拓展图书馆的用户服务

社会资源包括文献资源、人力资源、智力资源、技术资源、环境资源和经济资源等。如随着数字地球、数字城市、数字政府、数字企业以及数字社区等的发展以及各种网站的兴起，社会的数字资源已是十分丰富，各类数据库、知识库可以说是层出不穷，如何利用这些社会文献资源加以整合并为图书馆的用户所用是一个很大的题目。又如，社会人力资源、智力资源也是一个取之不尽、用之不竭的宝库。国家图书馆的部级领导干部历史文化讲座即是利用了诸如戴逸、李学勤、汤一介等社会人力资源，再加上馆长任继愈先生，使读者服务扩展到数百位部长，其社会效益及可能产生的经济效益不可估量。而上海图书馆策划的"相约健康"讲座也是利用了社会的资源，其中包括《家庭用药》杂志，数十位医学专家，以及医药企业的冠名，全部都免费为公众服务，充分利用了社会的各类资源，使读者服务取得了突破性的发展。

九、加强并促进用户服务的国际交流与合作

借助网络技术，图书馆的用户服务已经没有了国界，例如上海图书馆与世界多家图书馆及信息机构都建立了资源共享的关系，可以进行馆际互借等读者服务。这种国际交流与合作要在各个方面进行，如馆际互借和文献提供等的资源共享、参考馆员的互相交换、访问学者的互相交换、读者服务研究课题的合作、特色馆藏资源的互相展示、共同举办读者服务研究专题学术研讨会、共同编辑出版读者服务研究成果、共同探讨数字图书馆和网络服务带来的新问题等等。

十、建立图书馆服务的补救体系

"服务补救"概念最早是由 Hart 等人于 1990 年提出。不同学者对服务补救概念有不同表述。服务补救是在出现服务失误时，所做出的一种即时性和主动性的反应。目的是通过这种反应，将服务失误所带来的负面影响降到最低限度，因此出现服务失败后，应迅速推出补救服务，力争使不满意的顾客可尽快去除负面印象。在设计服务补救系统时，应当有适当程度的员工授权让小问题由一线馆员随机解决，对于大问题则建立一个迅速传递信息的渠道，使有权处理者能迅速来到现场解决问题。

十一、制定图书馆服务的法律规范及其保障

经济全球化带来的一个重要成果就是法制经济；同样，中国先进文化的发展及其与世界文化的交流的一个重要成果就是文化活动的法制化。图书馆服务目前急需得到法律的规范和保障。前面我们曾经讨论到图书馆的经费，因为充裕的经费是一个图书馆充分发挥其

作用的关键。现在的问题是在很多情况下图书馆的经费是借助于某一位领导或某一届领导的重视而大幅度增加，这毕竟是人治，而不是法治。因为图书馆的经费不应该成为某位领导或某届领导的恩赐，而应该在法律条文中明确规定，当一个城市或者是一个地区经济增长率达到什么样的程度，则其中应有多少比例必须投入作为图书馆的经费，从而使图书馆的发展有一个固定可靠的资金保障。此外，图书馆的用户收费在多大范围和多大程度是合法的，目前也没有一个法律上的确切说法，从而导致了全国各大图书馆各行其是，这也引起了圈内外人士的质疑。图书馆在向读者提供服务过程中的知识产权保护也应该在著作权法的基础上做出法律上的具体规定，以使图书馆的用户服务有所遵循。

第二章　现代图书馆服务理念

随着科学技术的发展，图书馆正日益面临着文化传播载体和传播方式的变革所带来的挑战和冲击，经受着日益严峻的竞争。在信息社会，图书馆要赢得竞争优势，提高服务水平和质量，就要树立正确的、先进的和科学的服务理念。

第一节　服务理念

一、服务理念概述

理念原是一个西方哲学史和西方美学史中的一个概念，有广泛的含义，一般可以理解为理念所产生的概念。服务理念则是人类众多理念的一种，是指人们从事服务活动的主导思想，它反映了人们对服务活动的理性认识，是各种服务活动的核心，是服务组织在创造价值的过程中，对客户或服务对象的服务原则、服务态度、服务方式的集中体现，是服务组织规范服务人员心态和行为的准则，同时也是服务组织提供给顾客能满足其某一种或某几种需要的服务的功能、效用。顾客购买、体验某种服务，并不是为了"拥有"这种服务，而是利用这种服务来获得这些功能和效用。通俗易懂地讲，服务理念是指服务组织用语言文字在单位内外公开传播的、一贯的、独特的和顾客导向的服务主张和服务理想。

服务理念主要包括宗旨、精神、使命、原则、目标、方针和政策等。宗旨是服务组织建立的根本目的和意图，使命是服务组织在社会经济发展中担当的任务和责任，目标是服务组织运行和发展预期达到的境地或标准，方针是服务组织在经营管理上总的发展方向或指导思想，政策是服务组织在处理内外关系或配置资源时所提出的有重点、具倾向性的观点及实施方案，原则是服务组织在其行为中恪守的准则或坚持的道理，精神则是服务组织较深刻的思想或较高的理想追求或基本的指导思想。在服务理念中，"宗旨"和"精神"的思想层次较高，但比较抽象，缺少操作性；"目标""方针""政策"较具体，比较容易操作，但是思想层次相对较低；而"使命""原则"的思想层次、操作性介于上述两组理念之间。

美国快餐巨头汉堡王公司的理念是："任你称心享用"，美国联合航空公司的理念是

"你就是主人"，麦当劳公司的服务理念是"品质、服务、清洁和物有所值"。

服务理念在实践活动中存在外显化与内隐化两种形态。内隐化的服务理念是指能够和实践相统一的服务理念，已经成为一种组织文化，此时"服务"二字深深地扎根于服务组织所有人员的内心深处，虽然不一定能够清晰地意识到，却时刻支配着他们的行动和行为，使其能够和"服务"保持高度的一致，使其能够忠于职守，踏踏实实地为社会和顾客服务。外显化服务理念是指与实践相脱离的服务理念，是口号式的只说不做的服务理念。实际上它并没有真正深入到服务组织人员的内心深处，还只是处于一种很肤浅的表面的层次，并不能很好的支配他们的行动。例如很多图书馆和图书馆馆员可能都认识到，我们的职责就是全心全意地为用户服务，但是在其实际工作当中，却往往置用户的根本利益于不顾，经常出现一些违背用户利益的事情。消费者需求在有形产品中可以转变成具体的产品特征和规格，同时这些产品特征和规格也是产品生产、产品完善和产品营销的基础。但是服务产品是不具备这些具体的规格的。因而服务企业需要明确"服务产品"的本质或"服务理念"。

根据赫斯凯特（J.Heskett）的观点，任何服务理念都必须能够回答以下问题：服务企业所提供的服务的重要组成要素是什么？目标分割市场、总体市场、雇员和其他人员如何认知这些要素？服务理念对服务设计、服务递送和服务营销的作用。在定义服务理念时需要考虑以下方面：

服务最终是由雇员提供的，特别是由那些与消费者发生交互作用的雇员所提供，所以服务企业的服务理念在满足消费者需求的同时还要满足雇员需求。从这个角度来讲，服务理念必须包括一套经由多数雇员同意的通用价值观。

服务企业在定义服务理念时还需要在服务设计、服务递送和服务营销方面做出以下努力，保证充足的商品补给、保证商品种类繁多、雇用称职员工、将店址选择在交通便利的地段等。很多公司在定义服务理念时都包含了"提高雇员自尊，增强雇员满意度，加快自我发展，提高服务灵活性"等内容。服务企业在要求雇员尊重消费者的同时，应要求雇员增强自尊，增强对工作的满足感。所以，服务企业在定义服务理念时，必须要考虑服务理念对雇员技能和雇员性格的要求。

服务企业在定义服务理念时，必须保持服务系统中前台和后台的一致性。单纯地考虑前台的需要，而忽略了后台要求的服务理念绝不是成功的理念，反之亦然。

除了上述因素之外，服务理念还要能明确地表达出服务企业需要雇员提供什么标准的服务，消费者期望获得什么标准的服务。

服务理念在服务活动中发挥着以下作用：

一是有利于服务的有形化。服务组织的服务理念作为一种思想，一般都以语言文字的形式向顾客公布和传达的，而语言文字是"有形"的信息，因此，"有形"的服务理念有利于无形服务的有形化，而且理念本身正是服务有形线索所要提示的主要内容。但如前所述，服务理念的"有形化"本身是不够的，还必须内化在人的思想深处，成为一种自觉意识。

二是有利于体现和建立服务特色。策划、设计出比较优秀的服务理念往往是独特的，有个性、有特色。例如深圳南山区图书馆程亚男同志提出的"关爱、无限、完美、超值"的服务理念颇有特色，给社会与读者以深刻的印象。

三是有利于发挥服务组织人员的工作积极性和创造性。服务理念的一部分是针对服务组织内员工，用于激励他们，这就能起到某种程度政治思想工作的作用。同时，服务理念还能统一全体员工的思想和心态，而服务行为正是来源于员工的思想和心态，因此，思想和心态的统一有助于整个服务组织服务行为的统一。

四是有利于监督服务组织员工的服务行为。既然服务理念的一部分是针对服务组织员工的，并且是向顾客公布和传达的，因此服务理念一方面能对员工的服务行为起到某种警示作用，另一方面还能引导顾客对员工服务行为的监督。

服务理念具有公开性、传播性、一贯性、独特性、顾客导向性五项基本特征和前瞻性、继承性、挑战性、竞争性和深刻性五项一般特征。

服务理念的核心可以归结为顾客导向的观念，即一切服务主张和服务理想都可以和应当归结为最大限度地满足顾客的期望和要求。既然是顾客导向的，服务理念就没有必要隐瞒，应当向服务组织内外公开，让尽可能多的人了解，以体现服务理念的真诚。服务理念既然是公开的，就离不开公开的手段——传播，好的服务理念是适合传播和有传播效果的理念。

服务理念的一贯性体现它在相当长时间内是比较成熟的、稳定的，是一贯的主张或追求的理想，不是心血来潮，不是稍纵即逝的思想火花，也不是随意改变的主意。服务理念都是人倡导的，而人是有个性的，这种个性就会融合在他所倡导的理念之中，并通过理念的独特性表现出来。服务理念从根本上讲来源于顾客期望，顾客期望的动态性和变化性的特点和服务理念对工作的领导地位要求服务理念必须具备前瞻性，而且服务理念也必须继承传统服务中合理、正确的部分，并在继承的基础上进行理念创新。服务理念是对服务理想水平的一种描述，但理想水平总是高于现实水平的，因而具有挑战性。倡导服务理念的主要目的是指导服务组织在激烈的市场竞争中用更优秀的服务去争夺顾客与用户，服务理念是有竞争意义或战略意义的。服务理念是用以指导服务行为的，但服务理念只有深刻，即抓住人心，才能打动人心并内化为员工自觉的服务行为。

在倡导服务理念的过程中，优秀的服务组织领导人应高度重视身体力行和用自己的言行去感染和带动全体员工，使大家都接受组织的服务理念。

二、服务理念的重要性

首先，服务理念对服务管理具有极其重要的意义。在工业部门中，产品的制造者、生产者、分销者很少有机会直接接触消费者，他们仅能通过最终的有形产品间接地影响消费者的需求。服务部门却不以为然，服务递送系统与雇员都属于服务产品不可分割的一部分。服务递送系统包括雇员能力、雇员表现以及雇员态度等因素，它与雇员都直接影响消费者需求的实现。从这一角度来讲，明确服务理念对服务管理具有指导意义。

其次，服务理念容易被人曲解。原因有两个方面：第一个原因来自雇员本身。服务无处不在，加上服务业中雇员的行为，特别是前台工作人员的行为又具有一定程度的自主性，这两个因素共同作用使得雇员的行为、态度等发生不同程度的变化，这些变化在一定程度上影响雇员理解和推行服务理念。第二个原因来自消费者本身。

为了避免发生类似的情况，服务企业需要尽量明确定义本组织的服务理念，明确本公司的服务理念对于消费者和雇员的具体意义。服务企业要想成功推行服务理念，有三点需要特别注意：市场细分、定位消费者目标市场和创新服务递送系统。

1. 市场细分

消费者不同，他们的需求和期望就不同，因此，需要对消费者市场进行分析，细分出不同的消费者分割市场。每个分割市场还可以根据不同的消费者需求层次再细分为若干子市场。一个消费者分割市场要尽量与其他消费者分割市场区别开来，并予以区别对待。

2. 定位消费者目标市场

每个细分市场中的消费者需求都存在明显的不同，服务企业在提供服务时也要有相应的变动，尽量为顾客量身定做。公司在分析不同的消费者细分市场时，必须注意到以下两个因素：细分市场的整体吸引力及其在服务组织中的竞争力。

3. 创新服务递送系统

服务的本质决定了消费者需求和雇员需求的变化都很大，一个明确的服务理念要有独创性，否则就很难满足具有变化性的服务递送系统的需要。麦当劳快餐店、地中海俱乐部等都是服务业中"创新型公司"的典型，这些公司拥有规范的消费者细分市场，并严格按照各个细分市场中消费者的不同需要或者是期望来设计服务。创新服务递送系统面临的主要问题如下：如何保持服务递送系统中不同组成要素之间的连贯性；如何保持服务递送系统时间上的连贯性。

第二节　图书馆服务理念的概念

现代图书馆服务面对新的环境和新的需求，必须树立新的理念。对图书馆来说，服务理念的树立与创新不仅是自身发展的需要，同时也是应对网络环境下各种挑战的竞争要求。图书馆服务理念是指导图书馆服务工作的基本方针，是图书馆整体工作理念的主要组成部分，是图书馆用户服务原则、服务态度和服务方式的集中体现。它是在长期图书馆服务工作实践的基础上总结出来的，反映了图书馆服务的客观发展规律，是图书馆服务工作的前进方向、奋斗目标、理论依据和行动准则。

图书馆服务理念是图书馆主体在图书馆工作实践中，从图书馆产出的服务性出发，对一系列图书馆问题所形成的总体看法。所谓"图书馆服务理念"就是服务的自身定位问题，也即为谁服务和怎样服务的问题。图书馆服务的形式经历了从封闭到开放、从面对面到远程、从定时到随时、从无偿到有偿、从局部到全球、从被动到主动以及从信息到知识等一系列的转向，并且呈现出了多种服务并存、手段与方式不断更新与拓展的态势，与图书馆服务方式和内容同步演变的，便是图书馆新的服务理念的形成和不断更新。快速变化的图书馆服务方式和手段，必然会引起图书馆服务理念的转向，进而引发服务理念的创新。其主要观点如下文献信息服务是图书馆的基本产出，读者和用户是图书馆的直接顾客，不断满足读者和用户明确的或潜在的知识信息需求是图书馆改革和发展的落脚点。

图书馆的社会价值是通过服务来体现的。近些年来，随着我国社会的进一步转型，"服务"的概念和范围发生了一些变化，表现为：读者服务的模式从"以藏书为轴心"向"以读者为轴心"转化；读者服务的对象从"图书馆读者"向"社会读者"延伸；读者服务的范围从"图书馆服务"向"资源共享服务"拓展；读者服务的内容从"传统馆藏提供"向"电子信息资源存取"发展；读者服务的重点从"一般借阅咨询服务"向"电子信息咨询服务"转移；读者服务的手段从"传统手工操作方法"向"综合文献技术应用"发展；读者服务的功能从"单纯文献传递服务"向"多元化信息服务"扩展；读者服务的观念从"无偿免费服务"向"有偿收费服务"转变等。

图书馆服务理念的第一特征是鲜明的选择性，在现实条件下，图书馆成了图书馆服务产品的提供者，广大读者（用户）成为图书馆服务产品的利用者和消费者，他们有权选择图书馆服务，图书馆服务的选择性蕴含着图书馆供方的竞争。因此，作为文献信息服务提供者的图书馆，在读者（用户）自由选择利用图书馆的竞争机制下，必须努力提高服务质量和品位，为社会提供优质的服务以满足读者（用户）的需要。

图书馆服务理念的另一特征就是层次性，读者（用户）有不同层次的"消费需求"，图书馆必须区别对待，分层服务。

第三节　图书馆服务理念的演变

理念的演变是变革行动的先导，没有现代图书馆理念，图书馆的服务就难以更新，走不出墨守成规的困境，因此，要树立和强化与知识经济时代发展相适应的现代化图书馆理念，这是图书馆不断发展以及图书馆馆员实现自我更新的前提条件。

多年来，我国大多数图书馆的服务理念可以简要地概括为"藏、封、守、旧"，这是在一定发展阶段，科技水平、社会意识和传统习惯等多种因素共同作用的结果，即将藏书、馆藏信息作为图书馆的主体，并成为读者服务的唯一物质基础；只面向本单位的读者（用户），封闭的服务理念削弱了图书馆的交流和社会功能，阻碍了图书馆服务宗旨的全面实现；图书馆为读者提供的是"等上门，守摊式"的服务，实质上是被动的服务；多数图书馆依旧作为借书和藏书的场所，忽视了图书馆作为学习场所的功能建设，在提高图书馆服务质量的同时，忽视对读者的尊重，忘却了为读者提供人性化的服务。

近现代意义上的图书馆从 19 世纪 50 年代开始，在 150 多年的发展历程中，孜孜以求的服务理念随着时代和社会的发展而不断发展。图书馆学界已经达成了"服务是图书馆的宗旨"的共识，明确了图书馆在本质上就是一个服务机构，承认和坚持这一点有助于图书馆的正确定位，并可以通过优质服务获得更高的社会地位。图书馆服务是衡量图书馆办馆水平的主要指标，是图书馆工作的核心。近些年来，关于网络环境、知识管理、知识经济时代图书馆服务的文章很多，一些新的服务理念值得关注，这些服务理念主要有"以人为本"的信息服务、集成化信息服务、平等的信息服务等理念。通过对图书馆服务理念历史演变过程的梳理与回顾可以看出，伴随构建和谐社会理论研究的新的图书馆服务理念——和谐服务理念将成为图书馆学界的新焦点。

一、杜威的图书馆读者服务"三适当"准则

19 世纪下半叶，图书馆学在美国得到巨大发展，卡特和杜威是其中一批卓越的图书馆学家的代表。1876 年美国著名图书馆学家杜威提出图书馆读者服务"三适当"准则，即"在适当的时间，给适当的读者，提供适当的服务"。这条准则将图书馆资源的选择、提供与图书馆服务结合起来，对确立图书馆的服务理念具有开拓意义。

二、阮冈纳赞的图书馆学"五定律"

1931 年，印度图书馆学之父阮冈纳赞在其所著的《图书馆学五定律》一书中提出了著名的图书馆学"五定律"，它们是：书是为了用的（Books are for use）；每个读者有其书（Books are for all）；每本书有其读者（Every book has its reader）；节省读者的时间（Save the time of the reader）；图书馆是一个生长着的有机体（A library is a growing organism）。第一定律"书是为了用的"，这是图书馆的基本法则，是图书馆开展一切服务工作的前提和存在的价值。它表明图书馆不仅只是具有收藏和保护图书的职能，更重要的是要使图书充分发挥它的作用。它彻底改变了传统图书馆以"收藏"为主的服务观念，确立了以利用为根本的服务宗旨，点出了图书馆工作职能的精髓。第二定律"每个读者有其书"，它改变了"书为特定少数人服务"的理念，提出了图书的社会化。阮冈纳赞认为应一视同仁地向每个人提供图书，所有人都享有看书、学习和享受的机会。这种坚持平等权利原则的主张，鲜明地体现了以人为本的服务宗旨，揭示了近现代图书馆服务的本质。这条定律也即"书为人人"。第三定律"每本书有其读者"，其基本理念是让每一本书都能得以适用，使每本书找到需要它的读者，强调的是图书馆的藏书应具有较强的针对性，能充分发挥出该有的效用。为此，图书馆应努力采取一切手段与方式来"为书找人"。

这条定律为图书馆开展读者服务提供了理论基础。可以说，它与第二定律从根本上确立了图书馆服务从"书本位"向"人本位"转变的基本思想认识。第四定律"节省读者的时间"，强调的是图书馆服务的效率和效益，也就是说要改革管理方法，节省读者的宝贵时间。第五定律"图书馆是一个生长着的有机体"，它简要概括了图书馆的发展观，认为图书馆的发展不仅只是包括了图书馆内部的藏书、读者和工作人员的不断发展，也包括由于客观形势的变化而引起的图书馆工作在深度和广度上的发展。这条定律对图书馆事业的可持续发展提出了理论依据。

阮冈纳赞的图书馆学"五定律"是对杜威图书馆服务"三适当"准则的继承和发展，深刻揭示了图书馆的使命、存在价值、发展机理和发展规律，强调了图书馆应以读者为中心、服务至上的理念和图书馆要适应社会需求的发展思想。这五条定律所体现出的"以人为本"的思想，对图书馆学的发展具有深远的影响，为确立现代图书馆服务理念奠定了思想基础，一直被图书馆界尊称为经典理论。

三、米切尔·戈曼的图书馆新五定律

1995 年美国学者米切尔·戈曼（Michael Gorman）在阮冈纳赞的基础上，又提出了图书馆事业的五条新法则，人们称之为"新五律"。其主要内容是：第一定律"图书馆服务于人类文化素质"，认为为个人、团体及整个社会服务是图书馆工作最重要的原则，是图书馆工作产生、存在与发展的第一推动力。第二定律"重视各种知识传播的方式"，认为面对电子图书的冲击，应重视各种知识传播方式。因为每一种新的传播方式都是对原有传播方式负载能力的增强与补充。第三定律"明智地采用科学技术，提高服务质量"，认为要明智地将新技术与新方法成功地结合到现有活动和服务的过程中，充分利用科学技术的优势来提高服务的质量。第四定律"确保知识的自由存取"，认为图书馆应成为人类文化成果和知识的共同收藏之所，要努力保持向所有人开放，使所有人都有机会使用。第五定律"尊重过去，开创未来"，强调图书馆应在继承和发展传统服务的基础上，调整和变革图书馆服务的功能和意义，通过不断地创新，以发展的眼光看待未来，才能与时俱进，既保持自己的特色，又争取更美好的前景与未来，在时代发展中立于不败之地。

"新五律"是针对当今图书馆及其未来发展趋势而提出的，具有其鲜明的时代特征。它是对阮冈纳赞图书馆学五定律所蕴含真理的重新解释，它强调了服务的目标、质量，而且把服务的内涵提高到了人类文化素质、知识传播和对知识的自由存取的高度，指出随着时代的发展、科技的进步，信息环境以及用户的需求都在发生着变化，图书馆工作不断地出现新的内容，但服务仍是图书馆的最根本所在。

四、南开大学柯平教授的图书馆服务的"新五定律"

南开大学的柯平教授结合信息时代图书馆服务的发展要求，对新老五定律的服务精神进行了提炼，他提出了建立图书馆服务的"新五定律"：第一定律是"全心全意地为每一个读者或用户服务"，强调依然要从思想上树立"以读者或用户为中心"的服务理念。第二定律是"服务是'效率、质量与效用'的统一"，强调了服务过程中要注意"效率""质量""效用"三者缺一不可，既要保证质量和效用，又要节省读者时间。第三定律是"提高读者和用户的素养"，强调图书馆应该采取各种有效措施，努力提高读者和用户的各方面技能与素养，以保证其能自如地获取图书馆提供的各种知识与信息。第四定律是"努力保障知识与信息的自由存取"，强调的是图书馆服务的最高境界和目标。第五定律是"传承人类文化"，强调图书馆服务的长远目的是促进生产力的发展和社会的进步，促进人类文化的发展。

五、范并思教授的图书馆学 2.0 五定律

当前，我们面临着新一轮的 Web2.0 所带来的 Lib2.0 浪潮的冲击，面对改变了的新的信息环境，新老五定律又孕育了新的思想内涵。2006 年 3 月，范并思先生在自己的博客上提出了 Lib2.0 五定律。第一定律是"图书馆提供参与、共享的人性化服务"。指出 Lib2.0 所实现的不仅是要提供人性化的服务，将人文理念自觉地运用于信息技术中，使用户在图书馆服务和利用服务的方式上拥有更多的自主权，能够更好地相互分享，而且要创造条件让用户积极的参与。共享与参与的理念已成为图书馆在网络时代存在的基础。这个原则是阮氏的"书是为了用的"在新的网络环境下的应用与拓展。第二定律是"图书馆没有障碍"。它表明人们在使用图书馆时要没有障碍，每个人都可以便利地获得他想要的信息。这个原则是与阮氏的第二定律"每个读者有其书"相对应的。第三定律是"图书馆无处不在"。在信息时代只有实现了图书馆无处不在，才能真正体现"每本书有其读者"的精神。第四定律是"无缝的用户体验"。也就是说对用户而言，图书馆提供的资源与服务是一体的，它是网络环境下节省用户时间的最高境界。它是阮氏第四定律"节省读者的时间"在新时期的另一种表述。第五定律是"永远的 Beta 版"。它体现为图书馆信息资源与信息系统的永续生长，"永远的 Beta 版"的 Web2.0 术语，准确地描述了在网络时代"图书馆是一个生长着的有机体"的时代特征。

由此可见，范并思教授的图书馆学 2.0 五定律同样强调并深化了图书馆服务是人性化、无障碍的服务，强调用户的参与和协作，注重用户的体验。范并思指出在 web2.0 技术的支撑下，以用户为中心、参与、共享、无障碍获取、无缝和高效的服务是图书馆存在的基础，强调了图书馆的服务无处不在。

从以上这些新老五定律的提出可以看出，服务是贯穿图书馆发展始终的原动力，服务的内涵随着时代的需求不断变更和升华。但是无论图书馆如何发展，发展形态如何改变，唯一不变的是图书馆的服务宗旨，服务始终都是第一位的。"以人为本""服务第一"的理念成为图书馆改革和发展的出发点和归宿，成为现代图书馆服务的最高理念。

第四节　图书馆服务理念的基本内容

20 世纪 80 年代中期我国图书馆界提出了"读者工作是图书馆工作的出发点和归宿"的服务理念，对我国图书馆的服务工作起到了极大的导向性推动作用。进入 21 世纪后，又提出了一些新的服务理念并指导着图书馆服务工作的理性发展，例如上海图书馆实施"面向市场的文化教育功能，信息集散的枢纽功能，信息加工的增值功能和信息营销的市场功能"的理念，深圳南山区图书馆学习麦当劳作风七原则、小天鹅一二三四五方针。开展"七要""七不要"，言行规范"一二三四五"，这些都是图书馆服务理念创新的典范，21 世纪图书馆应该具备以下一些服务理念。

一、"以人为本""用户至上，服务第一"的服务理念

从哲学的角度看，所谓的"以人为本"，简单地说就是正确认识和处理人与其他生产要素的辩证关系，重视人的创造力及其主导、能动和决定作用，将人作为"活力源"，从而形成的关于人的科学理念。从知识的角度说，"以人为本"符合辩证唯物主义的认识论。作为图书馆来讲，人、财、物、文献管理、信息开发、服务纵然千头万绪，但一切是受人统计和支配的，是通过人的工作和劳动去实现的。

在图书馆服务中，坚持"以人为本"的服务，指的是在服务工作中，不管何时何地，都要"用户至上，服务第一"，要把"为一切用户服务""一切为了用户""满足用户的一切合理需求"作为图书馆服务工作的出发点和归宿。图书馆的社会价值是从满足用户需求中体现出来。一个图书馆办得好不好，其办馆效益、社会价值如何，主要以用户对图书馆的认识去衡量，要看他们对利用图书馆的希望程度，对服务项目和服务标准的信誉程度，对服务人员素质和服务水平的满意程度，对服务效果的认可程度。

图书馆工作以用户为主导，并在三个方面给予充分体现：一是用户对文献信息，即馆藏文献信息是否符合用户需要，馆藏的信息、知识量度、内容价值必须由用户做出判断；二是用户对图书馆馆员，即馆员的服务态度、服务能力、服务效果必须由用户来鉴定；三是用户对图书馆工作，即图书馆的各项业务建设、制度规章、服务项目及设施是否反映用户利益与要求，必须由用户加以评价。"用户至上，服务第一"的表述与商业市场提出的"顾客至上"或"顾客是上帝"没有本质的区别。可以说，用户既是"上帝"，又是"主人翁"。为此，国内外许多图书馆将"用户至上，服务第一"作为馆训。为充分体现这一指导思想，图书馆采取成立读者工作委员会实施对图书馆工作的具体指导；定期向读者汇报工作，出版图书馆工作年报，如实反映取得的成绩和存在的问题，接受全社会监督；推行义工制，邀请读者积极分子义务协助图书馆工作等等。

体现"用户至上，服务第一"的理念，还应该体现在尊重读者的阅读自由，不对读者设置不符合政策、不符合人权的障碍；不能愚弄读者，不能为了显示图书馆的"业绩"或某领导人的"政绩"，不管社会需求和读者意愿，花样翻新，经常搞具有轰动效应的宣传，读者并未获益，只是被当做宣传的玩物；不侵犯读者的著作权，因为任何作者都可能是图书馆的读者，有效、合法地利用和保护他们的著作权，正是图书馆生存、发展的重要条件；用户利用图书馆的合法权益必须得到尊重，要提高服务的文明水平，绝不出现对读者的不恭用语，即使读者行为出现不轨亦不能采取"偷一罚十"等违法措施。事实表明，图书馆服务工作只有在实际上而不是在口头上确立读者是图书馆的主人地位，才能"一切为了读者"，真正做到全心全意为用户服务。

二、重视服务成果的理念

服务作为智力劳动必然要产生成果。重视服务成果的观念对于强化服务的目的性非常重要。这具有两层意思：一是不仅把服务作为一个图书馆工作过程，更重要的是把它当作一个目的。既然是目的就得看重服务成果，这种成果包括服务活动中的工作成果和开发文献信息产品的成果。为此，服务工作自始至终都要具有需求观念，要经常性开展调查研究，并建立长期的反馈系统，不断改善服务，提高工作质量，争取获得最大的效益。而图书馆服务工作人员也务必改变"守门人"终日流于上班下班、不求效益、不思进取的状态。二是要重视服务成果而不异化服务成果。对图书馆服务成果要正确分析、对待，它是一个潜移默化的过程，有一定量的局限，不可能立竿见影，一般都由量变到质变。所谓异化用户的劳动成果就是将用户自身的努力、创造所取得的成就都归结于图书馆的服务，往往为此广为宣传，并向用户颁发"读书成果奖""读书贡献奖"等。目前，有一些图书馆为显示自己的服务成果，一些用户为获取殊荣及在图书馆得到相应的服务优惠条件，彼此需要的"双向动力"似乎使此项活动异常热乎。对服务成果的异化，也是对用户劳动成果的异化，应属于"打假"之列，切不可作为提高图书馆社会价值的举措。重视服务成果必须树立科学、务实精神，以长期不懈的努力，从优质而具体的工作成果和特色而有效的信息产品成果所产生的社会效益和经济效益中显示出来。

三、竞争的理念

在谈到服务产品的微观特征时，我们曾提出它具有相互替代性。图书馆服务也具有一定的替代性，它与社会其他服务活动关系密切，彼此间相互补充，从而形成了一种竞争。

作为精神文化服务而言，广播、电视、文娱、体育、信息网络正在日益发展、提高，任何人都无法摆脱社会文化的影响和制约，并同时参与文化的活动与创造。当今图书馆的生存条件面临着重大挑战，人们不仅可以享用丰富多彩的广播、电视节目，还可以不出家门利用网络图书馆来获取各类信息，甚至可以通过网上书店购买书刊。在所有竞争对手中，网络对图书馆的冲击最为明显。网络仿佛是一个庞大的图书馆，随时向人们提供无所不包的信息，任何人只要家里拥有一台电脑，联通网络，就可以跨时空、跨地域地漫游信息世界。网络的发展势必削弱人们对图书馆的依赖程度。与此同时，面对开放式的环境，用户与网络之间是一种人机对话交流形式，没有传统图书馆服务形式中一些人为负面因素的影响，既能较好地满足用户迅速获得文献信息的需求，还节约了人们往返图书馆的时间、交通费用等这些边际成本。在这种情况下，人们将有是上网还是去图书馆进行选择的权力，若能够在家里"坐享其成"，还有谁愿意花时间和精力前往图书馆？近年根据传媒的报道，各地图书馆的借阅活动不同程度上都出现了波动。

大众传媒及信息网络发展的动力是科学技术与社会需求，但它们对图书馆既构成一种冲击，同时也提供了一个动力和机遇。纵观精神文化的求乐、求美、求知的总体功能，图书馆作为社会求知的知识载体将永远在精神文化中处于龙头地位，并且日益具有求乐、求美功能。相关调查数据足以证明即使在经济、文化相当发达的西方国家，阅读，尤其在图书馆中的阅读，仍然具有不可替代的作用。

由此可见，阅读渗透于生活的每个角落，为其他文化服务不可替代。另外，网络对图书馆更多的是一种互补的关系。这是因为一方面网络上对用户有用的信息资源并不是太多，有些资源还是以商业性质出现，图书馆的资源优势仍然存在；另一方面网络的利用毕竟需要有计算机、上网等技术条件做前提，此外网上阅读还极易产生疲劳，没有传统阅读的休闲和随意。因此有人认为，图书馆真正的竞争对手是书店以及各种形式的社会读书组织。目前书店越来越多，它们将售书与提供宽松的读书、选书形式结合，阅读环境舒适、自由，尤其是特价书市不断出现，往往其中的顾客大都是阅读而不买书。社会读书组织，诸如书友会、读书社、读者沙龙、读者俱乐部以及图书银行等等，它们采取会员制形式，以少量的交费，享受互惠借书刊或优惠购书等，远比图书馆服务灵活、方便，颇受读者欢迎，已构成对图书馆服务工作的一个威胁与挑战。为此，我们应该充分发挥自己的优势，努力克服封闭、保守状态，进一步深化信息开发，加强网络化与数字化建设，提升服务人员素质与服务水平，化被动为主动，力争在各类精神文化服务方面牢固占据自身应有的地盘。

四、特色服务的理念

在科技、经济、教育迅速发展，社会需求日益多样化的环境下，扩大规模，全面出击，并非是图书馆发展的最佳出路。与之相反，盲目的外延式发展有可能使图书馆在将来陷入进退两难的境地。企业界对此有许多深刻的经验教训，如一味的产业扩张使企业难以生存，而特色产品和服务却往往能够在竞争中占据优势。因此，现代图书馆没有必要去追求自身规模的大而全，而应树立特色服务的理念，充分利用网络和图书馆资源的优势，开展特色服务，使之在激烈的社会竞争中求生存、求发展。

近年来，北京、上海、湖北等地出现的特色图书馆和图书馆特色服务是非常成功的，获得了社会和图书馆用户的一致赞誉。特色图书馆和图书馆特色服务是在改革开放和市场经济这个大背景中孕育出来的具有中国特色的新事物，它的出现给我国的图书馆事业注入了新的活力。从发展的轨迹看，特色服务开始是在图书馆改革实践中从传统的常规服务中派生和发展起来的，表现出"人无我有，人有我优"的与众不同的特性，在长期的工作实践中逐步形成并相对稳定下来，展现出各个图书馆的个性。

特色服务之"特"主要有三个方面。

其一，对象上的特色。特色服务的服务对象往往突破了地域界限和用户服务工作常规，适应了"为一切用户服务"的宗旨。

其二，服务方式上的特色。特色服务改变了传统的在出纳台前坐等用户上门的被动服务模式，而是走出图书馆大门，在更为广阔的空间，采取多样的服务措施，体现了"一切为了用户"的宗旨。

其三，服务内容上的特色。图书馆开展特色服务，其资源必然是对一些专题和学科具有相对丰富的收藏，能为用户提供比较专业和专门的服务。

虽然特色服务的形式呈现出多样化的格局，但是，如果我们对图书馆特色服务的内容加以认真分析和研究，从中不难看出特色服务所具有的共同特点：一是适应社会公众的需要。特色服务项目的设立，充分考虑到了社会公众的需求程度和地区环境的特点，因而具有强大的生命力和深厚的社会基础，这是搞好特色服务的先决条件。二是具有专题馆藏资源的优势。图书馆的特色服务必须建立在文献资源特色化的基础上，并以此构成用户服务的基础，为取得较好的服务效果铺平道路。失去了这一优势，特色服务只是一种奢望和空谈。三是采用现代化的服务手段。特色服务显示出现代化的服务特征。例如在文献载体上，由单一的印刷型书刊转变为书刊、音像制品和电子出版物、数字文献等多种载体；服务方法上，改变单纯的借借还还为文献的采集、流通、辅导、咨询以及情报信息服务于一体的新模式；在服务手段上，已不完全依靠手工操作，而是借助于计算机和网络技术进行文献信息的管理开发和利用。

五、3A 新理念

对于广大用户那些较低层次的文献信息需求，图书馆传统的服务模式和方式已基本可以使其得到满足。然而，如何满足广大用户那些较高层次的文献信息需求，应该说还有很大的研究空间。与知识创新相关的文献信息需求以及与审美、教学、认知相关的文献信息需求极为迫切。于是一种崭新的用户服务理念——Anytime, Anywhere、Anyway（无论何时、何地、以何种方式），简称"3A 理念"便应运而生。所谓"3A 理念"，就是说，无论用户在什么时间、什么地方、通过何种方式，都能得到图书馆方便、快捷高效的文献信息服务。要使这个理念变为现实，有赖于"虚""实"两个用户服务系统作为依托。所谓"虚"，就是基于网络的虚拟用户服务系统或称虚拟参考咨询服务系统。目前，有一些高校图书馆网站已经建成了"网上（虚拟）参考咨询台"，使用户可以随时随地与各位参考咨询馆员通过电子邮件或电话取得联系，获得各种与文献信息检索相关的指导和帮助。可以随时随地利用"常见问题解答"得到有关问题的答案，可以随时随地通过"网上参考工具书"查阅网上免费的在线词典、百科全书、地图集，可以随时随地通过"学习中心"，学习、掌握各种电子资源的使用方法。所谓"实"，就是基于流通、阅览、声像等业务部门以及遍布各个部门的实体参考咨询台。"虚""实"结合，使图书馆服务的时间、空间从有限变为无限，服务方式也由比较单一趋向多元化。

六、协作服务的理念

由于现代科学技术迅速发展，文献数量急剧增长，无论哪一个图书馆都不可能做到把某一学科文献收集齐全。而现代社会生活丰富多彩，用户的文献信息需求繁复众多，无论在哪一个图书馆都不可能完全得到满足。由于社会分工高度专业化，文献信息服务活动整体化已形成互相依存、互相促进的态势，图书馆联盟的作用将日益突显，人们越来越依赖于行业内与行业间的合作与交流，从而使交流与服务更加呈现多元化。

几十年来，图书馆界为使自身形成一股群体力量，开展协调与协作，取得了一定成绩。但是与当今社会发展要求尚有相当距离，特别是文献信息资源"共建共享"工作中存在着论说多、实际行动少，共享的兴趣高、共建的积极性低，目的性不明确，直接为用户服务的社会效益不明显等问题。图书馆服务特别是馆际互借和文献传递服务未得到有效利用，不少图书馆的服务工作局限于本馆的文献信息资源，服务工作组织管理人员缺乏资源共享观念，造成服务拒绝率较高。

图书馆协作服务的目的在于提高服务能力与水平，使服务形式更加灵活多样，服务内容更加丰富全面。图书馆协作的组织形式是成立各种各样的图书馆服务联盟，鉴于信息网络已经成为全球化的格局，各图书馆在协作架构中怎样去组织、加工各种传统文献信息资源并有效地利用网络资源是服务工作中无法忽略的问题。

图书馆的协作服务实践要在各馆之间通过充分协调，从用户需求出发，选择关系全局、用户受益比较大的项目进行。这除了要确定图书馆的资源建设方向外，还要解决为用户提供什么信息的问题。书目信息是图书馆开展服务、组织文献资源流通的基本手段，是文献信息资源"共建共享"的基础，务必优先集中力量做好，因为知识不仅靠积累，更重要的是靠检索。

图书馆协作服务还应该包括社会团体及用户群，只有把图书馆融入社会，并从中有效地汲取、利用智力资源、物质资源等，才能互相服务、彼此信任、良性互动。协作与竞争是对立的统一，为了共同的利益开展协作，从协作中显示自身的实力就是竞争；而竞争又是为了共同的利益，更好地提高图书馆的协作水平。

七、信息无障碍服务

国际图联、联合国教科文组织于 2001 年 8 月在美国波士顿召开的第 67 届国际图联大会上正式出版发行的《公共图书馆服务发展指南》指出：所有公众都有享受图书馆服务的权利，而不受种族、国籍、年龄、性别、宗教信仰、语言、能力、经济和就业状况或教育程度的限制；必须确保那些由于某种原因不能得到主流服务的少数群体也能够平等地享受到各种服务，例如少数民族、身心残疾或者是居住在离图书馆较远而不易到馆的社区居民等。这种信息无障碍的服务理念是全世界图书馆数百年来共同的服务宗旨，其主要的服务对象是民众中的残疾人群体。

平等地获取知识信息是最基本的人权，图书馆开展对残疾人的服务是维护残疾人基本人权的体现。19 世纪以来，世界各国图书馆先后开展了内容丰富、形式多样的信息无障碍服务，为残疾人创造了一个学习和接受教育的良好环境，让残疾读者有获得生活基本因素如利用图书馆的机会，从而享有包括图书馆所提供的各类服务在内的公共、行动自由以及一般的日常生活方式。

在工作实践中，信息无障碍服务理念可在以下几方面给予体现：

（1）以无障碍理念来设计图书馆建筑，包括残疾人专用坡道、盲道和相关卫生设施。

（2）从方便读者的角度出发，设身处地为残疾读者着想，开展送书上门服务。

（3）利用现代信息技术，大力发展网络服务和虚拟参考咨询服务。

（4）摆脱传统的图书馆空间和文献资源按文献载体和文献类型布局的模式，改按文献的内容主题来划分，避免读者包括残疾读者的来回奔波。

（5）根据残疾读者的具体服务需求，量身定做，开展个性化服务。

国内信息无障碍服务开展比较早的图书馆，如上海图书馆 1996 年在当时新建成的馆舍对外开放时就构建了物理无障碍的建筑环境，并开辟出了盲文阅览区。从 2002 年 5 月开始，上海图书馆还与上海邮电局合作，开展了为视障读者提供上门免费送还书服务，其中不仅包括免费邮寄的盲文读物，还包括正常人也能使用的录音磁带等。

第五节　图书馆服务理念的创新

一、图书馆服务理念创新的必要性

在信息社会，图书馆的生存面临着众多的挑战。目前，人们不仅可以享用丰富多彩的广播、电视节目，还可以不出家门利用网上图书馆获取各类信息，甚至通过网络书店购买书刊。各种搜索引擎相继出现，改变了人们获取信息的方式。人们可以通过搜索引擎查找所需要的信息，如利用 Google、百度等就可以免费获取网上各类信息。社会信息服务机构的大量出现，打破了图书馆单一提供信息服务的局面，人们获取信息的途径和方式有了多种选择。当人类社会进入信息时代，有人曾经预言，数字图书馆将取代传统图书馆，电子图书将取代纸质图书。从现实情况看，数字图书馆并没有取代传统图书馆，电子图书也没有取代纸质图书。上述种种现实表明，图书馆要适应信息时代社会发展的要求，必须要加强图书馆的建设，树立新的服务理念。图书馆服务是一种有着丰富内容和具有重要意义的工作，是图书馆工作的重要组成部分，是图书馆这个组织联系社会与用户的桥梁，是图书馆工作最终价值的体现，是图书馆工作的出发点和最终目的。总而言之，图书馆服务工作要满足读者（用户）的需要，图书馆界应进一步探索图书馆服务工作的规律和特点，创新图书馆服务新理念，真正使图书馆服务工作迈上新台阶。

从社会发展的总体要求来看，图书馆必须进行服务理念创新。进入 21 世纪以来，信息技术的日新月异，使得知识交流、传播、创造模式发生了颠覆性的变革，网络资源成为用户获取信息的首选。信息用户将可以跨过传统图书馆直接获取信息，在应对挑战和顺应信息化潮流的过程中，图书馆必须要通过解放思想和开拓创新来不断实现自身的科学发展。由于服务是图书馆的生命线，理念是一切行为的基础和先导，图书馆只有创新服务理念，在服务中凸显其竞争优势，才能适应时代发展的需要。

二、图书馆服务理念创新的实质

图书馆服务理念创新，是通过更新观念，使图书馆人员主动为信息用户提供信息服务，是以提高服务质量为标准的更新和创新，创新的实质是"一切为了读者"的推陈出新，主要体现在其服务内容的丰富和完善。

信息时代，知识更新速度加快，为用户提供的信息内容只有具备了"快""新""精""细"的要求时，才能称得上真正意义上的服务创新。因此，图书馆必须深化信息服务内容，充分挖掘馆藏实体资源和虚拟网络资源的内在价值，传统与现代互为促进，满足不同层次读者需求，这是图书馆服务理念创新的实质内容。

三、图书馆服务理念的创新内容

图书馆服务理念的创新是相对传统而言的，创新不一定就是对传统的批判或抛弃，更不是一味的标新立异，这其中更多的应该是继承、发扬和光大。图书馆服务理念的创新主要包括以下方面的内容：

1. 自由、平等、博爱理念

自由、平等、博爱是国际社会倡导的社会公义，也是国际图书馆界倡导的服务理念。图书馆界重视人的尊严与价值，包容人的弱点，注意为残疾人和其他弱势群体提供特色服务正是"自由、平等、博爱"精神的体现。自由、平等、博爱这些普世价值在图书馆服务中的体现，更多地表现在"平等"获取知识的权利上。尽管人生而不平等是现实的真相，但我们不必为承认人类与生俱来的这样不平等而感到羞愧，人类之伟大及人类文明之意义就在于，它试图建立起一个美好的制度，以此来保障每个人生而自由，并且最大可能使社会趋于平等。虽然我们也承认"文明的多样性"，西方国家的一些普世价值目前不一定适用我们所有领域，但应适用于我们的图书馆界。

在西方国家，图书馆界自由、平等、权利和博爱等普世价值普遍被人们接受。在我国，长期的等级制度对平等理念是一道坚固的屏障。随着我国民主政治的大力推行，社会各界有识之士的共同努力，图书馆平等服务理念逐步受到重视，知识公平理念逐渐成为行业共识，自由、平等、博爱等普世价值逐渐被图书馆界接受。

2. 一切用户理念

图书馆服务的本质就是为了利用，图书馆服务以用户为中心的理念，是把社会的每一个人作为图书馆的服务对象或潜在的服务对象，是为了所有使用图书馆的人。对"读者"概念最大的改变是因为网络的出现，网上图书馆的发展，使图书馆用户不再局限于本地，而是遍布天涯海角。一个人，无论在世界的哪个角落，只要点击了某一图书馆的网站，他就是该图书馆的用户。网络时代，图书馆用户到底有多少，不仅包括用借书证统计到馆的人数，还包括访问网上图书馆的人数。用户服务已经突破了传统"读者服务"的人数、时间与空间的限制。

3. 从"读者第一"到"用户第一"理念

对整个图书馆服务来说，读者至上是永远正确的，始终是最重要的，我们必须努力地做到这一点。21世纪的图书馆不仅仅要考虑"读者第一"，更要考虑"用户第一"。不仅重视人们对图书馆的阅读需求，还要重视图书馆不只为本地区、本部门的用户服务，还要为本地区、本部门以外的所有人服务。有了"用户第一"的理念，就可以反思现行图书馆服务的许多做法，例如凭借书证发放座位牌、不准带书到图书馆自习、将不看书的读者赶走等，这些做法在考虑阅读保障的时候都忽视了用户利用图书馆的权利。图书馆要改善服务，既要改善阅读条件，吸引读者到图书馆来阅读，也要改善其他条件，吸引用户到图书馆来享有图书馆的所有资源。

4. 以人为本，从"心"开始

图书馆的服务要以人为本，处处把人放在最重要的位置。长期以来，图书馆的服务存在很多非人性化现象，例如在馆内设置监视器，每个阅览室有防盗装置等。人性化服务是以尊重人、理解人为前提的，充分考虑人的需求，最大限度地给予人以自由空间的服务。过去强调制度，现在强调人性化。制度是基础，人性化是方向，两者必须结合起来。比如香港城市大学图书馆，看上去像一个家。图书馆的门口一侧有一个嵌在墙里的还书箱，进入图书馆，借书、咨询和阅览一应俱全，阅览室里有各式各样的阅览桌椅，阅览桌旁边有沙发，还有小的圆桌，看报纸、看书都行，用电脑也行，每个阅览桌旁边都配有废纸篓，侧面的墙上还有许多挂衣服的钩子，使读者感觉很舒适、很温馨。所以说，人性化服务不是口号，而是具体的行动，是细微处见真情的服务。

泛在智能技术的广泛应用使人们获取信息更加方便快捷，但是人们也意识到，技术虽然给人们带来了便利但也有深深的遗憾，那就是人文环境的缺失以及虚拟交流给人们的心理、生理造成的影响。因此，现代图书馆不仅要专注于利用先进技术提升服务质量，还要更加重视和践行图书馆"以人为本"的服务理念，加强图书馆人文环境的持续构建。

无论时代如何改变，"人"是永恒的主题，无论环境变得多么复杂、多么智能，一切活动都还需要有人来参与，无论人们从事何种活动，都需要从"心"开始。也就是说，人总是在一定情感、意志影响下从事实践活动的。积极的情感情绪会给人们所从事的工作注入新的活力，推动工作向更好的方向发展，反之，消极的情感情绪则会阻碍工作的顺利进行，图书馆的工作亦如此。因此，以人为本，最简单的含义就是要关注人的情绪情感，从而促使人在积极的情绪状态下去从事工作。马克思曾经说过"人的存在总是在集体、在和他人的关系中、在为别人做事的过程中、在能够为别人做出自己的贡献的时候，才体现出自己的价值，找到自己存在的意义"。因此，以人为本又意味着我们需要关注个人在集体中价值的展现。我国的散文大家周国平曾经说过"人生最美好的享受都依赖于心灵能力，是钱买不来的"；中国最著名的管理专家王育琨也曾经说过"人生就是不断提升心智的过程"。因此，以人为本，又意味着关注人们心灵的成长。

综上所述，现代图书馆的服务理念就是"以人为本，从'心'开始"，即图书馆在服务过程中要更加关注用户需求、倾听用户意见，辩证地看待与处理馆员与用户之间的关系。图书馆服务过程中不仅践行"以用户为本，关注用户需求"的理念，同时采取相应的措施关注用户的心灵成长，例如借鉴一些社会上流行的潜能开发、放松和静心等教练技术对读者实施教育，让读者学习心灵启蒙课程，教会读者学会认识自己的心理变化及情绪变化，促进自身成长。另外，图书馆更要给馆员以关怀，满足馆员的物质以及心理需求，为馆员营造一种终身学习的环境氛围，激励其敬业精神与创新精神，让馆员在工作中找到成就感和职业归属感。每一个图书馆从业者都要明白，图书馆发展的最终目的是在领导与馆员之间、馆员与馆员之间、馆员与用户之间形成一种强大的凝聚力，建立起一种牢固的、相互信任的人与人之间的关系，从而使馆员不再是受支配的雇员，用户也不再是馆员所服务的客体，而都是具有主人翁意识的共同创造者，使现代图书馆在追求全体馆员物质与精神两方面幸福的同时，引领用户走上自觉、自知、自信、自强、自胜这样一种心灵成长的过程。

5. 用户参与，资源共建

心理学大师武志红曾经说过"在一种关系里，如果对方只是得到而没付出，他自然就不会太在乎这个关系了"。而图书馆所构建的丰富的软硬件资源以及所提供的各种类型的服务之所以被用户冷漠的对待，就是因为我们一直在一厢情愿式地构造和付出着这一切。长久以来，我们一直关注的是我们能向用户提供什么，而没有重视用户能为我们提供什么，用户能为其他用户提供什么，我们一直缺少的就是Web2.0所倡导的用户主导、用户参与、用户分享、用户创造这样一种核心理念，而泛在智能的产生和应用使得图书馆以用户为中心的核心价值观有了更加现实的技术基础和环境基础，同时把用户参与和互动作为图书馆资源建设与服务的前提依据。因此，泛在知识环境下，图书馆的发展要将这一理念贯穿图书馆资源建设与服务的全过程中来，通过应用 Web2.0 和泛在智能的相关技术让用户付出时间和精力来真正参与图书馆的资源建设，从而让用户开始重视这份投入、开始在乎这份关系，并乐于分享其建设成果。

图书馆邀请用户参与图书馆资源建设不是随意性的，而是有针对性的，其目的是通过用户来了解其他用户的真正需求，让部分用户成为馆员与图书馆用户之间沟通的桥梁。因为用户在面对用户时能够很容易地理解对方的真正需求，能够给图书馆的资源建设提出很多合理化的建议，同时让更多专业用户与图书馆馆员合作共建专题信息还可以提高图书馆资源利用率。泛在知识环境的不断发展使得个人正在成为完整的信息收集、接收、处理、发布节点和服务单元。Living Library 志愿者的加入也为图书馆的资源建设提供了人力资源方面的支持，这些因素使得图书馆邀请用户参与资源建设的理念更便于实行。用户参与图书馆资源建设的方式为：图书馆利用 myspace、facebook、wiki 及目前备受关注的豆瓣网等技术构建图书馆用户的交流社群，使分散在不同应用系统间的个人知识产出不断沉淀，为图书馆积累丰富的资源。

在加大用户参与图书馆资源建设的同时，图书馆还要积极与各相关单位合作，共建图书馆资源，以解决各图书馆目前广泛存在的经费紧张、空间有限以及技术设备相对不足等情况。具体做法为：各图书馆首先要根据学校学科发展和专业特点合理购买本馆用户所需的纸质资源和数字资源作为基础保障；然后再加大力度收集网络中与各重点学科相关的网站和各种网络数字资源建立专题知识库来充实本馆馆藏；最后通过建立联盟的方式在利益平衡机制的前提下合理购买和共建共享资源，以优化本馆的馆藏资源体系。现代图书馆还要打破物理图书馆与数字图书馆之间的界限，积极利用数字图书馆对信息的搜集、组织、分析、传播的传统优势和泛在知识环境的智能挖掘技术优势建立各类数字资源体系。另外，图书馆还应加强与其他信息服务机构，如出版社和数据库商以及电信部门和网络服务商的跨界合作，达到资源、设备的充分共享，从而满足用户在泛在知识环境下的信息需求。

6. 单体联合，实虚结合

全媒体时代，图书馆的“体”不仅包括了图书馆的物理体，同时还包括了物理体内更小部分的物理体以及它们所分别对应着的网络环境中的虚拟体。也就是说，我们不仅需要关注图书馆的软硬件资源配置和环境完善等外在条件，同时还要在这种大的物理体内根据用户的兴趣与需求建立更多小的物理体，如信息共享空间、兴趣学习小组、精品图书导读组、专家咨询组、学科服务组以及资源导航组等，并在网络中建立相应的虚拟社区，以实现图书馆“实虚结合”的建设理念。为适应全媒体时代图书馆的资源与服务无所不在之特点，图书馆还需应用开源软件、语义网、Web2.0 等相关技术将图书馆的资源与服务制作成客户端软件的形式，由用户自行安装在自己常用的设备或智能手机上，从而使用户不必访问图书馆网站就可直接获得图书馆相关的资源与服务。

同时，我们还必须明确，全媒体时代图书馆各项工作的目的并不仅仅是为图书馆带来经济利益，更多的是为了将图书馆的信息资源和人才优势与信息机构的营销手段和资金优势相结合，从而让用户更多的来了解图书馆，对图书馆持有正确的认识，最终愿意接受和利用图书馆所提供的各种服务，并使图书馆的资源与服务发挥更大的社会效益。因此，还需要单"体"联合，即图书馆界内部联合，同时又与相关的服务机构联合，以联盟的形式为用户提供各种服务。这种联盟绝不是一种简单的联合，而是要打破以往以各馆为单位的联盟，采取由不同图书馆的馆员组成不同的具有独立领导能力的服务小组，提供灵活多变的服务方式与服务内容。即根据图书馆所服务的用户的类型、目标、兴趣以及所在区域等的不同，将图书馆联盟的所有成员按专业、兴趣、年龄和能力等划分成许多独立的服务小团体，自如地融入各个需要他的用户群中去，服务小团体的构建也可视用户需求的变化不断地重组。

7. 树立知识服务理念

知识服务是一种新的服务观念，注重对信息资源的深层次开发和利用，注重知识资源增值的一种服务。与传统信息服务相比较，其区别在于以下方面：①传统信息服务关注的是为用户提供了什么信息资源，而知识服务关注的是为用户解决了什么问题。②传统信息服务只需关注用户简单提问，满足用户文献需求。知识服务则是一种逻辑获取服务，通过对信息的分析重组，形成新的知识产品。③传统信息服务满足于为用户提供具体文献信息，而知识服务致力于帮助用户寻求或者是形成"解决方案"。④知识服务关注其服务的增值，希望利用自身的知识和能力，为用户提供具有独特价值的信息产品。而传统的信息服务更多的是基于对资源的占有，通过"劳务"来体现自身价值。对此，知识服务需要图书馆馆员努力成为"一专多能"的复合型知识人才，将分散在相关领域的专业知识加以提炼，形成符合用户需要的"知识精品"。

8. 树立竞争意识，提高馆员素质

随着社会文明与技术进步，图书馆形成了多层次的服务理念，图书馆不同服务理念的相继提出，要求图书馆馆员从多角度出发，用更优质的服务来最大限度地满足信息用户多元化的信息要求。对此，对图书馆馆员素质提出了更高的要求。

在道德上，要求图书馆馆员做到如下几点：一是树立正确的职业观。由于图书馆是一个"生长"着的有机体，馆员职业观应随着图书馆的"生长"而演化提升。馆员的职业价值观经过理想主义、个人主义、技术功利主义、新自由主义的演化，逐渐形成注重服务和人文关怀，尊重理性、知识、真理，尊重对知识和真理的追求，热爱图书馆，倡导阅读，主张社会成员享有使用图书馆服务的平等权利，倡导合作和技术创新，倡导宽容、公正的职业价值观。二是培养良好的职业心态，提升职业认同感。一定意义上说，图书馆馆员是在为他人做"嫁衣"，无论在传统的手工条件下，还是现代化的网络时代，只有具备乐于服务、勇于奉献的精神，才会把图书馆工作当成人生的事业来经营，才有可能成为一名优秀的图书馆馆员。三是图书馆馆员要有较强的进取心。随着信息社会的到来，图书馆受到

其他信息服务机构竞争和读者流失等诸多挑战。面对挑战和竞争，图书馆馆员只有具备较强的竞争意识，有强烈的责任感，才会把更多的精力用在工作上，不断钻研业务，发现工作中存在的问题，寻找解决问题的办法。

在能力上，图书馆馆员做到如下几点：一是具有信息获取能力、对信息的深度加工能力以及传递信息能力。当代科技已广泛应用于图书馆工作，科技的发展、边缘学科的不断涌现，要求图书馆馆员应熟悉当代最新技术，有广博的知识，一定的学术研究能力，灵活的综合反映能力，敏锐的捕捉信息能力，开展深层次信息服务，并运用现代信息技术为用户提供服务，当好信息用户的信息导航员。二是具备信息素养教育者的能力，在信息泛滥的今天，只有全社会信息素养整体提高了，才能真正促进社会的进步。在图书馆服务中图书馆馆员在不断提高自身信息素养的同时，还应充当信息教育家，"授人以鱼，不如授人以渔"，图书馆馆员通过自身的努力，促进大众信息素养的提高，促进社会的文明发展。

9.创新服务理念

在文化传播载体和传播方式不断变革的挑战下，图书馆不仅要在硬件上有所提高，更重要的是服务理念的不断创新。只有这样，图书馆才能适应新时代新读者的需求，在日益加剧的信息服务大战中立于不败之地。

创新是当代社会的一个主题，创新是一个国家的灵魂，在全社会创新的环境下，图书馆服务也要创新，这关系到图书馆服务应适应社会需要，与时俱进，关系到服务质量和水平的提升，甚至关系到图书馆的长久发展。图书馆服务树立创新理念，要求每一个图书馆馆员具有创新意识和创新思维，大胆提出与实施图书馆服务的新思路和新方法；要求每一个图书馆都有创新服务战略和对策，及时增添新的服务，在服务过程中快速应变；图书馆要努力营造出创新的氛围，培育图书馆馆员的创新精神。

网络环境下图书馆服务的基础发生了根本性的变化，由基于实体馆藏的服务拓展为基于全球信息资源的读者服务。图书馆服务方式发生了极大变化，出现了远程服务、全天候服务以及多维服务等服务方式。

所谓"服务理念的创新"，也即服务理念要不断顺应原有理念赖以生存的条件与机制的变化而变化。在信息技术飞速发展的今天，现代化的服务手段大大提高了图书馆的服务效率，丰富了图书馆的服务内容，确实给读者和用户带来了许多便利。

无论将来科技手段怎样发展、物态化图书馆如何现代化，服务都是贯穿图书馆发展过程的一条主线。但读者和社会对服务的要求会和以前大不一样，服务的理念会发生根本的转向。服务理念创新必须遵循三条基本原则，即国家指导原则、市场调节原则和图书馆自主发展原则。

从社会机构的分类上讲，图书馆一般是以国家投资为主体的社会公益性事业单位，在遵循市场经济规律的前提下加强国家的宏观规划指导是世界图书馆事业的通则。随着我国社会主义市场经济体制的发展和完善，国家对个体的制约作用将会越来越间接，制约的范围也将大大缩小，即意味着图书馆选择的自由权和自由空间不断扩大，这为现代图书馆服务开辟了更为广阔的空间，图书馆必须走自主发展之路。社会和广大人民的知识信息需求是图书馆赖以生存的基础，这种基础主要不是指体制和制度，而是指图书馆必须把市场规律作为其运行和发展的基本准则。从某种意义上来讲，图书馆现代化的过程是一个建立起竞争机制的过程，没有竞争，就没有现代化，也就没有现代图书馆的活动。竞争是图书馆效率与效益的内在要求，是加快图书馆发展的需要。也就是说，在服务层面上一切为了读者是图书馆工作的根本出发点，首先要有"读者第一、方便读者、服务读者"的理念，在满足读者需求的过程中，要"换位看待"，在开展各项工作时，要坚持图书馆公共性、公益性、服务性的原则，不断地提高图书馆的社会效益。

从图书馆服务的发展趋势看，图书馆服务的内容急需拓宽，其重点是加大信息知识服务和方便用户的服务力度。在信息知识服务方面，主要是增加网上信息导航服务和咨询服务内容。在方便用户方面，加大为社区和校外用户服务的力度，其内容包括职业介绍、市场动态信息、技能培训指南、市政服务咨询以及家政服务咨询等等。在文献信息服务方面也要创新，主要是加大参考咨询服务的力度，实现从文献信息服务向知识服务的跨越，提高图书馆服务的信息知识含量。网络环境的形成，扩大了图书馆可利用资源的范围，图书馆信息资源不能局限于本馆原有的印刷型文献信息，而要扩展到网络可检索和共享的其他服务器上的信息资源。随着网络的普及，人们的信息意识日益增强，信息需求从单一型、专业型向各行各业及生活领域扩展，形成了全方位、综合化的态势。以往的服务内容都停留在一般性浅层次加工服务，即提供一、二次文献服务上。图书馆要创新服务内容，拓宽服务范围，必须致力于文献信息的深度开发和充分利用，因此图书馆要转向对文献资料的深加工，形成有分析、有比较、定性和定量研究相结合的三次文献。

10. 营销服务理念

营销服务需要图书馆全员的共同参与，图书馆领导在细节营销服务中的作用是至关重要的。图书馆领导是否具备营销观念、是否重视细节是图书馆开展细节服务的前提。图书馆领导往往更重视如何去发展，容易忽略已经发展的、有基础的、看似简单却不容易做好的日常工作，然而它们却是图书馆发展的重要组成部分。因为只有通过各种规章制度将细节制度化、规范化，建立各种"反馈""激励"机制，才能确保营销服务深入开展。中层管理人员应该将工作重点放在如何让细节不断完善上，同时还应该做好培训工作，营造和谐的服务文化氛围。一线工作人员的工作重点是用心做好本岗位的营销服务，一丝不苟。总之，营销服务只有领导重视、基层执行有力，才能体现其精髓。

11. "零服务"理念

"零服务"的理念是企业管理中提炼出来的一种理念，这个理念本身是要说明没有（不需要）售后服务是最好的服务。后来人们把这一理念用到了服务上。"零服务"的理念具体内容包括"零距离""零缺陷""零投诉"服务。从图书馆读者服务角度分析，"零距离"服务是一种体现图书馆服务人员（馆员）与服务对象（读者）之间诚实、信任、贴近而真情、温馨、高效的服务。馆员与读者交朋友，建立起信任关系，让读者在图书馆服务中体会到馆员服务的人情味，进而形成亲和力，提高读者的满意度；"零缺陷"服务就是要求图书馆为读者服务做到尽善尽美，使读者对图书馆的服务无可挑剔；"零投诉"服务是图书馆最高的服务追求，通过卓有成效的服务，减少读者投诉，直至达到"零"投诉。近些年来，图书馆虽然改进了服务方式，但在为读者服务的过程中，还存在很多不尽如人意的地方。例如有的图书馆馆员和读者之间缺乏有效沟通，甚至因为馆员服务态度问题使馆员和读者之间产生一些矛盾。面对不能满足读者的要求，图书馆馆员要耐心地解释原因，诚恳地请求读者谅解，同时想办法为读者解决问题。例如有的读者需要某种图书，但该书已被其他读者借出，遇到这种情况，图书馆馆员要细心向读者解释，并向读者推荐其他相关的图书或利用网络为读者提供该书的电子版。"零距离""零缺陷""零投诉"的服务理念用于指导图书馆的读者服务工作，不仅可以满足读者求知的需求，而且使读者享受到愉快的服务。图书馆要推行"零距离""零缺陷""零投诉"的服务理念，必须加强馆员培训，提高馆员素质，尽量缩小读者需求与图书馆服务之间的差距，实现图书馆服务的"零距离""零缺陷""零投诉"。

12. "精细化服务"理念

精细化服务就是人性化服务，真正做到以客户为中心；精细化服务就是高品质服务，在用户群中有口皆碑；精细化服务就是超值化服务，让客户得到意料之外的价值；精细化服务就是创新式服务，服务方式灵活多变。精细化服务注重细节，强调人性化，以客户为中心，按客户的需求提供服务。总而言之，精细化服务理念强调对客户的贴心服务，用爱心、诚心和耐心向客户提供超越心理期待的、超越常规的、满意的超值服务，服务方式灵活多变，在细节处显示出对客户的尊重，用真诚换来客户的信任，正确对待客户的抱怨，善解人意为客户着想，了解客户的心理，区别对待不同性格的客户，热情主动细致，从小事做起，服务到位。在数字化、网络化发展的今天，图书馆服务的硬件设施有了一定的改善，但图书馆服务的软件条件与国外相比，差距明显。如图书馆虽然购买了专业的数据库和引进了先进的知识服务系统，为读者查找资料提供了良好的平台。但图书馆宣传培训工作没有做到位，致使有的读者不了解数据的使用方法。这就说明，图书馆有了好的信息产品，还要提供好的服务。图书馆不但要引进数据库、建立检索系统，而且还要大力宣传数据库的作用，做好读者培训工作，使读者能通过数据库查找到自己所需的信息。图书馆通过开设文献检索课，开展新生入馆教育、电子资源使用指南讲座，发放宣传册、问卷调查及通过网络在线问答、主页滚动信息、手机短信、校报、口头宣传等方式，对馆藏资源、馆藏结构和布局、馆藏检索方法、馆藏使用方法、馆内规章制度及深层次的服务项目和方式，如文献传递、馆际互借、科技查新、个性化定制推送服务等展开多层次全方位的宣传。通过宣传，使读者了解了现代图书馆的服务，在读者心目中树立起图书馆良好的形象，赢得读者的信任与青睐。通过宣传，图书馆日借阅量渐步提高，电子资源的使用率也日渐攀升。由此可见，图书馆工作做细，可以提高图书馆的利用率。精细化服务理念要贯穿图书馆服务的整个流程，让读者真正领会到图书馆服务的人性化。

第三章 公共图书馆现代化服务

在现代化技术应用范围越来越广的当代社会，公共图书馆也应迎合社会发展的脚步，促使自身的服务向现代化、智能化和个性化的方向发展。公共图书馆在服务的方式上发生了巨大的转变，并且积极地利用移动互联网技术向大众提供多元化的服务内容。

第一节 公共图书馆服务的转型

在信息越来越丰富、技术越来越先进的今天，公共图书馆自身的建设和发展面临着严峻的考验。为了向人们提供更好的知识服务，扩大公共图书馆的影响力，公共图书馆必须在服务方式上进行升级，在服务上开辟多元化的发展途径。

一、公共图书馆的传统服务方式

（一）传统服务方式的基本流程

图书馆传统服务是以印刷型文献为基础，通过借阅及参考咨询等手段向读者提供服务的方式。这种工作人员与读者面对面的服务模式，主要通过文本型文献的外借、阅览和馆际互借来为读者服务，其依赖图书馆的场地和藏书量，读者需要到馆才能借阅图书，所借图书种类也受图书馆馆藏量的限制。借书是通过传统的手工借还，文献信息检索服务也是通过工作人员高强度的劳动来实现的。服务流程可以概括如下：读者通过检索途径对图书馆所提供的资源进行检索，并且利用获取途径来获知所需信息。而图书馆馆员参与了从解答读者咨询、帮助检索文献、加工整理资源以及文献传递到办理借阅手续帮助读者获取资源的整个流程。

（二）传统服务方式的优势与缺点

图书馆的服务是建立在传统的服务方式的基础之上的。传统服务方式的优势有以下几种：第一，传统图书馆服务主要提供印刷型文献资源，读者对纸质书籍的阅读习惯仍然存在。第二，传统的服务方式经过百年的发展，其模式已然成型。公共图书馆在长期实践中摸索出一整套的服务方式，包括馆内阅读、文献外借、文献复制和文献传递等。这些服务即使图书馆行使了文献保存、管理的职能，又满足了读者对纸质文献的需求。但是，传统的服务方式也存在一些缺点。

1.服务效率低下

传统的服务方式采用的卡片式目录检索和手工式外借手续导致馆员工作量大且服务效率低，大量的目录卡片同时也占用馆内空间资源。

2.时效性差

传统图书馆的服务资源以纸质资源为主，而图书、期刊的出版和印刷需要一定的时间，资源的更新存在一定的滞后性。在互联网环境下，人们获取信息变得方便快捷，传统的服务资源已经难以吸引公众的关注。

3.文献获取方式单一

传统的服务方式依赖图书馆的馆舍，读者需要进到图书馆进行阅览、借阅。大多数数字资源也要在图书馆内通过固定的 IP 地址才能访问，文献获取的途径比较单一，读者不能在家享受图书馆的资源服务。

4.馆藏古籍文献利用率不高

古籍是一个图书馆最重要的馆藏资源，但是对古籍的保护和为读者提供查阅是相互矛盾的职能，因为资料反复查阅就会磨损，所以馆内一些原始的珍贵的古籍一般读者难以看到。

二、网络环境下图书馆服务转型的动力

（一）技术动力

互联网和数字出版技术对图书馆信息服务转型的支持在于提供了数字信息资源产生、获取和传递的技术基础。互联网的产生和迅速发展有其技术背景和时代背景。首先，网络的出现是现代信息技术的产物，也是计算机技术与通信技术相结合的产物。其次，信息社会的理论和实践的发展取决于能满足人类社会需求的特性。因此，网络是信息社会理论的物质形式，是信息社会理论在社会实践中的应用。这是网络能够迅速发展和广泛应用的最根本原因。

数字信息资源时效性相当强。其一，从出版到上架周期短，如许多学术期刊在出版前或出版当天就可以从网上获得电子版的文章，而图书馆通过传统途径获得期刊往往会推迟几周或几个月；其二，在传统的出版模式下，从寄出原稿到文章呈现在用户眼前，往往会经过几个月的审查、编辑和等待版面的过程。因此，图书馆开始借助于预印本（PREPRINT）和开放存取（OPENA-CCESS）等新型学术交流模式获得大量在正式出版前就得以流通的学术资源提供服务。

（二）人文动力

20 世纪 70 年代后，德尔文等人逐渐建立"用户中心论"的服务理念，其基本特征是关注用户个性和他们所处的环境，用定性的研究方法形成对用户需求的深入理解，根据用户需求设计用户服务系统，使图书馆工作、管理适应用户的要求，而不是让用户适应图书馆的安排。南开大学的柯平教授曾提出"当代图书馆服务的十个理念"，即一切为了利用、一切用户、开放服务、免费服务、便利服务、人性化服务、个性化服务、营销服务、竞合服务以及创新服务等，归纳起来就是"用户（读者）至上，服务第一"。图书馆作为一个不断发展的有机体，必然形成"满足用户（读者）的需求，完善服务，获得支持；进一步满足用户（读者）的需求，进一步完善服务，获取更多支持；再进一步满足读者的需求，再进一步完善服务"的良性循环。这使图书馆在信息服务过程中十分重视用户信息行为习惯和观念的改变。

（三）市场动力

图书馆无法满足所有用户的所有信息需求，如新闻等即时信息是由其他信息服务和传播机构提供的。但令我们最为关注的是，图书馆曾经以丰富的馆藏和较熟练的文献服务技能成为社会信息服务体系中唯一的或主导的信息服务提供者，一直占据着向最终用户传播信息的枢纽地位。而在网络环境下，社会知识交流系统由众多的交流或服务子系统共同构成，图书馆只是其中的一个组成部分，不得不面临竞争。

一方面，出版发行商、文献索引服务商等图书馆的资源供应商在信息技术和网络的支持下，进入了信息服务提供的领域。他们将包括文献信息检索、传递在内的信息服务直接提供给最终用户，导致了学术信息交流体系和信息服务市场的重组，使图书馆信息服务的垄断地位不复存在。以积极参与网络出版的传统出版商为例，他们拥有丰富的信息源和成熟的客户群体、优秀的编辑人才及广泛的作者群，同时拥有已经出版的庞大的内容数据库，在内容上具有强大的优势。现阶段，他们大多是以内容供应商的身份出现，在对现有资源的二度开发基础上向网络提供出版内容。

另一方面，网络信息咨询公司、网络搜索引擎、聚合、整合服务代理商等，由网络直接催生的商业性信息服务商虽然是信息服务领域的新进入者，但具备雄厚的专业背景、成功的管理方法，并以提供新的信息利用方式、高效快捷的信息服务模式见长。

三、公共图书馆的转型及存在的问题

（一）公共图书馆转型发展现状

1. 努力实现读者文化服务多元化个性化的需求

目前，一些公共图书馆除了向读者提供传统的信息文献服务，还逐步建立了综合文化社区的第三空间，积极开展阅读和增值服务。公共图书馆满足了群众文化休闲的需求，同时也向人们提供了一个较为舒适的交流空间，强化了公共图书馆的社会性。公共图书馆是公共设施，其公共性决定了文化服务的着眼点应放在文化服务的涵盖层面，特别是不同层面群体的涵盖面，保障社会的公平和文化权益。新形势下读者文化需求逐渐多元化，满足读者个性化需求的能力是计量公共图书馆特色化服务水平高低的有效标准。如今，公共图书馆面临着很多来自实体书店、文化休闲的商业场所以及移动网络终端等的各式各样的竞争，因此，公共图书馆开始重视对读者个性化需求的满足。所以，在保持公共性的前提下，公共图书馆的资源配置进行了空间设置、服务的变革和创新，体现了处理好用户的基本服务需求和个性化服务需求之间的关系的特色。

2. 提升公共图书馆的及时性、有效性、便捷性

为提升及时性、有效性、便捷性，公共图书馆和国内外网站进行了合作和链接，其中成功的有：上海图书馆和"Library ELF"合作，提供外借到期通知的服务，管理图书馆的借阅卡，提供借阅清单，并且通过邮件或 RSS 对读者进行书籍到期提醒；厦门大学图书馆利用 Twitter 及它的服务提供新闻公告服务，在 Twitter 注册了 XMU library 账号，在账号上发布图书馆的最新消息，此网站的用户可以在自己的 IM 工具上，或者是通过手机短信知晓图书馆的最新动态，方便快捷；美国的 Counting Opinions 公司 2005 年 12 月开通了一个面向图书馆用户与公共图书馆的联机服务网站 Libraries411.eom，该网站可按名称或邮政编码，检索到美国与加拿大 2 万余所公共图书馆的地址，并且总馆、分馆、流动图书馆也能一并检出；美国《加州大学书目服务再思考》计划发送书目服务到用户，集成服务如目录检索、教学参考书、新书通报等进入虚拟学习环境、课程管理系统以及门户等，直接将所有的加州大学馆藏暴露给搜索引擎，推动搜索引擎做更好的合并；康奈尔大学的"图书馆链接计划"是图书馆参加后，Google 学术搜索结果中就会出现指向本馆订购电子资源的链接，用户在内部网或校园网内，直接点击链接就可下载全文；在公网，通过一般的用户认证也可下载全文。我国的国家图书馆、清华大学、北京师范大学和北京理工大学较早加入了这一计划。以上公共图书馆与国内外网站合作的成功经验，提升了公共图书馆的及时性、有效性、便捷性。

（二）转型中存在的问题

1. 读者减少的同时文化需求逐步递增

随着移动互联网的发展，传统读者的流失和读者日益增长的文化需求得不到满足之间产生了矛盾。当公共图书馆免费开放后，制定了良好的文化优惠民众政策，也无法大量增加公共图书馆的读者数量，出现了新的读者在逐渐加入，原来的读者在不断流失的现象，究其原因：一是图书馆不断从阅读推广这一举措去吸引和培养读者；二是社会文化需求无法有效得到满足，图书馆文化服务的涉及范围不广。西方发达国家的公共图书馆的密度是每一万人就拥有一座图书馆，而当前我国城市一般几十万人才拥有一座公共图书馆，并且

办理借阅证的读者数量依然非常低。这种现象表现出来的是公共图书馆的服务能力和大量的社会需要间的矛盾，导致读者流失和满足不了读者需求。产生这一矛盾的原因主要是公共图书馆的服务质量、服务水平、便捷性和辐射能力、人民大众的公共图书馆认识，以及公共图书馆的推广和宣传力不足。

2.优质服务环境的欠缺

一些公共图书馆存在缺少图书馆馆员和服务意识薄弱等现象。在时间方面，公共图书馆安排开闭馆时间更多的是从怎样能方便管理出发。为了管理人员正常上下班，制定开放时间一般是分早、中、晚班，中间各不相连，规定借还书的时间只能是在白天，在休息日里只有个别的阅览室在限定的时间开放，没有从读者是否方便这方面设计，不利于馆藏资源的完全利用。在借阅方面，传统公共图书馆的借书和阅览室是分着的，仍然是以封闭式管理为主。在网络方面，许多公共图书馆开设了现代化的电子阅览室，馆内海量存储系统和数据库的服务器正在不断加大投资力度，在所有书库、阅览室和走廊安放了信息点和检索器。但是图书馆仍没有发挥好良好的网络资源检索的作用，因为其一部分只是为应付各类评估和检查，并没有真正的使用。

（三）公共图书馆转型的策略

1.在服务设施上进行创新

（1）馆舍建设方面，空间设计的特色化

公共图书馆阅读推广的同时着力创设新型文化空间，在品牌与空间融合的基础上开辟特色的阅读空间，发挥公共图书馆作为"第三文化空间"的价值。公共图书馆应对馆舍在原有空间上进行升级改造，学习私营书店的空间规划设计，将书籍不能只是按照部门进行生硬的划分，而是要根据不同的学科或者不同的年龄段打造特色阅读空间，例如以文学专区、幼儿亲子阅读区以及休闲阅读区为代表的一系列新型文化空间。在装修上注重设计感，将不同功能区的不同底蕴融入空间设计上。例如，具有简约风的流线型书柜、白色长条状书桌；用色彩学概念进行搭配，打造极具美感的阅读空间；在周边设施上配备休闲空间，开设小型餐厅、咖啡厅、小商店等，让读者足不出馆就能享受全方位的服务。这些设计方式拓展和延伸了图书馆的服务领域，增添了人性化、多元化的阅读体验与交流，满足了市民不同层次、不同类别的文化需求。

（2）服务设备方面，服务终端多元化

数字阅读已经成为一种阅读方式，而微信则是目前最流行的通信软件。公共图书馆可以通过移动互联技术，让读者通过手机、PAD等移动互联网终端设备阅读客户端，将人们从眼花缭乱、充斥着大量垃圾信息的网络资源中解放出来，为读者提供高质量的电子资源。同时，通过统一知识检索平台，让读者可以只进行一次操作，即可对图书馆的各类型资源进行查询，减少读者的操作难度及复杂度，增强读者的阅读体验感，这对提升公共图书馆的竞争力有重要的作用。

2. 做好数字信息资源的建设

（1）加强数字信息资源共享

首先要充分认识数字资源在图书馆现代化以及信息服务中的地位和作用。各图书馆要将文献资源建设的重点转移到数字资源的建设上来，应认识到获取和拥有是相辅相成、互为补充的关系，不应再局限于过去那种只有本馆保存才算拥有的观念。未来图书馆对数字资源的利用将会更多地注重获取，最大限度地满足读者需求、降低服务成本将是图书馆服务所追求的目标。其次，建立图书馆之间数字资源共建共享的利益平衡机制。数字资源共建共享的利益平衡机制就是以经济利益为基本驱动力，通过对参与信息资源共建共享的相关主体经济利益关系的调整，使各主体之间的利益达到一种相对平衡，并促使各相关主体产生一种积极参与共建共享的驱动力，实现共建共享目标的调节过程和方式。在市场经济环境下，利益平衡机制除了能够使共享集团中各成员的利益保持一个相对稳定的平衡，还能保证资源共享集团与出版者之间的利益平衡，从而使数字资源共享可持续的发展。

（2）加强数字信息资源整合

信息资源的整合是依据一定的需要，对各个相对独立的信息资源系统中的数据内容、功能结构及其互动关系进行融合、聚类和重组，以形成一个效能更好、效率更高的资源有机整体。图书馆的数字信息资源整合是指遵循一定的原则、规范、标准，把图书馆范围内的资源无论是网上虚拟资源、光盘数据资源还是馆藏书目资源，或者是自建数据库等多种载体、多种形式、多种类型、分散异构的信息资源有机地结合在一起，实现图书馆所有资源采、分、编、典和流工作的融合，并且使用户能够在统一的数据存取模式下通过统一的用户界面完成对不同数据库和网络资源的检索利用的资源集合体。

（3）重视信息资源的长期保存

数字资源的长期保存是一项非常艰巨的工作。由于数字资源在数据类型上包括来自模拟文献（纸质、胶片、录音带等）的数字资源和本来就是以电子形式或网络形式出版的数字资源，在存在形式上包括现实资源和虚拟资源。因此，涉及数据摄入、档案存储、数据管理、数据分发、内容管理、数据库系统、元数据管理、搜索引擎、分布式文件系统、唯一标识系统、存储管理系统、媒体检测系统、认证授权系统、安全机制以及统计管理等多个领域的技术问题。另外，数字资源的保存不仅是技术问题，还是长期的文化设施建设行为，是对历史负责的政策性措施。从本质上来讲，长期保存实时的、完整的、动态的数字信息资源，除应满足当代人的信息需求之外，更应该满足未来用户了解当前社会现状、研究当前社会发展历史经验的需求，并且起到传承民族与人类文化的作用。

3. 开展主动服务

（1）从被动的用户服务转向主动提供网络获取

公共图书馆充分利用人力、物力、技术等资源，以读者为中心，最大限度地满足读者的文献信息资源需求，应从被动的用户服务转向主动提供网络获取。转变传统被动的文献借阅服务思想观念，努力扩大服务群体，增加服务内容，改变服务模式，主动提供服务。

公共图书馆可以通过图书馆馆员热情细心的良好工作态度去宣传公共图书馆的服务工作；也可以利用"图书宣传日""图书在身边"等活动，主动大范围宣传图书馆的工作内涵及价值；可以主动分析读者需求，加大投入，加快自动化建设步伐，实现资源共享，主动为读者提供大量便捷的信息资源；也要加强图书馆馆员的职业道德建设，使其从内心尊重读者，秉承"读者第一，服务至上"的服务理念，主动为读者着想。

（2）建立学科馆员制度

学科馆员制度是以学科为对象而建立的高级专业人员对口服务模式，涉及学科馆员的设置选拔、培养任用、素质要求、任用资格、岗位职责以及考评考核等制度。建立学科馆员制度，是要从根本上变被动服务为主动服务，从更高层次体现"用户第一，服务至上"的服务理念。在变革教学、科研的实践过程中，图书馆馆员能够起到特有的引领作用。移动互联网环境下公共图书馆学科馆员应具备以下素质：首先，学科馆员要具有公共图书馆的相关基础知识，要熟识图书馆的馆藏资源及特性，要熟练地运用计算机、馆内设备；其次，要求学科馆员必须具备至少一个学科全面的专业知识，做到深入了解，而且还在不断地钻研这门学科，不断地进行科学研究，学习学科最前沿的知识，为读者提供专业指导和服务；再次，学科馆员要能与读者顺畅沟通和交际，提升自身的服务水平和协调公共图书馆和科研部门各项互动，使其有效对话，并掌握一定的外语交流能力；最后，学科馆员顺应移动互联网的发展和公共图书馆的数字化的潮流，具备相当的网络导航知识和技术，为图书检索和公共图书馆资源信息发布服务。例如图书馆集群管理系统，它将图书的采访、编目、典藏和流通等集于网络化的管理，其中的每一项操作都要求图书馆工作人员在熟悉该操作系统的前提下进行，否则将难以应对各种突发情况。

4. 发挥区域联盟，馆际交流

移动互联网图书馆联盟主要有自助式移动互联网图书馆联盟服务模式和互助式移动互联网图书馆联盟服务模式。自助式移动互联网图书馆联盟服务，引导读者检索和获取自己需要的信息资源，后台对用户查询的信息资源进行整理、收藏，并向读者推荐有同样或者是相似需求的群体及整合一些有关联的信息，帮助读者快速查找，并看到用户所需资源的访问率和评价建议，清楚明白地了解一段时间内信息资源的浏览率；互助式移动图书馆联盟服务，读者首先需要选择进入图书馆联盟途径，要使用何种移动终端设备，进而联盟后台系统就会通过进去的端口方式对用户分类，针对不同的读者提供各种服务，读者同时依据进入方式去设置匹配自己的用户界面。运行互助式移动图书馆联盟服务模式，信息与读者与联盟服务人员之间在信息服务平台上相互流动，最终完成信息互助。

第二节　移动互联网背景下的公共图书馆服务

在移动互联网背景下，人们的生活方式发生了变化，对信息和知识的获取途径也发生了变化。在手机、电脑等设备的普及下，公共图书馆非常有必要加强移动图书馆服务，积极并合理地利用各种互联网软件，提高自身的服务水平，丰富服务方式。

一、公共移动图书馆服务

（一）移动图书馆的服务功能

移动图书馆在有些文章里被称为"手机图书馆"或者"无线图书馆"。移动图书馆系统是无线移动通信技术在图书馆领域的应用，它可以很好地与数字图书馆业务管理系统相结合，并将数字图书馆的服务延伸到手机终端，把数字图书馆的读者服务功能尽可能多地在手机或是其他移动便携设备上实现。移动图书馆服务是图书馆面对网络、通信、信息数字化技术的快速发展所进行的读者服务方式改进，是指用户通过移动终端设备以无线接入方式或者离线状态下不受时间、地点的限制接受图书馆提供的服务。移动通知是指移动用户可以随时随地接受图书馆发来的关于图书馆服务的信息通知，是图书馆服务由被动角色向主动服务的转变；移动查询是用户通过移动设备不受空间和时间限制访问图书馆书目检索系统，查询图书馆的借阅信息和馆藏位置等。另外还可以查询自己已借图书馆的期满日、归还日、超期违章信息等；移动阅读即读者通过手机或者移动终端在线阅读书刊报、电子图书馆、数据库资源等图书馆数字资源；移动馆藏是图书馆将电子资源或者语音图书下载到便携阅读器或者是大容量存储设备中，为读者提供图书馆服务。比如，图书馆事先将语音图书下载到用户或者图书馆提供外借的电子移动设备中，将这些电子资源和移动设备借出 12 小时，这就是图书馆为读者提供的移动馆藏服务。

（二）移动图书馆服务特点

1. 移动性

移动图书馆最明显的特征就是其信息服务的移动性，这也是移动图书馆与传统图书馆最本质的区别。用户不再受时间、空间的限制和约束，通过移动终端和无线网络，随时检索和获取信息资源。

2. 即时性

用户不需要专门去图书馆获取想要的资源，也大可不必为图书馆开馆闭馆和节假日休息担忧。在互联网环境下，移动图书馆可以 24 小时随时接受用户访问，所以用户可以根据自己的需求，随时随地访问移动图书馆以满足自己即时的信息需求。

3. 高效性

用户在实体图书馆中想要找到自己的目标文献，需通过前台检索或自助检索机器获取文献具体位置，再前往位置查看目标文献，这个获取过程费时费力。而移动图书馆是数字化资源的集合，用户只需在检索框内输入相关关键词就可找到目标文献，移动图书馆使用户获取信息的过程变得省时高效。

4. 可扩展性

实体图书馆的馆藏资源，存储和维护需要大量的空间和人力、物力，资源纳新所需要的空间对于实体图书馆来说实现起来比较困难，而移动图书馆数字化资源的存储更新只需要对后台数据库进行操作，数据库的可增加性使得移动图书馆具有很好的可扩展性。

5. 个性化服务

用户通过客户端上各服务模块实现所需服务的定制组合，图书馆利用数据挖掘等信息技术收集用户需求，并主动向用户推送相关阅读内容。图书馆通过移动服务平台随时了解用户的需求并制定有针对性的个性化服务。

（三）公共移动图书馆创新服务及建设原则

1. 创新服务方式

（1）GPS定位

目前的智能手机等移动设备集多种功能于一体，如GPS、RFID、摄像、拍照、多媒体播放、上网等。而如何充分利用这么多新功能、新技术，并且将之融入图书馆服务中，是移动图书馆服务体系建设的一个重点。图书馆的地图导航服务是其中之一，包括馆舍内的地图导航，也包括各个分馆的位置导航。馆舍导航可以通过张贴二维码实现，读者用装有二维码识别软件的手机扫描即可获取馆舍内的布局和图书分布，另外还可以把图书馆的整体布局通过视频立体呈现出来，读者在入馆之前即可了解图书馆的情况；分馆导航则可以把周围所有的图书馆在手机上展现出来，首先在手机上安装地图插件，利用电子地图浏览每个分馆的位置信息，然后通过GPS定位功能获取读者所在位置信息，最后将读者位置与各分馆位置信息进行比对，显示出周边一定范围内或者是离自己最近的图书馆，方便读者按图索骥，找到自己所需的图书馆。

（2）个性化推送

推送服务因其方便性和人性化设计受到大众的推崇。个性化推送服务就是应用新技术、新理念，面向用户，将用户需求主动、及时和准确地推送给用户。图书馆要有主动服务的意识，个性化推送服务就是主动服务的很好的例子。图书馆可以采取"短信服务＋网站推荐"或者"彩信服务＋网站推荐"的形式。短信推送服务主要是向读者推送一些图书馆通知（到期提醒、图书馆讲座、新书通报等），用户可以依据自己的需求，有针对性地订阅图书馆某些服务。彩信推送服务其内容相对多且丰富，图书馆可以将近期到馆的新书，以书评的形式打包成彩信推送给用户，或者是将图书馆新购图书书目、数据库网站等以彩信加评价的形式推送给读者。

（3）检索历史追踪

图书馆可以追踪读者检索历史，根据检索历史对其进行排序归类，并有针对性地向读者提供网站推荐服务和链接。例如，某些读者通过 OPAC 检索一本书，而图书馆没有该书，系统可以自动生成未满足读者需求的图书名单和未满足次数，并且按照未满足图书数量进行排序。图书馆可以据此设定一个阈值，例如同一本书有十个读者检索且没有满足其需求，那么图书馆就可以去市场采购该图书，并且将采购到的图书信息通过短信或者个人网站推荐的形式发送给读者。

2.公共移动图书馆建设原则

（1）公共性、公益性

移动图书馆服务是图书馆服务的延伸，图书馆是公益机构，同样移动图书馆应具备图书馆的本质属性。移动图书馆服务体系的公共性表现在其所有资源被社会全体成员共同拥有，其目标是满足社会大众的科学文化需求。另外，图书馆作为公益机构，特别是公共图书馆，其本质是面向社会、面向大众开展公益性服务的文献知识服务系统，提供免费服务是公益性的具体表现，不仅传统的文献借阅免费，移动图书馆的阅读、下载、参考咨询也应免费。

（2）均等性

均等性就是提供平等的移动图书馆服务。移动图书馆的服务对象是全社会成员，无论其经济条件、社会地位、文化程度、性别年龄以及民族宗教如何，都有权利就近获取所需的知识、文化资源以及图书馆提供的各项服务。均等性也是世界各国公共图书馆的共同原则和目标。移动图书馆完全可以突破地区的限制，在更大范围内，甚至全国都可以享受移动图书馆带来的服务。

（3）创新性与协调性

创新服务、主动服务是移动图书馆服务体系的生命力所在，合理规划、长远发展，面向用户的移动图书馆服务体系才能够不断满足用户需求。移动图书馆服务体系的构建要注重与新生事物的结合，拓展服务面，发展开放的系统，向移动学习、移动图书馆联盟转变。

二、基于微博的公共图书馆服务

（一）图书馆利用微博价值及信息传播特点

1.图书馆应用微博的价值

经济价值方面，微博的技术门槛较低，图书馆可以省去大笔的技术费用，达到各类资源的优化配置，借助微博实现知识共享，可以避免重复建设的问题，提高资源和知识的利用率。还可以通过微博实现馆员参与图书馆管理、读者参与图书馆建设发展，以达到节约沟通成本、论证成本的效果。

知识价值方面，微博作为一种知识管理系统，在利用微博的过程中，也是一个显性知识和隐性知识相互转化，知识获取、整理、共享、应用的循环过程，并且有助于打破知识壁垒，实现知识流动循环。

社会价值方面，首先微博体现了图书馆紧跟时代步伐将新技术应用到图书馆的发展中，图书馆呈现给社会的是一种全天候且不局限于图书馆空间内的社会公共文化机构，有助于提高图书馆的社会价值；其次，有助于图书馆形象的提升，例如杭州图书馆的"乞丐事件"引发了社会各界对图书馆的关注，同时杭州图书馆名声大噪，提升了知名度和关注度。微博也传递着教育、娱乐价值与人文情怀，一些微博内容，如美文心语的传播能够起到以小见大的效果。而图书馆微博除了自身相关业务外，也可以参与到微博社会公益事业中，展现出社会价值和公益价值。

2.图书馆微博信息传播特点

首先，图书馆微博关系网中的相关关系，其基础来自现实的图书馆，图书馆实际业务工作和学术研究中人与人的相关关系构成了图书馆微博关系网的基础。因此，图书馆微博关系网其基础是现实图书馆人与人关系的映射。这一映射对于图书馆微博具有重要的意义，它为图书馆微博提供了信息源、信息传播的推动力和具备一定共同偏好的用户群体，对于整个图书馆微博关系网具有至关重要的作用，是图书馆微博主要关系网，这个关系网也是图书馆微博信息传播的一个最主要特征。

其次，在基础关系网，即现实图书馆人与人之间关系的映射范围之外，图书馆微博信息传播主要关系网上的每一个节点，尤其是个人用户，都拥有自身的社交关系网。信息在主要关系网节点上传递的同时，其自身会在每个节点上复制，在一定驱动力的作用下，通过个人的社交关系网增殖传播，渗透到节点用户个人的社交关系网中。节点用户个人社交关系网作为图书馆主要关系网的拓展，是图书馆微博信息进一步传播至整个微博，扩大其影响力的依托。个人关系网这一特征是图书馆微博信息传播扩散的主要方式。

最后，"图书馆"这一词汇标签具有丰富且深刻的内涵。图书馆的最基本含义是一种重要的社会文化公益服务平台，是能够被公众所获取到的信息仓库，它能够为社会公众提供各种类型的信息资源和量身定制的信息服务，是当前我国社会主义科学和文化建设的一个重要平台，对于社会的发展具有极为重要的意义和价值。图书馆作为一个传统学科，在当前信息技术和网络的飞速发展之下其自身也在不断发展。图书馆本身的多重属性使得图书馆能够吸引学者、高校学生、学科爱好者、社会公益工作者、政府工作人员以及传统图书馆使用者等多种用户的共同关注，能够满足多种用户不同的信息偏好，从而对信息的传播起到极大的推动作用。这一特征是图书馆微博信息传播的动力特征。

（二）微博服务内容

1.通知公告

通知公告的主要内容包括图书馆节假日开馆闭馆通知、讲座通知、试用数据库通知、新书到馆通知及其最新服务通知等。微博的内容短小精悍便于传播的特性，使得图书馆利用微博发出的通知公告很容易被用户发现，并且可以转发给更多的用户知道，使得通知公告起到很好的效果。微博管理员在语言上如果能做到风趣幽默、接地气，并适当地加入时下网络流行语，便可以拉近与读者的距离，起到更好的宣传效果。

2. 参考咨询

微博的功能多样，可以即时发送图片、文字、链接等给用户。将微博应用于图书馆的参考咨询服务可以丰富咨询内容和形式。实现即时同步的交流，提高交流效率，充分满足了读者的时间或地域上的不足，体现出互联网时代的开放交流的特质。官方图书馆微博也可以设置专门的参考咨询微博用以回答图书馆用户的咨询，及时有效地解答咨询。同时，图书馆微博也可以利用微群功能，设置图书馆参考咨询微群，建立成既有图书馆馆员和用户，更有专家学者的微群，充分地共享参考咨询知识与服务，体现出了图书馆知识分享服务读者的价值和精神，也利于图书馆行业的发展。

3. 资源推介

微博作为图书馆的网络门户之一，如何利用好这一媒介，做好图书馆各类资源的推介是相当重要的。图书馆的新空间、新服务、新资源以及新理念等都应该推销出去。不仅可以提高利用率，服务读者，还能提高微博粉丝网络传播给业内或者相关行业，对图书馆的营销非常有利。例如，图书馆订购的电子资源，介绍电子资源的内容和使用方法，可以帮助电子资源的推广，同时也可以转发电子资源提供商的内容，或者电子资源提供商加入服务和讨论，起到多管齐下的作用。资源推介充分利用各方优势，加强有效联系，激发用户的兴趣，从而真正地将图书馆的资源推介出去。

4. 形象宣传

为了增加微博的刷新频率，更多地在粉丝关注的人群中露脸，很多微博会采用转发其他有趣的微博来制造存在感，这当然是形象宣传的一种方式。也有很多图书馆会利用微博开展有利于形象宣传的活动，如制作图书馆宣传海报、宣传视频在微博上公布，开展随手拍图书馆等图片征集活动；或者利用短视频应用，例如美拍、秒拍等来征集视频，这非常有利于用户了解图书馆，建设图书馆的良好形象。杭州图书馆的乞丐事件以及之后的杭州图书馆馆长褚树青发表新年祝词，并套用当下的流行话"你来或者不来，服务就在这里"，对于杭州图书馆的知名度和形象宣传起到非常好的促进作用，值得其他图书馆学习。

（三）公共图书馆利用微博服务的对策

1. 把握用户心理，提高用户需求度

图书馆微博在发展的过程中需要把握用户心理，根据粉丝的用户分析，抓住用户的潜在需求和规律，积极交流和互动，不能自娱自乐，而要开展用户乐于参与的活动。微群能够聚合图书馆及其周边相关的圈子，为用户提供优质的资源、良好的服务和信息素养养成，这些是其他圈子不能取代的。如何提高用户黏性，使得用户乐于参与到圈子中去交流至关

重要，一旦用户参与其中，要保证他们有收获并激发用户的分享冲动，一旦他们愿意转发分享给更多的同伴，就能更好地维护和扩充图书馆微博的粉丝群体。

2. 建设日常栏目，常态陪伴用户

大量的转发非原创的微博并不十分有利于图书馆形象的树立。图书馆在建设微博的过程中，可以考虑设置日常栏目，如对馆藏资源的介绍、对阅读行为的号召，或者是对图书馆和图书馆馆员形象的宣传、对于读者的褒奖或转发其微博等。通过日常栏目的建设，增加图书馆出镜率，累积微博基数，加深读者对图书馆的良好印象，拉近与读者之间的距离，让读者更容易接受图书馆。

3. 善于跨界合作，共同图谋发展

图书馆微博在发展过程中要善于跨界合作，以期共同发展。跨界既可以是图书馆和学校图书馆微博的合作；也可以是图书馆微博与同行微博之间互相交换理念，利用微博在线交流，还可以与数据库提供商微博之间就电子资源的宣传和使用开展形式更加丰富的活动；而与新闻报纸微博的合作则是可以促进宣传，协助图书馆建设良好形象，甚至可以与微博之外其他新媒体新应用进行合作，开展更加新颖的活动。一家图书馆的单打独斗力量毕竟有限，而合作可以互通有无，取长补短、实现共赢、互相带动行业及其周边乃至整个社会的发展。

三、公共图书馆在线学习服务

在"互联网+"浪潮模式发展迅速的时代，我国图书馆应在这种模式环境下不断创新服务方式，顺应现代化互联网线上学习的需求，加强网络在线资源建设，建立学习网络学习平台方式丰富服务内容。因此，公共图书馆应该大力发挥社会教育的职能，开设网络公益云课堂，让读者依据自己喜欢的课程来安排时间在线学习，同时与授课教师进行教学知识互动与疑难问题解答。

（一）在线学习

在线学习是指读者用户在网络环境中，通过在图书馆网站获取各类视听资源，以在一个虚拟教室之中，教师在线网络授课学习的方式，任何时间、任何地点进行在线学习活动。这一活动明确显示出试听学习是在线学习获得所需求信息的主要途径。与传统线下学习资源相比，建设在线学习课程具有很多新颖的特色。

（1）学习方式的虚拟化

它是通过在网上创建学习教育平台，学员使用互联网设备在线学习的一种新方式，是由在线学习社区、各种教程资源以及专业技术平台组成的网络学习环境。学员可以在线选择自己喜欢的学习内容，在线聆听所选课程教师的讲课。

（2）学习时空的泛在化

和数字资源在线阅读一样，在线网络课程学习也打破了时空限制，读者可以选择任意

空闲的时间点和地点，在学习平台上根据自己的兴趣爱好去学习感兴趣的课程知识。

（3）互动讨论的虚拟化

在线学习是以学习资源为特征，与传统线下学习相比，其有自主探究、互动互助以及线上探讨的交流优势。学习者根据所学课程可以在线或者离线向教师提出自己所遇到的问题或者独特的见解，还可以与其他相同兴趣爱好者进行互动交流，讨论所学到的知识内容。

（二）在线学习平台建设内容

在线学习平台的学习类型资源包括知识学习型资源、职业技能学习、考试类别学习以及其他类型。公共图书馆开发在线教育课程建设过程中，可以重点收集家庭生活、工作技能、应试网站以及人生规划等学科在线资料。这些资料可以来源于一些通过文化讲座视频形式的自建资源，也可以去其他公开课和免费学习网站上进行收集。在学习资源建设方面要考虑针对特殊群体建设数字资源，例如为老年人提供养生保健、预防疾病和简单的网络入门知识，为农民群体提供种植与养殖知识，对于青少年读者提供经典教育性质动画和儿童电子读物等等。公共图书馆在信息时代要勇于跨界融合，与社会各方开展多元化合作，拓展服务内容，加强数字资源扩建，使自身服务更加便捷。此外，图书馆还要加强与数字出版集团合作，共同协商合作过程中出现的问题，深度解决版权问题，加强信息安全，为读者提供更好的数字资源服务。

第三节　公共图书馆创客空间的建设与服务

对于公共图书馆来说，引入创客空间理念，是图书馆适应时代发展和人们知识需求的重要举措，也是公共图书馆实现跨越性转型升级的有效途径。

一、创客空间

（一）创客的内涵

创客已经不是一个新鲜名词了。传统的创客包含两个要素：一是自己动手（也就是DIY），二是利用新型工具设备。大部分人认为，创客最开始特指热爱计算机编程，喜欢从事 IT、电子艺术等相关行业的人，他们都很有自己的想法且大部分处于基层，但是他们喜欢和他人分享交流。后来，伴随着技术和文化的不断融合与发展，创客们开始通过开放社区、组织聚会、建立工作坊等方式，进行信息共享、知识创造、沟通交流和彼此合作。创客的活跃领域也从 IT、电子艺术等领域拓宽到机械设计、仿真、服装设计、数据分析等各方面。由于电脑和互联网提供给人类很多便利，人类可以更快地进行设计、制作、分享与传播，最终形成了一条从创意、创造、分享到再创造为一体的创意生态链。Maker 的核心是创新，其技术发展的脉络是以个人通信到个人计算，再到个人制造为基础，尝试以用户为中心建设一个融合创意、设计、制造再到分享的新型创新环境。

（二）创客空间的内涵

创客空间是一个由社区经营的工作空间，在这里人们能分享有关电脑、技术、科学、数码、电子艺术等方面的兴趣，并进行聚会、社交和共同创作。它还可以被看作是能够分享知识、创造新事物的实验室、厂房、工作坊和工作室等。创客空间的概念最早出自著名的创客杂志 Maker Magazine："它是一个真实存在的物理场所，一个具有加工车间、工作室功能的开放交流的实验室、工作室、机械加工室，艺术家、设计师、软硬件高手和 DIY 达人甚至任何人都有机会提出他们的想法，认识志同道合的朋友，运用和发展现有的开源和学术研究成果来把这些想法变成现实，并开放成果供他人进一步研究，同时坚持不懈地尝试将创新成果运用到现实生活中，起到真正深刻改变人们现有生活的作用"。由以上定义可以看出，创客空间是以促进学习和知识创新为目标，由具有相同兴趣爱好的创客聚集在一起分享资源，如工具、专业技能、创意等，来完成某个项目的真实空间。

（三）图书馆创客空间

创客空间是图书馆功能设计和规划的一种新兴方式，是图书馆充分利用作为多元化的学习指导者这一优势，利用新的概念化框架改造旧观念，有效调动用户从思考转变为行动的主观能动性，研究并且建设一个以先进科技设备和资源为支撑，以数字化媒体平台为依托，为了实现嵌入式服务这一目标的"三创"（创意、创新、创业）空间，并在这样的物理或虚拟空间里，进行设计、交流、修改、合作、探索、引导、实验和创造等。在这里正式学习与非正式学习进行交互式融合，用户能在创客活动过程中完善自身的学习方式，激发自身的创业潜能和热情。通过建设和发展创客空间，图书馆可以最大限度扩展和延伸其服务功能，将社区、企业、学习型组织和家庭等联系在一起。

二、公共图书馆建设创客空间的必要性

（一）丰富的图书馆馆藏资源

丰富的馆藏资源是图书馆长期积累下来的巨大的精神财富，是图书馆凸显其竞争能力的资本。随着信息技术、计算机技术的发展，信息载体也发生了巨大变化。为了实现图书馆信息服务的目标，图书馆提供的馆藏资源也不断丰富，经历了从传统的纸质文献资料，到光盘数据库，再到数字图书馆的发展过程，然而还有的资源可能尚未记录在物质载体上，如人们的专业经验等。创客空间则提供了一个平台，让专家和他人来分享自己的知识与经验，让读者能发现他们不能在书中找到的资源，将本地的专家和文献资料一样，纳入自己的馆藏资源。馆藏资源的丰富，不仅能够更好地发挥图书馆的竞争优势，还能加强图书馆

在本地信息机构中的优势与地位。

（二）创新图书馆服务的内在要求

服务是图书馆的宗旨。为了跟随时代的步伐、满足读者的多样化信息需求，图书馆不断改进服务理念、拓展服务方式方法。图书馆创客空间的引进是创新图书馆服务的有益尝试，对提高图书馆服务水平能够产生积极的作用。传统的图书馆服务一般是面向固定读者群并等待读者上门的被动的、单纯型的服务。而创客空间服务则是从读者的需求出发，让读者主动获取知识、创造满足他们个性化需求的知识产品的、主动的以及有针对性的服务。

（三）强化馆员职能的有效途径

面临创新型服务的挑战，创客空间的馆员要扮演两种重要角色：第一种角色是知识型的信息咨询员，要掌握一定的计算机和数字制造的技能，并能够引导用户选择正确的材料、使用正确的工具进行手工制作；第二种角色是社区的协调联络员，一方面与本地用户保持联系，充分调查他们的兴趣与需求所在，另一方面与本地的专家、学者取得联络，争取他们到图书馆创客空间中举办讲座、培训。

（四）促进图书馆知识管理的重要手段

图书馆知识管理是确定、收集和传播共享图书馆中的知识，包括知识的管理和运用知识的管理，来创造、获取和使用知识，以增强图书馆的应变与创新能力的活动。创客空间能把图书馆文献中显性的静态知识激活成动态的知识产品，以实体的形式进行传播，并能充分挖掘馆员及用户中的隐性知识，促进隐性知识的社会化与显性化，最后达到知识服务与知识创新的目标。

（五）发挥图书馆作用的有力保障

图书馆一直承担着促进学习与知识创造、提高民众信息素养和消除信息鸿沟等历史使命。如今，在数字制造技术、互联网技术和再生型能源技术的创新与融合诱发的第三次工业革命浪潮下，图书馆不应只提供文献、互联网和计算机等实体让读者去获取、评价、利用信息，更应提供新兴的媒体、工具、技术让读者去创造信息。将创客空间整合进图书馆，可以使更多的人共享知识创造的工具，消除不同经济、专业背景的人之间的设备与知识鸿沟。

三、创客空间建设要素及模式

（一）公共图书馆创客空间建设要素

费耶特维尔公共图书馆是全美第一家提供创客空间服务的公共图书馆，它打破了传统图书馆的服务内容和服务模式，其创客空间的成功经验也得到许多图书馆的学习和借鉴，其中之一就是创客空间的建设要素。创客空间建设要素包括设备与资源的提供和使用、创客项目的设置与选择、教育培训的设置与提供、合作关系的建立与维护以及创客作品的分享与交流等。

1. 设备与资源的提供和使用

公共图书馆成功构建创客空间的基础是提供各种设备和资源，公共图书馆应该同合作者商议并提供可以使创客空间正常运行的和最有效的各种设备和工具以及文献资源，还要提供和确定这些设备资源的采购渠道，同时持续不断地提供、完善、更新各种工具。常规设备包括3D扫描仪、3D打印机、木工工具、焊接设备、喷涂设备、计算机硬件和软件开发设备、数控机床、数控铣床、缝纫工具、陶瓷加工、投影机和相机等。建设创客空间应依据公共图书馆的具体需求决定设备与资源的购置方案，并且需要随着创客项目的进展不断地补充以及更新。

2. 创客项目的设置与选择

创客项目应该具备继承性、示范性和指导性，并且需要与现有服务内容具有较高的相关性，以保持创客项目的可持续性。创客项目的设置首要考虑的是用户的年龄、兴趣爱好等特征，只有从用户的需求出发才可能满足其对创客项目的热情和渴望。创客空间应该考虑把开源硬件制造商、赞助商、企业及希望孩子创新的家长作为创客项目的合作对象，因为他们在推动公共图书馆创客空间服务上更具主动性和成本优越性。公共图书馆馆员应该辅助创客们高效地利用公共图书馆的资源，设置合理的创客项目，帮助他们将创意通过各种设备变成真正的创客作品，实现从创意到现实的转变。

3. 教育培训的设置与提供

公共图书馆提供创客空间服务需要采购一些设备和资源，可能存在一定的安全隐患，因此应该将安全置于最重要的地位。在用户使用这些设备资源前一定要进行相关知识和技能的培训、安全教育并且做好相应的安全防护措施。在布置场地时，一定要充分考虑安全问题，合理规划创客空间的布局，使用无毒材料和工具，并且保持空气流通顺畅，必要部位张贴警示标语等。公共图书馆创客空间需要制订科学、合理的培训计划和指导方案，必要情况下向创客活动的参与者提供"培训手册""操作指南"和"安全课程"，以确保其可以了解注意事项以及防护措施。因为创客空间中的许多设备资源和技术都比较新颖，而且相对复杂，如果用户使用错误，后果将不堪设想。

4. 合作关系的建立与维护

公共图书馆的创客空间需要充足的资金，因为各种设备资源的分配和维护、人员的招聘和培训等都需要大量的资金支持。公共图书馆需要联合强有力的社会力量来支撑创客空间平台的建设，不仅需要和垂直领域的机构进行资源整合，需要和横向的不同产业链的机构进行交流合作，还需要积极寻求和高校图书馆以及一些信息服务公司的合作，尽可能多地为创客提供其所需的服务。

5. 创客作品的分享与交流

公共图书馆应该为用户提供作品分享渠道，建立物理空间，还要搭建沟通无限、便捷和顺畅的网络应用平台，形成线上线下双沟通平台，互相促进和彼此补充。在沟通交流平台上，用户既可以通过知识与技能的学习进行交流与分享，产生新的创意和灵感，又可以展示自己的创意和创新作品，并且能够参考他人意见，使自己的作品更加完善。

（二）创客空间建设模式

目前，国外很多图书馆都开创了创客空间，可是并没有任何两家创客空间是完全相同的。由此可见，图书馆创客空间并没有固定的模式，而是需要根据用户的需求以及本馆的实际情况构建。本书通过对国外图书馆创客空间模式进行的总结，结合我国的特点，从实体空间设计、虚拟空间设计、工作团队设计三个方面提出了图书馆创客空间构建设想。

1. 实体空间设计

实体空间设计是指对图书馆内的空间、基础设施等有形实体进行重新规划设计，是创客空间构建的基础。不同图书馆的馆内空间大小有很大差别，应根据本馆的实际情况选择在馆内或馆外构建创客空间。有条件的图书馆可以选择馆内闲置或使用率不高的区域进行改造，构建创客空间。空间有限的图书馆则可以借鉴阿伦郡公共图书馆的做法，与创客组织、教育机构达成合作伙伴关系，在馆外的空闲区域内构建隶属于图书馆的创客空间。读者凭借书卡就可享受创客空间内的服务，虽然同样也能够达到服务目的，但是影响力可能不及在馆内的创客空间。

2. 虚拟空间设计

虚拟空间是整合了所有在线资源，用户学习、交流、讨论的虚拟场所，它克服了时间、空间的障碍，是实体空间的有力补充。具体而言，虚拟空间除了数字图书馆、参考咨询功能外，应该具有以下功能：

（1）宣传推广

以在线日历的形式公布最新的创客活动、讲座培训的主题、面向人群、费用等相关信息，进行网上报名。同时使用微博、微信、博客等社交媒体进行宣传推广。

（2）在线预约

实现 3D 打印机、个人研究区、小组讨论区的在线使用预约。

（3）个人云端 My Cloud

支持多种格式文件，允许用户将自己的个人文档上传到云端，以后每次去图书馆登录任何一个装载了 My Cloud 的设备都可以进入自己的个性化界面进行查看下载。

（4）虚拟社区

用户可以根据自己的兴趣或专长领域，加入不同的虚拟社区，与别的用户进行讨论交流。

（5）知识库

知识库中存储大量完整的数字模型和问题解决方案，是用户查找资源、获取知识的窗口。同时允许用户将自己的数字作品上传到知识库，供各用进行交流、查看、评价、选择。

（6）工作人员列表

提供创客空间内工作人员的详细信息，如名字、专长、联系方式、工作时间、服务范围等，用户可根据自己遇到的问题找到合适的工作人员寻求帮助。

3. 工作团队设计

由于创客空间内开展活动的先进性，对创客空间馆员的能力素质提出了更高的要求。创客空间内的工作人员除了应具有良好的信息素养、服务意识、沟通与团队协作能力外，还应该掌握计算机操作技能、传统制造工具和新兴制造工具的基本使用方法。为了达到这个目的，应该定期对工作人员进行业务培训，提高他们的服务水平，并设立激励机制，鼓励工作人员自学钻研、主动为用户服务。具体而言，创客空间的工作团队应由以下几种人员构成：一是普通馆员，负责外借设备借还登记、原材料使用收费、小型会议室使用预约登记工作等。二是参考咨询馆员，负责向新用户介绍创客空间的服务理念、服务项目、开展的活动、收费情况，帮助用户识别问题、检索数字图书馆和知识库、联系相关技术人员或者是专家、回答用户的疑难问题等。三是专业技术人员，负责指导用户使用创客空间内的各种软硬件，帮助用户攻克技术难题，以及硬件的维护与保养、软件升级工作等。四是志愿者，由热爱图书馆事业的学生、社会人士组成，协助普通馆员、参考咨询馆员以及专业技术人员完成日常工作。

四、公共图书馆创客空间建设策略

（一）丰富创客设备和资源种类

创客在使用创客空间提供的服务时必然会使用各种各样的设备资源，每个公共图书馆应该根据用户的需求合理增加设备资源的种类，做到一定程度上的丰富。上海图书馆创新空间就是其中一个典型案例，该空间引进部分高科技水平的产品，吸引了社会大众的广泛关注，同时这一举动也给其他图书馆提供了创新思路。此外，图书馆的另一大优势和特色就是搜集、整理和提供知识与信息。上海图书馆的创新空间还为创客提供各种便利的专利标准文献信息的检索服务以及查询服务，并且提供特色文献信息服务和科技查新服务等，如综合类、工程科技类、法律经济类等40多种数据库和资源库。具体来说，一个创客空间应该包括多媒体设施、灯光、电源、计算机、3D扫描仪和电子配套元器件等与制作、设计相关的设备资源。工具包括机械类、焊接黏合类、切割类、各种钳/扳手、测量工具类、操作台和常用的耗材。但一些设备设施是有使用危险的，所以防尘面罩、医药箱、护目镜也是必须具备的。创客空间还需要电子元件、材料和相应的课程来支撑。经济和技术条件允许、创客们急需并且使用率比较高的设备资源都可以作为创客空间的构成要素。

（二）提供面向用户的创客项目

各级公共图书馆的服务范围存在差别，服务对象也有很大差异，因此，不能建设各个要素均相同的创客空间。各馆应根据本馆的实际情况，制定科学合理的用户分层标准和规则，结合不同类型用户的需求以及特点，制定有针对性的创客空间服务策略，提供具有针对性的创客服务内容。选择和设置适合大部分用户并且大部分用户所需要的集科学性和娱乐性于一体的创客项目是为了使创客有更好的用户体验，这是非常重要的。各个公共图书馆需要结合本馆的实际情况，对所用设备资源做好前期的用户调研和需求分析，以此实现创客服务项目的科学性与娱乐性的统一。

设置创客项目必须符合用户的年龄特征以及兴趣爱好，因此公共图书馆可以将用户分组，提供针对性的创客空间服务。对用户进行分组，不仅有助于进行用户管理，而且还可以为用户提供更有针对性的创客空间服务。公共图书馆的用户相对来说比较复杂，用户在年龄、知识结构、兴趣爱好、社会地位以及教育程度等方面相差较大。为了能够提供面向用户的创客项目，公共图书馆必须拓宽沟通渠道，与广大用户进行无障碍的交流，可以尝试构建"以用户为中心"的规范评价体系，强调用户的主导作用，不断推动和鼓励用户提高主观能动性，定期收集用户的评价与建议。公共图书馆通过参考用户的评价发现问题，并且不断改进和完善对创客空间的管理服务。

（三）注重馆员的教育培训

公共图书馆要有计划地对图书馆馆员进行定期的安全教育和技术培训工作，增强其知识素养和技能，也包括创新领域的核心技能，并积极鼓励图书馆馆员在实践中不断地学习、锻炼，增强自身的科研创新、对外协调等方面的能力，帮助用户更好地进行创新创造活动。公共图书馆应该加大对创客空间工作人员专业培训的力度，可以采用"送出去，请进来"的培训模式，进一步优化图书馆馆员的知识结构体系，提升图书馆馆员的专业水平。此外，公共图书馆馆员还要做好沟通交流的工作，充分调查和分析创客的兴趣和需求，并且能够使创作团队中的各种关系比较融洽，最终保证创客项目的顺利开展和进行。

公共图书馆应该提供多层次的安全教育和技术培训服务，以培养用户的创新能力和创造素养。公共图书馆馆员具有处理信息、加工信息、整合数据和获取知识等方面的专业知识和技能，能够给用户提供信息知识方面的教育和培训，帮助用户提高获取、整理、分析、利用信息和知识方面的能力和水平，有利于强化用户对新型技术和设备操作的能力，这样可以充实用户的信息和知识储备，为以后的创新思想和活动提供保障和支持。公共图书馆在便利地开展讨论交流活动这一方面存在较大优势，同时也具有较强的公信力和社会影响力，因此可以邀请相关领域具有权威性的专家学者，定期或者是不定期开展创新创业领域的知识讲座、技能培训和学术报告，为广大用户营造比较专业的学习交流的氛围。此外，公共图书馆可以利用能和广大用户进行近距离接触这一优势开展一系列的体验创新活动。

例如，可以举行手工制作培训的体验活动，如此更加贴近用户的生活，容易激发用户参与热情，从而激发用户创造的动力和灵感。

（四）搭建线上线下的分享交流平台

分享交流平台既包括物理平台又包括网络平台。在物理平台方面，公共图书馆可以开辟一部分空间用于定期或者是不定期组织讲座、研讨班等活动，也可以开辟一个单独的沟通交流的特色空间，创客可以进行头脑风暴和小组讨论等活动；在网络平台方面，公共图书馆可组织创客加入虚拟的兴趣爱好团队或者是俱乐部进行沟通交流。公共图书馆鼓励和推崇创建研讨班教室或者独立学习的教室，这些平台依据不同的目的而建立，比如以课程为核心建立学习型组织，可以是以解决问题为主要目的，也可以是基于相同的学科背景，还可以是基于某个创客项目而建立。创客可以在这样的空间里学习如何迅速找到创新资源，并进行信息和知识的利用、积累与创新。

第四章　高校图书馆的个性化服务

用户信息需求的变化使得图书馆的信息服务内容也随之转变。传统的信息服务模式已经不能满足高校图书馆用户的个性化信息需求，所以，高校图书馆需要结合用户的具体情况，主动为用户提供个性化信息服务，以提升用户对图书馆服务的满意度。

第一节　网络环境下高校图书馆个性化信息服务

随着计算机技术、通信技术、互联网技术的广泛应用，以及信息资源的快速增长，信息资源处于混乱状态，同时用户对信息资源利用也存在较大的差异，这种种因素都促使高校图书馆必须在网络环境下推出个性化信息服务。

一、个性化信息服务理论

个性化信息服务需求随着社会信息化进程的加快日益突出，当今服务的主导潮流是服务个性化，其目标就是满足特定用户在特定时间所需要的特定信息和服务。大数据时代，日益增长的信息与用户信息需求个性化之间的矛盾越来越突出，个性化信息服务的发展成为历史的必然的选择。

（一）概念的界定

1.个性化信息

个性化的思想来源于现代营销学，个性化营销组织对个性化的定义为："利用技术和顾客信息来对企业与个体顾客之间的电子商务活动进行定制"。虽然这种个性化与个性化信息服务有所不同，但是两种个性化服务的基本思想是一致的。个性化的定义一般是指某一事物具有很明显的个性或者是个性比较突出，一般情况下包括两个方面：一是培养不同个体具有个性的过程；二是个体具有的个性被他人了解、认可的过程。

个性化信息包括两个方面的内容：第一，个性化信息是指个体特征的一切属性信息；第二，个性化信息是指个体特性所决定的对信息需求的一种信息组合，也就是由个性信息需求所决定的一系列对个体有用的信息。

2. 个性化信息服务

由于国内外研究者学科不同、侧重点不同，对个性化信息服务的理解和概念就会各有不同。有的侧重于信息服务内容和质量的要求，还有些侧重于培养用户个性化的满足度和发掘，但本质都是为用户提供高质量信息服务。IBM 从个性化信息服务的过程定义：个性化信息服务是收集、储存并分析用户信息，基于用户信息分析结果为用户在正确时间传递正确信息的过程。也有学者认为个性化信息服务指的是根据用户的基本信息、学历背景、需求层次、行为习惯和内心想法，有针对性地构建以用户为中心的模型，主动匹配、剔选用户所需的信息资源，通过个性化服务系统传递到用户的终端。

综上所述，个性化信息服务从根本上来讲就是用户通过注册、在线行为等静态和动态方式定制馆藏资源，图书馆服务系统依据用户行为信息等构建用户模型，个性化服务系统总结用户信息、分析用户行为，为每一个用户推送个性化的信息资源。

3. 网络环境下个性化信息服务

网络环境下个性化信息服务是一种"以用户为中心"、针对用户提出的明确的或者特殊的要求，并且根据用户的学科、爱好、习惯等定制信息进行分析和跟踪，能够向用户提供相对完整和优化的信息和知识集合，同时强调用户与信息资源建设及服务的互动，重视服务内容上的针对性、纵深化、专业化和潜在化。在服务质量和效果上，个性化信息服务能够更充分地满足用户需求，实现了服务的多样化集成，提高了信息资源的使用率。

（二）高校图书馆的个性化信息服务

1. 个性化信息服务对象

高校图书馆存在的目的是为了满足用户的学习、科研等知识需求。因此，搞清用户类型有助于提高个性化信息服务的针对性，从而提高个性化信息服务的质量。高校图书馆的用户类型主要有以下几种：

（1）高校教师

高等院校肩负着为国家培养较高层次人才的重大责任。图书馆作为高等院校的重要组成部门，是先进知识的源头，甚至可以说是先进文化的大本营，因此高校图书馆也肩负着一定的培养责任和培养任务。其中，高校教师肩负不断传播新知识的重要角色，对其广博的知识系统提出了很高的要求。

（2）高校学生

学生是数目庞大的用户群体，也是高校图书馆使用频率最高的群体。为学生提供高质量的个性化信息服务不仅能够满足学生现有的学习需求，更能在一定程度上培养学生的科研能力，激发其科研兴趣。在针对学生用户提供个性化信息服务时也应该充分考虑不同层次学生的需求差异。显然，本科生、研究生和博士生在信息需求类型方面有非常大的差异。具体论述如下：

本科生的信息需求集中在知识层面，由于刚步入高等教育的大门，他们对各类知识均非常感兴趣，个性化信息服务要尽可能为他们提供较为全面系统的学科信息，方便其对资料的收集；硕士生和博士生，此类用户群体都具有很强的专业深入性，其对于信息资源的需求不再局限于知识的广博层面，而更注重学科的深入程度。尤其是与本科生不同的一点是，研究生以科研为主，毕业论文是其在此阶段学习过程中的关键点，而本科阶段，对于毕业论文的要求并不算很高，对其的要求多集中于收集、分析资料等方面，尚未上升到深入研究的高度，更加强调知识性。

（3）科研人员

众所周知，高校不仅承担着教书育人的重任，更肩负着科研创新、基础科学研究等使命。在国家重点扶持的"985""211"院校，或者是研究型高校中，科研工作中所占的比例很大是一个突出现象。这类高校的图书馆建设要充分考虑为学校的科研工作者提供良好的科研氛围，满足其科研需求。

2. 高校图书馆个性化信息服务特征

第一，服务目的更明确，针对性强。高校图书馆面对的服务对象是在校的广大教师和学生，这一特定的服务对象使其服务的针对性非常明确。服务对象因其身份、层次的不同可以分为很多种，比如，因其任务不同教师就可划分为专职、科研和身兼教学与科研双重身份的教师，还有教辅人员。身份和层次的不同，造成了需求不同，随之对应的服务也会有所区别。所以，图书馆服务人员在为用户服务时要明确服务对象，有针对性地为其服务。

第二，服务更具有专业性。高校教师因其专业不同、学科背景不同以及利用图书馆的目的不同，图书馆服务人员在为其服务的时候更需要具备针对其专业或相近专业的知识。专业性在高校图书馆为用户提供的个性化信息服务体现得更强烈。

二、网络环境下个性化信息服务的方式

（一）个性化定制服务

网络环境下高校图书馆的个性化信息服务中，其系统为用户所提供的个性化信息定制是个性化信息服务实现的基本方式之一。在用户接受图书馆个性化信息服务的过程中，不再像传统的模式一样完全是被动地进行服务，而是使图书馆的服务工作变得更加主动，改变了传统的以图书馆为中心的服务模式，转变为以用户为中心的服务模式，用户按照自己的兴趣、爱好和所需要的信息的基本特征对相关的参数进行设置，从而由系统提供用户所需的个性化的界面和服务内容，从信息服务的内容和方式上均符合自己的个性化需求。

网络环境下的高校图书馆初始页面在设计上因其提供信息服务的特点和面向用户的差异性，可提供界面的相应定制功能可能会存在一定的差别，在一般的情况下分成两个不同的层次，通过两种不同的层次开展相应的页面的设定：第一种是按照图书馆提供的方式、功能模块等来进行选择和设置，例如个人账户的管理、续借文献、推荐订书、更新地址等；第二种是按自己的需求定制具体的信息内容，对相应的模块信息进行自我设计和自我选择，

感兴趣的内容就显示，不感兴趣的就屏蔽于界面外，这是一种对服务质量要求比较高的设定方法。

（二）个性化推送服务

个性化信息推送服务是利用推动技术以计算机网络技术为支撑，根据用户信息需求，与图书馆网站建立契约关系，使得个性化信息服务系统主动将有用信息推送给用户，减少用户盲目搜索，提高信息检索获取效率，为用户节约时间。信息推送服务分为几个步骤：首先，用户通过图书馆提供的个性化系统，输入或者是选择自己的基本信息、爱好兴趣等；其次，个性化信息系统自动或人工对信息进行分析、筛选和整理，得出用户的信息需求模型；最后，根据用户的信息需求关键词在信息库或其他资源库中找到与用户需求相关的信息，对信息按照用户的定制要求进行分类、整理，将信息按时、主动地推送给用户。

目前的个性化信息推送服务方式主要有以下几种：一是邮件推送方式，即借助于电子信箱将最新的信息以"群发"的形式将用户定制的和感兴趣的信息发送给用户。这是目前最常用、最简单的一种方式，用户可以控制邮件发送的形式和时间，但是它最大的缺点是不能实现信息提供者和使用者之间的交互；二是频道式推送方式，利用频道转换技术将自己感兴趣的网页定义为浏览器中的频道，用户可以像电视频道一样进行信息的选择和查看；三是网页式推送，在一个网页里利用发送和接收软件将信息发送给专门用户；四是专用式推送，即利用一些专门的智能代理软件给用户推送信息，这种方式的保密性较好。

（三）智能代理服务

所谓的系统智能代理服务是指系统可以按照用户提供的信息对用户的需求进行分析和推测，即使用户所提供的信息是较为模糊和不明确的，系统也能够对用户的意图和需求来进行相关推测，并按照系统的推测来提供相应的信息资源供用户进行选择，极大地方便了用户。智能代理的特点如下：一是智能性，具有一定的推理、计算能力；二是代理性，能"代替"用户完成某些操作；三是主动性，能提供主动的服务；四是自主性，运行不需要用户干预；五是反应性，对环境变化产生反应；六是移动性，在网络中的多个目标之间移动；七是协作性，能与其他代理通过协议进行交流。智能代理的这些特点决定了它在个性化信息服务中的应用。

（四）检索定制服务

虽然系统提供了相对固定的检索模式，但是不同用户的检索习惯是不同的。用户可以根据自己的习惯、爱好进行定制检索，从而在检索过程中得心应手，实现信息检索的个性化，大大提升信息检索的效益。通过定制检索，系统能够按用户的习惯来选择相应的检索策略、检索手段、检索结果、检索历史定制、检索模板的固定以及检索工作等。系统能够按照用户所设置的检索定制情形，对相关信息进行搜索，并将搜索结果呈现在用户面前，同时也可以对用户无价值的信息进行屏蔽，达到信息筛选的目的，提高信息检索效率。

（五）其他服务

网络环境下，高校图书馆个性化信息服务的实现还可以通过其他形式，像网上预约、馆际互借、网上借书等形式。用户可以利用网络预订自己感兴趣的图书、期刊等；可以利用馆际互借借到本馆没有的图书，享受图书馆之间的资源共享服务；可以利用网上借书功能借阅书籍，并且可以设定到期提醒等功能，当借阅的书籍到期时，可以提前收到通知。这些服务方式是图书馆个性化信息服务实现方式的一部分，可以帮助用户获得更多、更好的服务。

三、图书馆个性化信息服务系统设计

个性化信息服务系统是用户获取信息服务的平台，服务系统的建设是深层次开展个性化信息服务的一个重要举措。

（一）设计目的与原则

1. 设计目的

高校图书馆为用户提供个性化信息服务，除从馆藏资源中搜索出用户检索信息外，还要结合用户实时信息需求，主动将符合用户需求的信息推送给用户。用户信息行为一般包括用户检索历史、资源下载、评价留言、信息收藏、借阅历史以及参考咨询记录等，利用大数据挖掘技术对用户信息行为进行挖掘，得到用户实时信息需求，通过挖掘可以得出用户当前信息情境，掌握用户多变的信息需求，从而为用户提供更优的个性化信息服务。

网络环境下高校图书馆个性化信息服务系统构建就是结合不同数据仓库收集的各种用户相关信息记录，利用数据挖掘分析技术，总结出用户信息需求的实时变化，再根据结果找出符合用户需求信息，利用智能推送技术主动将信息呈送给用户，为用户提供真正意义上的个性化信息服务。

2. 设计原则

高校图书馆个性化信息服务系统的设计目的是为了帮助师生方便快捷地获取需要的信息，因此，系统在设计的过程中需要遵守以下原则：

第一，实用性原则。实用性是进行系统设计的首要原则。开发个性化信息服务系统的目的是方便师生获取教学、科研所需的信息。因此，在设计系统时要充分考虑师生的使用需求，最大限度地实现系统的实用性效能。

第二，可扩展性原则。技术的发展是日新月异的，信息量也变得越来越大，这就使系统能够进行扩展与更新，以跟上信息量和技术的发展，不至于被淘汰。

第三，安全性原则。系统收集用户的个人信息，为用户提供信息服务，这些信息就需要系统保密，因此，系统的安全性很重要。进行系统设计时要充分考虑系统的安全性，保障用户的信息和隐私安全。

第四，准确性原则。用户使用个性化信息服务系统是为了用最少的时间获得最准确的信息，掌握准确的新信息对于科研的进行是非常重要的，这就使系统内的信息要时刻更新、丰富，系统的响应要快速，以提供高效、准确的信息服务。

（二）系统的功能模块

1. 用户接口模块

用户接口模块即前端网页的设计，这部分的功能是联系用户与系统。该模块主要是进行用户注册，收集用户信息，传送到用户信息数据库中；接收用户输入，辨别用户身份；根据用户的定制要求，进行相应的页面的设置；处理用户的检索要求，传送给信息检索模块；将用户提交的定制信息传送给需求分析模块进行信息分析；将用户的信息行为存储在系统日志中；将反馈的信息推送给用户。

2. 用户信息库

用户通过用户接口模块进行注册，输入用户学号（工号）、姓名、性别、年级专业和兴趣爱好等基本个人信息，然后系统将这些格式规整的结构化数据自动存储到用户信息库中，同时用户对个性化信息服务的使用反馈评价也可以作为备注存储到用户信息库中。这样可以充分了解用户，从而在提供个性化信息服务时可以结合用户信息库，共同寻找用户需求的信息，主动为用户推送针对性更强的个性化信息服务。

3. 信息检索模块

用户通过用户接口模块网页输入检索信息关键词，然后系统自动将用户检索需求通过智能检索代理技术，在图书馆本地资源中进行寻找，检索到与用户要求相关的信息反馈给该模块。如果没有找到匹配资源就从互联网资源中检索，然后将找到的匹配信息加入本地信息库中，再反馈给该模块，同时馆员可以直接审查资源来源进行信息的搜索，信息检索模块将收到的信息整合起来，推送给系统其他模块进行处理。

4. 信息过滤模块

信息检索模块将检索到的信息传递给信息过滤模块，该模块是对检索到的相关信息进行初步筛选，通过与用户信息需求相关度依次排除，得到相关度高的信息，同时还要结合用户长期信息检索行为得到的用户模型为参考标准来筛选检索到的相关信息。首先该模块要对信息的特征概述进行抽取，得到信息向量模型，然后与用户信息需求模型匹配比较，最后得出满足用户个性化信息需求的信息，去除相关度低的信息资源，提高信息服务质量。

5. 信息推送模块

信息推送模块主要利用智能代理技术，根据用户个性化信息需求，将适当信息通过用户接口模块主动推送给用户。例如根据图书馆自动化系统对用户跟踪挖掘，当用户下次进行搜索时，系统主动为用户推荐搜索相关内容或者用户未意识到的潜在信息需求；还可以对用户的社交网络等跟踪分析，挖掘用户实时信息需求，主动向用户推荐提示；或者根据用户信息定制，不定期地向用户推送内容，这些都是信息推送模块的任务。

6.用户评价模块

通过信息推送模块，将结合用户信息行为模型的个性化信息推送给用户，用户接收后，可以通过用户使用评价模块对信息服务满意度做出评价，系统会自动将评价信息存入系统的个性化信息库和用户信息库中。该模块获取的用户评价信息，可以作为提高个性化信息服务针对性和准确性的依据，实现真正意义上的个性化信息服务。

（三）系统的特点

第一，实现不同层次的个性化信息服务。系统根据服务对象的层次不同，提供了不同的服务页面和内容，使得用户可以根据需要获取相应的个性化信息，实现不同层次、有针对性的服务。

第二，实现了主动的服务。系统可以在用户不参与的情况下，根据用户提前定制的信息设置进行信息的推送，这种信息服务是主动的、实时的。

第三，突破了时间和地域的限制。用户只要将自己的计算机接入网络中，就可以利用个性化信息服务系统接收信息，不受时间和地域的限制。

第四，减少了搜索时间。系统根据记录的用户浏览和检索历史，将可能会再次利用的资源下载到本地资源库中，如果需要检索类似的信息，只需要在本地资源库中进行检索，而不需要重新到互联网上去检索，节约了时间。

第五，增加了使用频率。用户可以利用系统提供的工具进行资源的归类、管理，使用起来更加的清晰、有条理。因此，促进了用户使用系统和图书馆资源的频率。

第六，凸显了个性。用户可以设置不同的界面风格，风格的不同使得用户使用起来更加赏心悦目，凸显了个性，不但满足了用户对个性的追求，而且体现了"以人为本"的服务理念。

第二节　个性化推荐技术的应用

个性化推荐技术是实现个性化服务的重要技术手段，被广泛应用于电子商务领域。借鉴个性化推荐技术在电子商务领域的成功经验，高校图书馆的个性化服务应当积极地采用个性化推荐技术，方便用户在浩瀚的图书馆资源中，快速且准确地找到自己感兴趣的图书。

一、个性化推荐理论与方法

（一）个性化推荐理论

个性化推荐是根据用户的兴趣偏好或历史行为，建立用户的兴趣模型，通过个性化推荐的相关技术向用户推荐他可能会感兴趣的物品。个性化推荐不仅可以帮助用户发现自己感兴趣的物品，而且还能让物品脱颖而出，展现给需要它的用户，实现用户和生产者的双赢局势。

从用户的信息搜索行为的角度出发，推荐系统和搜索引擎一样，是一种帮助用户发现有用信息的工具。搜索引擎需要用户主动提供检索词来检索信息，因此当用户不能准确描述自己的信息需求时，搜索引擎则不能为用户带来满意的结果。个性化推荐系统通过分析用户的兴趣偏好或历史行为，主动为用户推荐所需信息。因此，搜索引擎满足了用户主动的信息获取行为，而个性化推荐则能在用户没有主动的信息搜寻行为时帮助他们发现能满足他们需求的新内容。从信息资源利用的角度出发，推荐系统可以更好地发掘信息的长尾，提高以往利用率极低的信息资源的利用效益。

（二）推荐方法

1. 基于内容的推荐

首先依据用户以往的历史信息为其建立偏好文档，其次计算待推荐项目和偏好文档间的相似度，最后将与偏好文档最相似的项目返回给用户。基于内容的推荐过程就是先通过机器学习等技术，分别对用户和项目建立配置文件，通过分析用户历史信息，建立或者更新用户配置文件，接着通过比较用户和项目配置文件之间的相似度，将与其配置文件最相似的项目返回给用户。比如，用户 A 曾经借阅过很多武侠小说，就可以得知 A 喜欢武侠小说，基于内容的推荐算法就可能推荐相关武侠小说给 A，若 A 尚未借阅过《天龙八部》这本武侠小说，那么此算法就可能会推荐图书《天龙八部》给用户 A。此算法可以为有特殊兴趣的用户推荐，但同时也存在一些缺点，如复杂属性不易处理、推荐结果较为单一且需要足够多数据才能进行更加细致的分类等。

2. 基于协同过滤的推荐

协同过滤是目前应用范围最广泛且已经很成熟的推荐技术之一，核心思想就是首先通过对用户的行为数据进行分析，从而得到用户偏好信息，然后根据这些信息寻找与其相似的用户或者项目，通过计算它们之间的相似度，找到与其最相似的目标集合，将推荐结果返回给当前用户。此法的优点是能够推荐内容信息不易提取的项目；推荐具有新颖性，可以发现用户新的兴趣；较为简单，不需要专业领域知识；推荐个性化、自动化程度比较高，可以充分利用其他用户的反馈信息，加快个性化学习的速度。当然，此种推荐技术也存在一些问题。

第一，数据稀疏性问题，用户评分过的项目可能只占很少一部分，与项目数量相比评分数据十分稀疏，通过评分数据找到与其相似的用户比较困难，刚开始时此问题比较严重。第二，冷启动问题，当一个新项目出现时，由于没有任何用户评价过该项目，因此该项目无法推荐给用户，当一个新用户出现时，由于用户还未评价过任何项目，导致系统无法向该用户提供准确的推荐结果。第三，可扩展问题，随着项目和用户的增多，数据集将变得十分庞大，推荐的性能和效率会越来越低。第四，同一性问题，面对本质相同而名称不一样的项目时，无法发现其潜在的联系。

3.基于用户统计信息的推荐

基于用户统计信息的推荐技术较为简单，其推荐过程就是首先将用户划分为很多类，其分类的依据是统计到的用户的个人特征，最后向属于同一类中的用户提供推荐。此方法是利用统计到的个人信息，对用户进行分类，然后将同一类中其他用户喜欢的其他项目，推荐给当前用户，推荐算法比较简单，但推荐结果不是很准确。

此种方法不存在"新用户"问题，因为推荐结果的产生不依据用户对项目的评价信息，不需要相关领域知识，而且可以跨类型推荐。但是，此法还存在一些问题，用户的统计信息较难获得，另外涉及用户的个人隐私问题，会导致统计到的个人信息不是很准确，产生的推荐质量自然也较差，算法过于粗糙，只适合进行简单的推荐，因此该方法没有被广泛应用。

（三）个性化图书推荐系统

个性化图书推荐系统是个性化推荐技术得以实现的工具模块，能收集用户的基本信息、使用记录及物品的特征信息等，使用推荐算法分析用户对未知物品的潜在需求，并以友好的人机交互形式将推荐结果显示出来。因此，推荐系统可分为三个部分：信息收集模块、推荐模块和推荐列表导出。

信息收集模块是推荐系统的数据基础。信息收集应包括读者的基本信息、读者对图书的操作信息（如推荐、收藏）、评分信息和图书的特征属性信息等，这些信息直接或间接地体现出读者的偏好、习惯。在系统中，这些信息应该是持续更新的记录信息；推荐模块是推荐系统的核心，个性化图书推荐算法则是重点的实现内容。根据高校数字图书馆的需求分析，图书的数量逐年增加，远远大于读者的数量，显然使用基于项目的协同过滤算法效率更高。为了缩小数据查找空间，还可以使用聚类技术；推荐结果导出模块是推荐系统与用户之间的交互接口。当推荐模块执行推荐算法得到推荐列表时，推荐结果将通过用户界面（UI）显示出来。

二、基于数据挖掘技术的个性化推荐

（一）数据挖掘概述

在 20 世纪 80 年代末期，人们首次提出了基于数据库的知识发现技术。这项技术涉及多门学科，如机器学习、统计学、知识获取等。1995 年在加拿大召开的第一届知识发现与数据挖掘国际学术会议上，提出了数据挖掘的概念，就是从数据库中获取有用的信息价值的过程，同时提出数据挖掘是知识发现的核心工作，主要研究发现知识的各种方法和技术，而这些方法和技术主要来自机器学习。随着海量信息时代的来临，数据挖掘技术在很多领域都得到了广泛的应用和发展，越来越显示出其强大的生命力。

1. 数据挖掘的方法

数据挖掘的方法有多种，且同一种挖掘方法有多种不同的挖掘算法，在实际应用中应该针对不同的问题采用不同的挖掘方法。下面将简单介绍数据挖掘常用的几种方法：关联分析、聚类分析、预测建模和异常检测。

关联分析中的关联规则可以反映一个事物与其他事物之间的相互依赖性或相互关联性，用来发现描述性数据中的强关联特征，所发现的强关联特征通常以蕴含规则或特征子集的形式进行表示。由于搜索空间是指数规模的，关联分析的目标是以有效的方式提取最有用的关联特征。

聚类分析旨在发现紧密相关的观测值组群，与属于不同簇的观测值相比，属于同一簇的观测值相互之间尽可能类似。在具体的推荐系统应用中，聚类就是将用户根据其各自的属性特征进行分类，使得同类用户之间相似性尽可能大、不同类之间相似性尽可能小。

预测建模是利用历史数据找出一定的规律，建立预测模型，在数学及统计学上讲就是以说明变量函数的方式为目标变量建立模型，其关键的问题是精度与不确定性，通常用预测方差来度量。

异常检测的任务是识别其特征显著不同于其他数据的观测值，其目标是发现真正的异常点，而避免错误地将正常的对象标注为异常点。

2. 数据挖掘过程

（1）数据准备工作

首先，需要一个进行选择的过程，从该挖掘任务所需要挖掘的源数据库中根据服务用户的需要和要求提取出要进行操作的一组数据，这组数据是该挖掘任务中需要进行一系列挖掘操作的对象。其次，第一小步中选择出的目标数据不一定就十分适合进行挖掘操作，可能其中会含有一些噪声、数据应用的值存在缺失或者某些记录存在重复的现象等，这时候就需要对这些"脏数据"进行一系列的消除和补充等预处理工作，进行预处理之后的数据就是比较适合进行挖掘操作的安全数据。最后，需要对上一小步得到的安全数据按照挖掘任务所需要的格式进行转换，将数据原本所属的类型转换成方便进行操作处理的类型。例如离散型的转换成连续型的，或者连续型转换成离散型的，前者方便进项符号归纳处理，后者方便进形神经网络计算，这样做的主要目的就是尽量将数据所包含的维数进行属性约简和元组压缩，在进行挖掘任务时需要考虑的属性个数就会减少，所得的结果就会更加精练和准确，这就是数据准备所需要做的全部工作。

（2）挖掘算法的选择

主要从两个方面来考虑如何选择具体的实现算法，首先就是考虑在预处理阶段得到的数据的特点，根据其特点来选择与之相关的算法，进行挖掘工作；其次就是要考虑进行挖掘任务所服务的用户提出的要求或者实际运行该挖掘任务的系统能够处理的数据类型，以及能够得到什么样的结果等来选择具体的挖掘算法，如有的用户偏向于描述型的、容易理解的知识，有的用户偏向于预测准确度尽可能高的预测型知识。确定了前面两个小步之后，接下来就是具体地去实施该数据挖掘操作，从而获得对完成任务有用的模式。

（3）解释与评估

在完成上一步的挖掘工作之后，对于得到的模式结果还需要进行解释和评估，因为在前面的过程中选择的数据、对数据的转换方法或者算法所设定的参数可能出现偏差，导致得到的结果可能存在冗余、无关的模式（需要将其剔除）或者可能存在不满足用户要求的模式（需要退回前面的阶段，分析原因，重新来过）。

3. 数据挖掘环境

数据挖掘所处的环境就是指能开展数据挖掘的所有对象的总和，包括数据库，用来为数据挖掘提供数据支撑；挖掘工具则是开展数据挖掘的核心，缺少挖掘工具则无法实现其目标；可视化工具是帮助人类理解的一种辅助性工具，因为其处理数据量庞大，其结果也均由数据组成，人类单用肉眼很难从中发现数据结果所表示的意思。

（二）数据挖掘技术的应用

1. 数据源的选取

在高校图书馆中所提供的主要服务就是为读者提供图书文献资源，以帮助读者实现学习、科研工作，而且读者的主要借阅对象也就是图书馆中的图书文献资源，因此读者日常的借阅行为就会在图书馆借阅数据库中产生大量的事务记录，对这些海量的历史记录数据进行分析就会发现读者借阅行为中存在的关联规则，同时聚类分析还可以发现不同类型的读者所偏向借阅的图书类型，在每一类读者中都存在着能够帮助其实现个性化推荐的借阅模式。利用数据挖掘技术去发现这些规则和模式，就可以更好地服务读者，提高高校图书馆图书资源的利用率和服务水平。

2. 借阅数据的预处理

（1）借阅数据的清理

所谓的数据清理需要完成的工作就是检查源数据库中的数据，如果其中存在错误或者异常的数据（噪声数据）就将其消除；如果其中某些属性缺失应有的定值（不完整数据），就要做一定的填补工作；如果存在那些在不同文件记录中属性相同的行列所录入的值却不相同（不一致的数据）的情况，就进行修改纠正。

对于那些数据存在不完整性的记录字段，如果这些字段中需要进行处理的属性缺失数据值的比例相对比较小的话，则可以采取直接删除包含该缺失属性数据值记录的策略。但是如果在这种需要进行处理的属性缺失数据值的比例超过一定程度时，依然采取这种措施，就会造成需要进行挖掘分析和操作的数据集中记录数量大幅度减少，这样就会在以后的挖掘分析中无法得到准确的结果。因此，处理不完整数据这一工作在数据清理过程中是一件十分重要并值得积极处理的内容。

在读者信息记录表中，对于读者姓名、学院、学号缺失的记录，可以视情况将其补全，比如某读者的姓名在读者信息表中存储为"徐？林"，要将其找出，并查看该读者的读者号，由于读者号在信息表中是唯一的，因此，根据其读者号在读者借阅信息表中进行查找，就可以找出该读者的姓名信息。

（2）借阅数据的集成

数据集成的主要步骤如下：首先，根据数据挖掘的需要，从业务数据库中选取一个时间段的数据，存储至挖掘数据集中；其次，根据表间关系及各方面的信息，填充空值，删除对挖掘无用的数据信息及属性，形成挖掘所需的基本数据表；最后，对数据表中需要统计的属性进行统计。例如图书被借阅时间、读者借阅图书数量。

3. 挖掘结构分析

（1）针对读者的聚类分析

在高校图书馆管理系统的数据库中，存储着大量与读者有关的数据信息，在每条读者的借阅记录中包含着诸如以下的信息：读者证号（Reader Id）、读者年级（Grade）、读者类型（Reader Type）、图书信息（Bar Code、Class Index）以及读者对每一本图书的借阅情况（Borrowed Time）等，利用不同的属性信息作为特征研究目标进行聚类分析，就能够得到各种具有代表性的聚类簇。图书馆的馆员可以从读者借阅图书类别入手，对读者进行聚类分析，把高校图书馆中的读者细分为不同的群体，然后再进行有针对性的关联挖掘。

（2）基于分类号级的关联分析

分类号级事务表的关联规则挖掘可以挖掘出分类号级的关联规则，该规则主要是针对图书大类，考查学生在借阅各类图书时的借阅习惯和阅读偏好。例如借阅了 A 类图书后还会借阅 B 类图书，诸如此类规则。得到这类规则，可以帮助馆员分析读者的借阅兴趣，了解不同学科之间的隐形关联，以便进一步指导教学，提高图书馆在购买图书、优化馆藏方面的针对性。

（3）基于索书号级的关联分析

索书号级事务表已把图书信息细化到索书号级，一个索书号对应一个图书题名，基于索书号关联规则的挖掘结果展示了读者在借阅了图书甲后，还会再借图书乙这样的关联规则。如读者借阅了《计算机网络》后，还会再借阅《管理信息系统》，诸如此类的关联规则。

第三节　基于微信公众平台的服务创新

在各种手机社交软件中，微信在日常工作和生活中的使用已经十分普及，成为人与人之间、个体与组织（群体）之间沟通交流和信息共享的重要渠道，而微信平台这种服务工具也越来越被各种组织所运用。在此背景下，高校图书馆的微信平台建设正在迅猛发展，逐渐成为为在校师生提供个性化服务与交流沟通的重要渠道。

一、微信及微信公众平台的概念

（一）微信

微信是 2011 年 1 月 21 日腾讯公司推出的一款免费的社交软件，可以支持的功能有语音、视频、图片和文字等多媒体信息的传送，可以跨通信运营商进行系统操作。用户可以使用公众平台群发信息，通过朋友圈进行内容分享。此外，微信还具有支付功能，只需要绑定银行卡，就能轻松、便捷地支付各种费用。

（二）微信公众平台

微信公众平台是腾讯公司在微信的基础上新增的功能模块，于 2012 年 8 月 23 日正式开通使用。通过这一平台，个人和企业都可以打造一个属于自己的微信公众号，通过文字、图片、语音等形式实现与特定群体的全方位沟通和互动。利用微信公众平台，公众号可以直接将重要的通知消息推送到用户的手机上，还可以设定一些关键词进行自动回复，当然也可以一对一地和用户进行交流。除此之外，微信公众平台还提供了"开发模式"，利用微信公众平台的开发接口，公众号可在原有功能的基础上开发出更丰富的功能。

目前微信公众平台的功能还在不断更新升级中，主要功能有以下几个部分：

第一，多媒体信息的大规模推送功能。公众平台向用户群发多媒体信息，适用于发布通知、发布媒体内容等。第二，多媒体信息的定向推送功能。对特定用户推送信息，可用于信息的精准推送。第三，一对一互动功能。实时回复用户发来的消息及设置自动回复，可用于用户反馈、用户互动、业务咨询服务等。第四，多样化开发功能。借助自定义菜单及开发接口使功能更加丰富。

微信公众平台的特点主要有以下几个：一是操作的便捷性。拥有微信公众平台是没有要求的，任何人都可以拥有微信公众平台，并且后台管理界面也十分易于操作和管理。二是人际交流的高时效性。消息一旦发送，就会在移动终端通过微信提醒用户，具有实时同步性。因此在某种程度上，用户是被强制阅读推送的信息，信息的到达率几乎是百分之百。三是内容推送的丰富性。微信的普通公众账号能群发文字、图片、语音三个类别的内容，而认证之后的账号拥有更高的权限，能推送更漂亮的图文信息。这类图文信息可以是单条的，也可以是通过一个专题的形式集体推送。四是消息推送的精准性。微信公众账号可以通过后台不同用户的分组和地域的控制，实现消息的精准推送。

（三）微信公众平台与微信的关系

微信公众平台与微信既相互联系又相互独立。

第一，两者相互联系，微信是微信公众平台的终端载体。首先，微信公众平台需要通过微信的"扫一扫""搜索公众号"等功能来实现被添加关注，并且已被关注的微信公众号需要在微信的通讯录中被查看和管理。

第二，微信公众平台的新消息推送和通知也需要在微信的消息列表中或消息列表的订阅夹中被显示和提醒，并且只有安装和使用了微信的用户才可以获取、关注、使用公众平台，成功被关注的微信公众号能被推荐给单独的微信朋友或微信群，但是不能被分享到朋友圈，所以微信公众平台离不开微信的支持。

第三，微信公众平台的功能需要借助微信客户端软件来实现，通过微信提供给关注用户使用；两者相对独立，微信公众平台的注册和开发是独立于微信的。它的注册程序是需要在微信公众平台的官方网站上完成的，成功注册和认证之后可以获得开发权限用来搭建平台，开发者通过微信团队开放的接口和服务器对平台进行开发。

（四）高校图书馆微信公众平台的特点

1. 用户范围具有特定性和潜在性

高校图书馆微信公众平台的开发初衷是高校图书馆想利用这一优秀平台，向高校学生以及教职工提供另外一种图书馆资源使用的即时方式和在线便捷的图书馆服务体验，所以高校图书馆微信公众平台的用户范围是特定的，以高校中的人员为服务对象，使用高校图书馆微信公众平台的用户主要是高校的在校学生、教师以及职工。但是基于微信公众平台的扩散性传播理论，平台的用户范围又突显了其潜在性。例如，学生用户突显的潜在性，当学生用户将平台中感兴趣的信息转发在其微信朋友圈，那么其朋友圈里的同学、朋友和亲友都能通过这条被转发的信息直接认识到高校图书馆微信公众平台；教职工用户的潜在性是同样的道理。所以，高校图书馆微信公众平台是图书馆和用户之间良好的传播媒介。

2. 功能服务具有专业性和深度性

图书馆是学校的学术信息资源中心，所以高校图书馆微信公众平台就是学术信息资源中心承载平台。图书馆为用户提供的是各类专业领域的信息和资源，例如各学科的书籍和期刊等。图书馆又为用户提供每类专业领域深度性的信息和服务，例如学术发现系统、数据库资源、电子期刊资源和荐购系统等。因此，高校图书馆微信公众平台也突显出它在学术研究领域的专业性和深度性。

3. 平台传播内容的规范性和合法性

高校图书馆微信公众平台提供的资源内容中包括个人、各类机构和多种数据库资源，平台在调用和推送这些信息时需要进行知识产权和数字版权保护工作，并且根据《微信公众平台运营规范》文档，微信公众平台的使用者和运营者都必须保证传播内容和操作行为的规范化和合法化。

二、高校图书馆微信公众平台的应用现状

（一）部分微信号用户名混乱

经过研究发现，用户名称的设置如果规范，会给用户的搜索和使用提供许多的便利。高校图书馆微信号的用户名，会在一定程度上影响用户的行为，也就是说，如果其名称设置得不规范，其发布和推送的信息的可信度和准确度将会受到一定的质疑。实际上，部分高校图书馆注册了多个公众账号，用户名称模糊不清、不规范，这些问题的存在使高校图书馆微信用户名称无法清晰地反映该图书馆的属性，无法起到相应的作用。例如，四川大学图书馆的两个公众号分别为四川大学图书馆和四川大学图书馆查询，武汉大学图书馆的两个公众号分别为武汉大学图书馆和武大图书馆助手。注册多个公众号有利有弊，从一个角度讲，可以满足不同服务的需要，但是从另一个角度来说，又容易使图书馆品牌定位不清，致使用户对高校图书馆公众号所提供的信息和服务存在疑惑和不解之处。虽然也有一些图书馆通过更改用户名称使其公众号的定位更加明确，但微信平台对此有次数限制，因此建议公众号主体在注册时就应仔细斟酌名称的设置，避免带来不必要的麻烦。

（二）账号认证率有待提高

与微博认证一样，微信认证是微信公众平台为了确保公众账号信息的真实性、安全性而提供的一项服务。微信认证后将获得更丰富的高级接口，向用户提供更有价值的个性化服务。所有认证成功的账号都可以自动获得自定义菜单。微信认证，首先在一定程度上规范了微信公众号主体的行为；其次认证标识是微信公众号安全性和真实性的象征，对用户而言是一种保障；最后微信认证会使公众号本身的功能得到进一步强化。

（三）两种账号类型择一即可

订阅号可以每天群发一条信息，而服务号每月只能群发4条信息，因此，在群发信息的权限上，订阅号更有优势；服务号群发信息的数量限制使得其群发的信息必须精益求精。而对于订阅号而言，每天群发的信息使其更易于选择和系统管理。此外，服务号可以自由地申请自定义菜单，而订阅号必须在认证后才可以申请，在这一权限上订阅号受到了一定的限制。大多数985和211高校图书馆选择了订阅号，还有一些高校图书馆则分别注册了一个服务号和一个订阅号。高校图书馆可根据自己的计划和安排，以及服务号和订阅号的各种特性，合理选择服务号和订阅号中的一个。

（四）功能介绍和自动回复有待加强

功能介绍是在用户尚未关注该账号时就能浏览的信息。自动回复功能在某种程度上反映了该高校图书馆微信号的服务态度和质量，是高校图书馆呈现给用户的第一形象，功能介绍是否准确，自动回复的信息是否具有导向性、有吸引力，都会潜移默化地影响用户的

体验和用户的满意度。

三、图书馆微信公众平台的开发、利用对策

（一）高校图书馆微信公众平台的设计

1. 界面设计

高校图书馆微信公众平台的主界面可以简单归纳为账户信息栏、消息（接收和回复）展示窗口、综合功能栏三个部分。账户信息栏位于主界面顶部，包括退回至微信的返回按钮、微信公众平台账号名称和账户信息按钮，点击退回至微信的返回按钮可以退回至上一次操作的微信界面（微信消息列表界面或通讯录公众号界面），点击账户信息按钮即可进入账户信息界面。在账户信息栏中部显示高校图书馆的名称；消息展示窗口也可以称为消息接收和回复展示窗口，位于主界面中间部分，它的作用是显示接收到和发送出的消息及历史消息；综合功能栏位于主界面底部，这一栏包括两种类型的功能栏：自定义菜单栏和多功能输入栏。点击进入公众平台后默认显示的自定义菜单栏，如果需要用多功能输入栏则点击左边切换按钮即可。

2. 资源检索功能设计

第一，馆藏资源检索。此功能可以用来检索图书馆馆藏中的期刊和书籍。馆藏资源检索功能的设计方法在平台中并不是单一的，可以通过四种方式实现馆藏资源检索功能的设计：扫码检索、跳转到高校移动图书馆馆藏检索网页查询馆藏资源、语音输入找书和关键词输入检索馆藏资源。

第二，数据库资源查询。将"数据库资源"二级菜单按钮设置为 view 类型按钮，将此按钮在平台开发后台的链接地址填为高校图书馆数据库查询网页地址即可实现功能。点击"数据库资源"按钮菜单项进入高校图书馆网站中数据库查询页面，直接使用数据库资源。此功能可以用来查询图书馆已有的中文数据库、外文数据库和使用数据库资源。

第三，多媒体资源共享。将"多媒体资源"二级菜单按钮设置为 click 类型按钮，在此功能按钮平台开发后台中添加已编辑完成的图文信息，并对图文信息增添网页链接地址，跳转到高校图书馆多媒体资源列表网页即可实现多媒体资源播放。点击"多媒体资源"按钮菜单项，即可获得图文信息自动回复，再点击单个多媒体图文信息进入高校图书馆网站中多媒体资源页面，点击多媒体资源进行播放。此功能可以方便用户对图书馆的音频、视频等多媒体资源进行播放、观看和利用。

3. 用户管理

第一，借阅与续借。设计"借阅与续借"功能的目的是让用户实现即时、随时地查询和借阅信息，并且进行续借操作。将"借阅与续借"二级菜单按钮设置为 click 类型按钮，通过消息接口将微信公众平台服务器与图书馆集成管理系统相连接，通过绑定的微信账户调取对应的图书馆账号，借阅功能可查询的项目包括书目信息、索书号、条码号、借阅状

态、借阅时间和到期时间；续借功能可执行的内容包括书目信息、索书号、条码号、借阅状态、借阅时间、到期时间、续借次数和续借到期时间以及续借按钮。

第二，用户预约管理。"用户预约"功能可以实现座位查询、座位预约和研究室预约三个功能，设计的目的是让用户可以直接通过高校图书馆微信公众平台随时查询图书馆内空闲座位情况、预约座位和研究室。将"用户预约"二级菜单按钮设置为 view 类型按钮，将此按钮在平台开发后台的链接地址填为已经开发完成的预约功能选择网页的地址，该网页上有三类功能按钮可以选择点击：座位查询、座位预约和研究室预约。

第三，用户荐购。将"用户荐购"二级菜单按钮设置为 click 类型按钮，通过消息接口将微信公众平台服务器与荐购系统相连接，调用图书馆荐购系统，并设计荐购资源到馆消息自动提醒功能，通过用户分组接口进行用户分组管理，以用户绑定的账号类型为分组基础，自动向不同类型用户推送荐购资源到馆消息。平台用户可以在第一时间获得相关信息，让用户获得更便利的使用体验，以此来节省更多时间。

4. 信息推送

第一，最新资讯服务。设计"最新资讯推送"功能的目的主要是让平台用户获得更多的图书馆最新信息。将"最新资讯推送"二级菜单按钮设置为 view 类型按钮，将此按钮在平台开发后台的链接地址填为高校图书馆资讯信息列表网页地址即可实现功能。点击"最新资讯推送"按钮菜单项进入高校图书馆网站中资讯信息列表页面，直接点击查看各类消息。用户利用移动设备可以随时随地查看图书馆最新信息。

第二，活动预告。设计"活动预告"功能的目的主要是让平台用户获得相关的图书馆最新活动信息，并将"活动预告"二级菜单按钮设置为 view 类型按钮，将此按钮在平台开发后台的链接地址填为高校图书馆活动信息列表网页地址即可实现功能。点击"活动预告"按钮菜单项进入高校图书馆网站中活动信息列表页面，直接点击查看各类活动预告通知和简介。

（二）加强微信公众平台利用的对策

1. 培养用户的信息检索能力

加大信息素养培训力度，提升师生特别是学生群体的信息意识和检索技能，从而提升高校图书馆微信服务的使用效率。文献检索课是提高大学生信息检索能力的一门关键性课程，高校图书馆应该努力抓好文献检索与利用的普及性教育，帮助学生掌握现代信息检索技术，培养学生检索文献信息的能力以及筛选、分析、整理、综合、评价、加工与利用信息的能力。随着文献信息逐步向数字化和网络化发展，文献检索课程的设置也应紧跟网络技术的发展，进一步充实计算机检索方面的知识，使学生具备利用高科技、新技术手段，采用最优化的检索策略直接获取知识信息的能力，并通过文献检索课进行实践操作，提高他们的信息意识和能力，从而进一步提高大学生的创新能力。

2. 扩大免费网络覆盖范围

扩大图书馆或者教室免费无线网覆盖的区域。图书馆和教室这两个场所是学生主要的学习场所，学生在这里使用高校图书馆微信来学习的可能性很高，所以在这两个场所扩大免费无线网覆盖范围，必然会大大提高高校图书馆微信的使用率。因为大学生在经济上还没有独立，因此更倾向于使用免费的无线网络来使用高校图书馆微信。

3. 全面提升系统的功能

微信提供了供开发者利用的 API 接口，支持第三方的应用接入微信平台，可以在微信中增添更多实用和新颖的功能，给微信带来了更大的发展空间。高校图书馆微信作为信息技术环境下新的图书馆服务模式，其秉承的服务理念是使用户不再被动地接收信息和服务，而是根据自己的需要对图书馆提供的服务进行选择性定制。因此高校图书馆微信应利用好微信的第三方开放平台，将更多的功能整合到原有的基础平台中去。比如，扩展数字化全文的阅读和下载。研究表明，开通微信服务的高校图书馆较为普及，虽然开通了，提供的全文阅读的资源却非常有限。高校图书馆微信应该重视学生的全文阅读需求，与期刊商、书商、数据库供应商以及信息技术公司、通信运营商合作，联合推出移动版本的数据库、电子书和电子期刊。如果高校图书馆微信受到技术和理念的制约，不发展全文阅读，图书馆微信永远就只能是数字化图书馆部分功能的复制，一直停留在数字图书馆书目检索、短信催还书、预约书和借阅信息查询这些非核心的功能上。

4. 重视推送信息质量

高校图书馆微信公众平台信息发布者推送信息时要注意信息内容的实用性、标题与内容的相符性、信息页面的美观性、信息的新颖性、信息的正确性等问题。另外，适度调整信息推送频率和推送条数，推送条数以每次 3 ~ 4 条为宜。每次推送信息条数较多的高校图书馆微信公众平台可以缩减信息推送条数；不经常推送信息的可以增加推送次数，以免造成读者遗忘平台，减少对平台的关注及阅读。

另外，高校图书馆微信公众平台工作人员可以考虑在假期继续推送一些阅读方面的信息和学习方面的信息等，这样不仅宣传了图书馆资源，还可以丰富大学生的假期生活。例如"上海交通大学图书馆"寒假期间不间断地推送"寒假书单"，既丰富了读者假期的阅读生活，又扩大了平台的影响力。

5. 加大宣传力度

微信图书馆是为方便读者学习而开发的有力工具，然而还有很多用户对图书馆微信服务不是很了解，所以图书馆单单只开通微信图书馆公众号是不够的，还需要通过各种媒介和途径做宣传，如在人流密集处开展活动推广微信公众平台，在图书馆门前张贴大海报，并且附上二维码，或在读者证上印上本校微信图书馆的二维码，方便用户关注，只要扫描一下就可以了。

此外，图书馆馆员还可以利用微信搜索到一千米以内的人，进行主动添加好友问候，主动发送语音、图片、视频等信息进行互动交流。让用户知道图书馆一直在关注着他们，寻找着他们，为他们尽可能地提供帮助。让用户感觉到图书馆的存在、图书馆的热情，最大限度地挖掘潜在用户，提高用户对图书馆的关注度，发挥微信图书馆的作用。

（三）微信公众平台的运行与维护

1. 工作内容

（1）平台推广人员

平台推广人员主要负责将图书馆微信公众平台宣传、推广给高校用户，让学生和教职工能熟悉并使用此平台。特别是在每年新生入学时，需要将图书馆微信公众平台推广给新入学的同学。

（2）素材编辑人员

素材编辑人员分为文字编辑人员、图片编辑人员和多媒体编辑人员。负责的工作内容有两部分。第一，主要是对各种素材进行加工、编辑和整理。文字编辑人员工作内容主要是对所有所需推送信息中的文字资料进行撰写、编辑和整理；图片编辑人员工作内容主要是对所需推送信息中的图片资料进行制作和编辑；多媒体编辑人员工作内容主要是对所需推送信息中的音频、视频资料进行制作、加工和编辑。第二，将编辑整理完成的需推送的信息通过系统后台在客户端发布，让用户获知最新信息。

（3）客服人员

客服人员工作内容包括两个方面：第一，主要是负责与用户线上和线下交流及交互，对用户咨询的问题做出及时回复；第二，客服人员还需要将用户提出的问题进行整理并反馈给系统维护人员，作为系统改进和维护的参考资料。

（4）数据管理人员

数据管理人员工作内容包括两个方面：第一，通过微信公众平台后台提供的统计功能进行数据挖掘、统计和分析，统计并分析最大时间跨度内的数据信息，内容包括用户、图文、消息和接口四个方面，将分析得出的结果写成分析报告，再将数据备份；第二，统计分析人员需将总结的分析报告提供给系统维护人员，作为对系统改进和维护的依据。

（5）系统维护人员

系统维护人员工作内容包括两个方面：第一，对平台系统进行日常维护，来保证系统正常运行；第二，对客服人员总结并反馈的用户所咨询的问题材料进行分析，并结合数据管理人员提供的平台数据统计分析和用户行为分析报告对平台进行改进和完善。

2. 运维工作流程

高校图书馆微信公众平台运行的第一步是将平台进行推广，让师生及职工熟悉并使用此平台。第二步就是在第一步的基础上，素材编辑人员将各类需要推送的素材制作并编辑完成，在平台客户端进行消息发布和推送。第三步是用户与客服人员的交流和沟通。用户在获知信息和使用平台功能后对相关问题进行咨询，此时由客服人员与用户进行交流，并将问题进行整理后反馈给系统维护人员。第四步，数据统计分析人员将每天高校图书馆微信公众平台后台对用户使用平台后产生的信息进行统计，并写成分析报告。数据挖掘人员对用户使用行为数据进行挖掘，将结论整理为用户行为报告，并将以上两类分析报告提供给平台系统维护人员，数据备份人员对以上数据进行备份。第五步，平台系统维护人员对客服人员和数据管理人员的资料进行研究，以此为参考基础，改进和完善平台的功能和性能。

3. 数据管理

（1）数据统计分析

数据统计分析是将最大时间跨度内所发布的信息浏览结果进行总结与分析，形成详细的数据文件，及时了解用户感兴趣的内容，以及他们对平台内容的使用频率，从而对平台各方面情况进行监控、调整和完善。

（2）数据备份

数据备份是平台运维的关键工作之一。需要备份的数据包括用户数据库数据、平台访问相关数据日志、挖掘数据及系统更新和维护日志等。通过对以上数据的备份，尤其是用户访问平台的相关数据备份资料，为系统维护人员进行系统安全维护时提供基础参考资料。

4. 安全维护

随着高校图书馆微信公众平台不断地更新和发展，其附载的功能和数据会逐渐增加，用户信息数据的安全也需要进行维护，这就对平台服务器和图书馆系统安全均提出了更高的要求。如果服务器资源不能匹配平台功能的需求，那么就会很容易造成平台的瘫痪，导致用户不能正常使用图书馆微信公众平台，因此，保持服务器资源的更新并进行安全维护是非常重要的。图书馆微信公众平台的开发者需要时刻关注服务器状况、接口报警提示并结合报警提醒类型和得到的数据分析结果，来维护服务器的正常运作。用户输入的内容信息首先会被进行合法性检查，如果不合法，系统则发出错误提示并取消此操作，最大限度地保证数据的安全和保证系统的稳定。

第五章 智慧图书馆

第一节 概 述

随着数字图书馆的发展，"智慧图书馆"的概念越来越引起学者和业界的关注，对智慧图书馆的概念内涵、表现形式等讨论方兴未艾。智慧图书馆的含义、智慧图书馆的核心要素、主要特征、构建方式以及重要意义等话题引起了很多人的讨论和关注，也激起了广大图书馆的智慧图书馆的实践。

一、智慧图书馆的发展现状

研究智慧图书馆的理论和实践，首先有必要分析智慧图书馆的研究和实践的现状。

（一）国内智慧图书馆研究现状

以"智慧图书馆"进行篇名检索，得到的结果，去除无效文章，共有46篇最直接的有关智慧图书馆论述的文章。论文按大类可以分为理论研究和实践研究两部分。理论研究主要包括智慧图书馆的概念、发展历史、实现模式、可行性以及综述性文章。实践研究主要包括智慧图书馆用到的具体技术比如RFID、物联网技术、具体支撑产品以及建设智慧图书馆的一些案例和实践。王世伟发表了三篇文章《未来图书馆的新模式——智慧图书馆》《再论智慧图书馆》《论智慧图书馆的三大特点》，这几篇文章详细深入地对智慧图书馆做了深刻剖析，从智慧图书馆的含义、特点、实现模式以及涉及的技术做了详细阐述，为智慧图书馆的发展做了奠基性研究。乌恩在《智慧图书馆及其服务模式的构建》中提出智慧图书馆是继复合图书馆、数字图书馆之后，图书馆发展的一个更高级阶段，在文章最后，构建了一个智慧图书馆的服务模式。赵晓芳在《智慧图书馆的服务途径实现与构建》中认为智慧图书馆目前正处于初始发展阶段，对于智慧图书馆服务途径，需要在理解其内涵的基础上，从多个维度去构建。梁转琴在《智慧图书馆实现的条件探析》中分别从技术维度和非技术维度分析探讨了实现智慧图书馆所需的条件：数字化、网络化、智能化、物联网、云计算等信息技术和统一的标准规范，观念、经费、管理、人才及合作共享，指出对智慧图书馆要以积极而慎重的态度进行研究、探索、实践。李念祖等人从系统实现方面设计和实现了"智慧 2000 数字图书馆系统",将传统业务和数字技术紧密结合,取得了很好的应用效果。杨新涯在《重庆大学:四大应用系统引导智慧图书馆建设》中,介绍了该馆实现智慧图书馆的一些建设情况。陈嘉懿在《智慧图书馆的构建之道——浅谈高校图书馆 RFID 技术应用新思路》中谈到越来越多的高校图书馆开始引进并且使用 RFID 技术,高校图书馆必须开辟新思路,与尽可能多的力量进行合作,明确标签、读写器选型、数据模型与应用需求,督促厂商改进现有产品缺陷。董晓霞等人在《智慧图书馆的定义、设计以及实现》中,从阐述理论入手,设计和实现了移动终端地图、图书定位以及用户定位等功能,实现了智慧图书馆的一些功能。李显志和邵波在文献《国内智慧图书馆理论研究现状分析与对策》中对现有理论研究文献进行了统计和分析,揭示了目前国内在智慧图书馆理论研究方面取得的研究成果和存在的不足等。从文中可知"智慧图书馆"一词最早出现在 2003 年,芬兰奥卢大学图书馆的艾托拉在人机交互移动设备国际研讨会上发表了题为"智慧图书馆:基于位置感知的移动图书馆服务"论文,指出"智慧图书馆"(Smart Library)是一个不受空间限制且可被感知的移动图书馆。

(二)国外智慧图书馆研究现状

从 LISA 数据库(Library and information Science Abstract)检索"smart library",去除无效记录,得到和智慧图书馆相关文献 12 篇。Khadem Mohtaram, Ali 在文献 *Classification, formalization and automaticverification of untraceability in RFID protocols* 阐述了射频卡 RFID 的原理和应用。Wheaton, Ken 和 Murray, Art 在文献 *Why smart citiesneed smart libraries:Stories from the Alaskan frontier* 中阐述了建设智慧城市,必须要有智慧图书馆,以阿拉斯加的城市建设为例做了说明。有 8 篇文献谈到了 Vubis Smart libraryautomation system,主要阐述的是这个系统在图书馆中的具体应用。Vubis Smart 是一个集成图书馆管理系统,它使用便捷的工作流程和易于使用的管理工具,使用者可以自定义多种格式、数据库、索引以及搜索方法等。通过它的 OPAC,可以同时搜索多个数据库,并且能够集成多个购买的数据库等资源,以及其他具有 web2.0 和 web3.0 的特性。

2010 年以来,我们对智能图书馆的建设进行了深入的研究。随着智能图书馆关注程度的提高,研究论文的数量也在迅速增加。总之,在中国,智能图书馆的建设开始于 21 世纪。目前,各地区的公共图书馆、科研机构和高校图书馆都积极投资于智能图书馆建设,主要是智能建筑的建设、智能设备的使用以及数字资源的购买等等。首先,满足读者的基本需求,为读者提供各种新的服务来激发读者,渴望获得更智能的服务。在 2010 年之前,我国已经有了智能图书馆的建设实例。例如,在 2005 年,上海图书馆作为国家公共图书馆的领导者,打开了移动图书馆,为用户更方便地利用图书馆的资源和服务,并为用户打开了以下几个功能:我的图书馆、分馆指南、电子图书、电子期刊(试用版)。在同一年,同年在台北市图书馆,在为人们节省成本和方便的目的,建立了第一个"无人图书馆"。在中国利用 RFID 技术,图书馆没有驻扎在图书馆,只是定期整顿。目前,已经建成了 7

个智能图书馆。2007年，清华大学图书馆介绍了SMS和数字图书馆系统。为了及时为用户提供图书馆的流通通知，网络学术资源便于查询。2008年，国家图书馆二期正式开通，新国家图书馆融合了传统服务和数字服务，引入射频识别技术实现图书、设备、图书的RFID标签转换。自从2009届"智慧地球"提出以来，全国各地的智能图书馆建设也开始了。2012年4月，"南京市东大学图书馆联合会"成立，为南京五所高校师生提供统一的资源检索平台。读者共有将近3000万本书刊。此外，推出了校际图书"借还"服务，大大节约了用户的时间。2015年，建立了深圳盐田区图书馆。图书馆的研究结合了新时期的文化和先进技术，把新的图书馆服务模式付诸实践。例如，"你读我的书""玩具图书馆""海洋文学博物馆"等特殊服务。将物联网、大数据、云计算以及移动互联技术等充分运用到智能图书馆的建设、使用中。在2015年4月，作为澳门最大的图书馆，太白图书馆已投入试运行，并于9月投入使用。博物馆有传统图书馆的阅读区、多媒体室、电影放映室、儿童图书馆和儿童剧场，多媒体室为读者提供了数以千计的户外借阅多媒体素材。澳门图书馆是第一个使用RFID技术来帮助图书馆的图书馆。为了方便图书馆的读者，图书馆还提供了自助打印机、字体放大镜和自助书消毒器等。东北大学图书馆购买了电子阅读机、电子杂志阅读器等设备，为用户提供了数字阅读资源的软硬件支持。2011年，购买了射频识别自助贷款设备，并且在2015年改制了约150万本图书的RFID标签，实现了所有图书馆图书的自助借阅服务。2016年，东北大学图书馆开展了相关的移动阅读服务，通过移动阅读技术使东北大学图书馆的读者获得并利用东北大学图书馆提供的资源和服务。西南科技大学智慧图书馆包括综合文献资源、智能知识服务和智能支持三大体系。综合文献资源由外部数据库、特色自助库五部分组成。

二、智慧图书馆的基本理论

（一）智慧图书馆的含义

到目前为止，国内外图书馆界对于智慧图书馆的定义还没有达成共识，学者们从不同的角度来论述他们的见解。芬兰奥卢大学图书馆的学者提出，"智慧图书馆"是一种基于位置感知的移动图书馆服务，这种服务能帮助读者从图书馆找到他们所需要的书籍和其他资料。华侨大学厦口校区图书馆的馆员严栋发表了他自己对智慧图书馆的见解，他指出智慧图书馆是集合了传统图书馆、物联网方案、云计算技术及智能化设备等多个模块，用智慧化的方式将这些模块集成于一体的图书馆模式，通过利用现代化的科技技术来改变图书馆用户、图书馆拥有的信息资源以及图书馆集成管理系统三者之间的交互方式，并通过信息技术的合理化来提高交互的针对性、灵敏性和反馈速度，从而实现图书馆业务服务和管理的智慧化目的。董晓霞等人则认为，智慧图书馆应该是用户利用图书馆的感知智慧化和数字图书馆读者服务智慧化的综合体。之后，还有韩丽、马然等人从智能技术、智能服务对智慧图书馆的概念进行了定义，这些都是从信息技术角度出发，给出的定义局限在了比较单一的方面，不够全面。笔者更为认同上海社会科学院信息研究所王世伟对智慧图书馆概念的具体描述，他指出智慧图书馆的基本特征是网络化、数字化和智能化，核心要素是人与物的互通互联，灵魂与精髓是以人为本、绿色发展、方便读者。智慧图书馆无论在发展理念、服务技术还是管理形态上都展示着未来图书馆发展的新趋势。在给智慧图书馆这一概念进行明确定义之前，首先要将智慧图书馆与数字图书馆、智能图书馆区别开来，深入理解三者之间的区别与联系。

数字图书馆是一个信息机构（群），它既可以是实体性质的，也可以是虚拟性质的，它所保存的文献资源主要是以数字格式存储的电子文献。数字图书馆通过计算机和网络传递所藏数字化信息，同时对网上信息进行虚拟链接并向用户提供服务。数字图书馆侧重于对传统载体文献的数字化，而智慧图书馆拥有更为多样化的信息资源类型，用来处理和加工信息资源的技术也具有多元化的特点。智慧图书馆是数字化图书馆发展理念与实践的延续与升华。

《智慧城市辞典》中关于智能图书馆的定义为：结合智能技术对图书馆各项业务进行管理和为读者提供相关服务的图书馆，是高新技术（计算机、多媒体、现代通信、智能保安、环境监控等）与图书馆建筑艺术的有机统一。根据这个定义，不难看出，对于智能图书馆的研究还只停留在信息技术与馆舍建筑的层面，它忽视了图书馆的价值与基本职能。从技术应用层面来看，智慧图书馆是从智能图书馆这一初级形态上发展而来的。数字图书馆、智能图书馆与智慧图书馆都是以现代化信息技术为基础，结合实际运用产生的，但智慧图书馆与前两种图书馆相比，其馆藏信息资源更为丰富，运用的信息技术也相对先进，人与人、人与图书馆、图书馆与图书馆和书与书之间的和谐程度更高，是将实体与虚拟、资源与服务、人与图书馆相融合的高级形态的图书馆模式。

（二）智慧图书馆的基本特征

智慧图书馆是一种新型的图书馆，它既具有物联网的特征，又具有数字图书馆的特征。智慧图书馆能够紧密联系手机和电脑等各种感知设备，进而全面了解和感知图书的实体信息和虚拟信息，为读者的阅读提供极大便利。智慧图书馆强调工作人员必须相互合作，有效整合各种信息资源，聚合图书馆的资金、人力及信息资源，为读者咨询提供极大便利。另外，绿色可持续发展是智慧图书馆的一个基本特征，强调的是合理利用自然资源，倡导的是低碳环保的生活方式。

智慧图书馆在现实中意味着"没有围墙的图书馆"，从理论上而言，是目前图书馆发展的最高形态，以现代化信息技术为基础，以为人服务为核心，实现全方位开放、全面互联的新型图书馆模式。它所具有的特点主要表现在下几个方面：

1. 广泛的互联互通

互联互通是指智慧图书馆通过多种网络渠道（有线、无线等）、多种网络通信工具、各种现代化信息技术，实现图书馆与人、人与人、书与书的广泛互联，将图书馆与其他的信息机构联系起来，实现全方位的资源交互、共享。

智慧图书馆 7×24 小时开放，能随时为读者提供他们所需要的服务，并且能通过不同的方式、不同的渠道与用户相联通，最大限度方便读者使用智慧图书馆的服务。

智慧图书馆将大量的信息资源聚合在一起，通过统一的平台向读者提供信息资源，能够有效降低各个图书馆在购买相同信息资源上所投入的成本，从而最大限度提高图书馆的效益。

智慧图书馆的信息资源协同更新，镜像库随着本地数据库的更新而更新，在共享范围内，其他互联互通的图书馆检索得到的信息结果会随着一馆的信息资源变化而变化。

2. 高度的智能化

高度智能化是指图书馆自身建筑、图书馆内各种机器设备以及维持图书馆自身运作的所有设施的智能化。通过对图书馆内的所有设备嵌入智能装置，利用 RFID 技术，对馆内设备进行实时、智慧化控制及管理。例如，在传统图书馆馆藏环境下，保存的珍贵文献资料会因为图书馆内不适宜的温度、湿度和照明度等原因而损坏，而在智慧图书馆环境下，智能设备会对这几个指标进行监测，使得图书馆馆内的环境处于最适宜保存文献资料的状态。另外在读者阅读区，可调节这几个指标并控制噪声，为读者提供更为舒适的学习、阅读环境。

智能化建筑使得图书馆自身、图书馆内各种机器设备在运行、保养、维护等方面更具优势，更符合节能减排、绿色发展的宗旨。

3. 全面的智慧化

（1）资源智慧化

资源智慧化就是将智能芯片植入图书馆的各种纸质文献资源中，通过 RFID 技术，读者可对文献进行实时查询并明确知道自己需要的文献具体在图书馆的哪个位置，查询结果能精确到书架排号，更方便读者获取文献资源。对于数字化资源的智慧化来说，主要体现在知识挖掘、数据分析以及推送等方面。

（2）沟通智慧化

在智慧图书馆中，利用多种信息交换手段以及先进的通信设备，构成一个开展文献信息服务的智慧系统，越过了从前读者仅仅只能依靠图书馆信息系统和馆员获得所需信息的障碍，从真正意义上实现图书馆馆员与图书馆管理设备、读者与图书馆管理平台，读者与文献资源以及读者与读者之间的对话交流。读者能够更为方便、更为自然地在海量信息资源之间进行交流沟通，从而使信息资源实现了最大化共享。

（3）服务智慧化

智慧图书馆的核心就在于智慧服务。与传统图书馆相比，智慧图书馆的服务保障体系更为完善，业务流程更为高效，能够运用现代化智能技术将各项独立分散的事务联系起来处理，获得最精确、最及时、最有用的信息；建立资源共享的一站式服务平台，使图书馆馆员能根据读者的个性特征和实际需求主动地向读者推送全方位、立体化的智慧服务。这种智慧服务使得任意读者能在任何时间、任何地点通过他们自己喜欢的方式去获得自己所需的信息服务，真正实现以读者为核心的服务理念。除此之外，智慧化服务还包括三维实景地图导航服务、无控制台的导览服务、语义智能搜索服务和机器人服务等。

（4）管理智慧化

管理智慧化是智慧图书馆高效、智能运转的必要保证，是智慧图书馆协调各个管理对象的有效手段。管理智慧化不仅包括对图书馆馆内人员（图书馆馆员和读者）、物理设备、馆内馆外的环境、文献信息资源以及用户服务过程的管理，还包括图书馆日常运行的维护和一些辅助性的管理，例如对整个图书馆的安全监控，对整个馆藏资源保存环境的实时监测等等。将这些管理工作输入智慧图书馆的整个信息管理系统中，通过收集、加工、整理去监测各种有针对性的信息，再经过智慧图书馆的信息综合处理系统，以实现对图书馆管理过程的智慧化。随着信息技术的高速发展与应用。图书馆的智慧化管理很容易实现。

4. 可持续的绿色发展

智慧图书馆将可持续发展作为其发展的指导思想，提倡节能减排，减少人力物力成本，合理开发和集约高效利用资源，注重社会、经济、文化、生态等各方面协调发展。智慧图书馆的绿色发展主要包括两方面的内容，一方面是硬件设施建设，另一方面是软件建设。在硬件设施建设方面，主要指图书馆利用现代化技术，将其自身发展成为具有节能环保特性的建筑，馆内馆外的环境建设和先进技术的使用都要以低能耗、无污染为原则有条不紊地进行；在软件建设方面，建立图书馆低碳运行规章制度，定期对馆员及用户进行环保节能意识的培训等。

（三）智慧图书馆的主要功能

与传统图书馆相比，智慧图书馆不再是单一文献信息资源的提供者，它的服务范围已经扩展到整个壮会。智慧图书馆作为未来图书馆发展的高级模式，其主要功能聚集在以下三个方面：

1. 全方位、立体化资源管理

对于用户来说，图书馆所收集的资源是零散存在的，因此图书馆馆员需要利用各种信息处理系统、信息管理系统对存在的信息资源进行整合、描述、关联与维护，让这这些信息更容易被用户所发现，使用户能更好的使用，然后通过交互式、一站化的服务平台，用户可以很轻松地在庞大的数据中找到自己所需要的信息资源，并且可利用智能技术对已找到的资源进行保存。

2. 智能定位及侦测防护功能

智能图书馆利用 RFID 无线射频识别技术、红外线感应技术、GPS 全球定位技术，不仅使用户可以轻松地知道自己所需要文献资料的具体位置，而且还可以使图书馆馆员对在馆的用户、馆内的各种物理设施进行实时定位、实时监控，从而实现了对图书馆馆藏文献信息资源、图书馆各种设备设施、在图书馆用户及馆员的精确智能定位，在此基础上降低因为文献、设备等物品的失窃而导致图书馆不能正常运转的概率。同样，智慧图书馆的行为侦测也是利用 RFID 技术，对馆藏文献进行个性化导读、借阅率统计等的功能。个性化导读是指用户通过手持移动导读设备去接收由馆藏文献上 RFID 标签发射出的信号，根据用户的需求，向用户提供信息服务。借阅率的统计可将用户对馆藏文献的喜好直观反映出来，通过收集用户的个性化信息，掌握用户需求的特点，为图书馆今后更好地服务用户奠定了基础。

3. 个性化与人性化的智慧服务

传统图书馆的资源利用，不论是在信息资源还是服务手段上都有很多的局限和不便。而智慧图书馆能给用户提供极其丰富的资源、智能化程度更高以及针对用户喜好的个性化服务，让用户有机会参与自主互动的服务，以实现全方位、立体化的信息服务，便于更好地满足用户的信息需求。物联网环境下，智慧图书馆运用智能化技术，更多地关注用户的感受，把以人为本的理念作为其发展的根本。在以人为本理念的支撑下，用户可以从智慧图书馆中获得更多、更广泛的选择和更加方便、更加高效的服务，更加灵活多样、人性化的服务方式和手段等。个性化服务如信息定制服务、信息定向推送服务，信息推送服务最为突出的特点就是当用户首次输入请求命令后，就能定期收到之前已经选定的专题信息。信息定制服务是在普通定制服务的基础上，针对图书馆用户在内容、服务方式上的各种需求，通过定制提供个性化服务的系统，灵活地制定相关的信息资源、应用方式、信息利用过程，采用信息定制技术满足特定用户对不同信息的多种需求，将"人找信息"的形式转变为"信息找人"，以此从根本上转变图书馆的信息服务方式，提升图书馆的信息服务能力。

人性化服务包括自助、人工两种服务方式的选择，E-mail、手化服务两种方式的选择，RFID 为基础的电子标签及其使用模式的选择等等。例如 RFID 图书自助 24 小时无人借还系统，使用户不受时间限制的享受自助借还服务；RSS 智能订阅、3G 个性定制、PDA/PPC 定制、E-mail 定向定制等等，可以为用户提供更加灵活多样的服务方式和手段。

（四）智慧图书馆的服务模式

一些学者站在图书馆的构成要素和技术角度，认为智慧图书馆的服务模式应该以虚拟的网上空间为基础，真正实现资源共享，虚实有效整合，让读者切身体验多元化参与和协作学习的服务，有效增强用户的体验，在实践中不断推动协作创新。智慧图书馆有效突破了传统图书馆陈旧的服务方式，巧妙利用了现代化技术来实现了图书馆智慧化服务，因此它的服务更为智慧和高效，进而衍生出了一种新型的智慧化管理模式。

（五）智慧图书馆的核心理念

智慧图书馆是建立在较高水平的现代信息技术基础之上的，但其发展过程中不能只关注技术层面，更需要贯彻好"以人为本"的核心理念，推动管理的智能化和服务的人性化，将人文和技术进行有效结合。智慧图书馆在以后的发展过程中必须坚持"以人为本"，多站在读者的角度考虑问题，充分满足读者的需求。此外，智慧图书馆在开展工作时往往是建立在读者服务基础上的，可以充分利用一切资源，切实关注读者的感受，真正实现满足读者需求的目的。总而言之，在建设智慧图书馆的过程中，一定要以人为首要因素，充分展现人的创造力。

三、智慧图书馆的实践——以大学图书馆为例

建设智慧图书馆，主要的焦点就是要做到互联、便利和高效，根据用户实际的信息需求，利用信息通信技术解决图书馆实际问题，构建便利的服务设施，整合各种网络资源、信息平台与应用内容等，提供安全的使用环境，使用户能够便利地使用实体图书馆提供的服务，更能够随时随地通过数字图书馆来满足信息需求。理想的"智慧图书馆"必须具有先进性、开放性、系统性和智慧性。在实际的建设过程中，智慧图书馆需要全方位的支持，比如依靠物联网等指挥设施的支持，虚拟化为基础的云计算，以及其他各种全方位的数字化服务系统的支持。

（一）智慧图书馆的设计

大学图书馆拥有丰富的馆藏资源。在数字图书馆的建设和发展中，一直在努力探索和创新，是一所典型的复合图书馆。大学图书馆在智慧图书馆的实践中，做了一系列举措，比如智能化服务"+"系列平台、各种自助服务等。

（二）智慧图书馆的实现思路

智慧图书馆是个系统工程，涉及面比较广，智慧图书馆实践主要涉及以下三个方面的建设：实体场馆的建设和改造、信息服务平台的建设、智慧型服务的建设，这三大类构成了智慧型服务体系。其中实体场馆的建设是智慧型信息服务的基础，其他两个是智慧型信息服务主体。

（三）智慧图书馆的实现过程

智慧图书馆的构成要素主要包括智慧系统、智能基础设施、智慧服务。构建智慧图书馆据此可以分为三部分：物质、技术和服务。物质层面是基础，技术层面是关键，核心是服务层面，三个层面互为支持，共同支撑起智慧图书馆的服务体系。现阐述具体的实现情况。

1. 基础设施建设

（1）空间服务

大学在图书馆建设时就考虑到了图书馆便利服务、共享服务、快捷服务的需求。图书馆整个空间都是开放式的布局方式，在二楼设了一个综合服务台，服务台可以处理一切和读者借还有关的事宜，包括文献传递和馆际互借。在二楼设立了信息共享大厅，供读者免

费使用网络资源；设立了 48 个研修小间，里面配备桌椅、空调、书架和网络，可以供小组讨论课题使用，研修小间可以通过现场客户端、图书馆网站以及手机客户端来预约使用；书吧休闲区，提供一个休息和休闲的场所，书吧提供最新各种期刊、清茶、咖啡，可以提供小型研讨；视听鉴赏室提供了多媒体设备，可以供教学和欣赏使用。

（2）自助服务

技术的发展使图书馆各种智能设备越来越多，给读者提供更好的自助服务，也能提供一些 24 小时服务设施。大学图书馆联合一些公司，定制了自助系统，分布在图书馆的各个地方，这套自助系统可以提供自助打印、复印、扫描，也能缴纳图书超期费用。特别是古籍特藏部、外文阅览室等不便借出的地方，极大地方便了读者的使用；图书馆还安装了 24 小时还书机，可以在图书馆闭馆的时候方便读者还书；学生毕业离校的时候，一般需要查询自己是否有没还的图书、没有缴清的超期罚款、自助打印挂账等情况，图书馆在自助设备上实现了查询功能，方便读者使用；数字出版的发展使个性化出版也走进人们的生活，读者可能只需要某本书的部分章节，为满足这种需求，图书馆引入了轻印刷系统，来满足"按需出版"的需求；此外，图书馆还引入了多媒体导航触摸屏，该触摸屏除了展示图书馆的相关信息，主要功能是可以为读者规划到达目的地的路径，读者在屏幕设定目标，虚拟人物就会以最短路径走向目的地，使用起来直观快捷；图书馆大厅配置了一块大屏幕，用来展示新闻、通告、电子阅览室座位数量以及进馆人数等基本信息，也可以作为欢迎标语展示使用；数字标牌用来提示读者预约到书情况以及其他相关信息，给经过的读者一个浏览信息的途径；图书馆还引进了触屏报刊阅读器，涵盖了各个地方的晚报等流行报纸和休闲期刊，每天会更新信息，浏览报纸比较方便。图书馆一直在探索和发现，积极创新，希望能够建设更好的智能实体图书馆，更好地为到馆读者提供服务。

2. 技术建设

智慧图书馆具有先进性和系统性，只凭传统图书馆和实体图书馆的服务远远不能完成智慧图书馆建设。智慧图书馆更具有无处不在的泛在图书馆特性，大学图书馆在技术设施上做了很多的尝试和创新，这是智慧图书馆的支撑部分，包括网络基础与基础设施。网络基础主要有 2G、3G、4G、Wi-Fi、WLAN 等；基础设施主要包括"云计算"技术的基础设施设备，如网络交换机、服务器、存储器以及虚拟存储器、虚拟服务器、虚拟桌面等。图书馆置备了刀片机，在其上运行了 VMwarevSphere5.5 云操作系统，实现了服务器虚拟化，建立了一定规模的私有云服务机制，所有运行在其上的系统都具有动态迁移和高可用性特性。系统的硬件和软件都能够使用 web 浏览器来监控和检查运行状态。

机房安全方面，安装了恒温恒湿的空调，供电采用了 APC 的 UPS 供电，以确保在突然断电时能够维护服务器和存储的正常运行。机房里有火灾、湿度等监控和报警装置，也可以远程视频监控。

这些都是智慧图书馆能够正常运行的基础保障，是非常重要的一个环节。

3. 服务和应用构建

智慧图书馆的核心在于服务，目的是让读者体会到服务的便捷和智慧。大学图书馆在创新服务方面做了很多探索，借着智慧城市发展的东风，在智慧图书馆的实践方面做了探索和尝试。

（1）参考咨询方面

参考咨询是图书馆服务的一个重要组成部分。图书馆在实践的过程中做了一些系统：FAQ 常见问题知识库，将读者使用图书馆中常见的问题汇集成册，给读者一个自助查询的平台。在线咨询、联合咨询，目前互联网 IM 发展十分迅速，咨询人员利用 QQ、live800 等平台，实时解答读者的提问，起到了很好的效果。

微博是近几年发展起来的非常流行的社交媒体，它以短平快的特点受到了大众的喜爱，图书馆也开通了官方认证的微博，发布通知、发布购买资源的信息、发布数据库试用信息、宣传图书馆等，起到了很好的社会效果；微信是腾讯公司于 2011 年 1 月 21 日推出的一个为智能终端提供即时通讯服务的免费应用程序，微信支持跨通信运营商、跨操作系统平台、通过网络快速发送免费（需消耗少量网络流量）语音短信、视频、图片和文字，同时微信可以将内容分享给好友以及将用户看到的精彩内容分享到微信朋友圈。微信提供了 API 接口，利用它可以很好地和图书馆的自动化服务系统和 OPAC 结合起来，供读者查询图书和借阅信息等，也可以和动态消息关联起来，给读者提供各种信息推送和通知。微信符合信息一代 90 后学生的需求，应用非常广泛，图书馆自开通微信以来，获得了大量读者的关注。

图书馆在对读者服务的过程中，提供了馆际互借和文献传递的服务，对于不易获得的文献可以采取从别的图书馆借书或者扫描传递文献的做法，利用文献传递系统，以合理的流程化工作为读者提供服务。

（2）文献检索方面

在信息检索方面，图书馆做了一系列尝试。开发的联邦检索，可以将检索的关键词同时提交到多个中外文数据库，结果显示在一个页面当中，这种方式的弊端是速度慢，结果相关度整合性不好；增强 OPAC 检索的 web2.0 特性，在输入检索词时可以提前提示内容，类似于 googlesuggest、百度提示；给 OPAC 检索结果页整合进光盘、相关电子书的搜索结果；给 OPAC 检索页面加入虚拟书架展示，能够让读者在网页上就能看到书在书架上的位置和相邻图书情况；给 OPAC 检索结果加入微博话题、借阅趋势分析等可视化功能；引入了知识发现系统，目前测试的超星中文发现系统和 EDS 英文发现系统，发现系统的核心是元数据整合，能够一键检索包括各种文献类型的海量信息；图书馆自己联合开发公司也做了发现系统的尝试，这在后文中会讲到。

（3）智慧服务系列

智慧服务中最重要的组成部分就是图书馆开发的"+"系列服务系统，这些服务涵盖了知识发现、个性化服务以及移动服务等等。

Find+：图书馆联合软件公司设计和研发的知识发现平台，利用 EDS 平台授权提供的国外出版商合法元数据和先进的外文多语种搜索技术，结合本地化服务功能，致力于为读者提供高质量、低成本的学术资源发现和共享服务。

Mobi+：Mobi+ 移动图书馆是为了满足读者希望在任何地点、任何时间都可以实现快速查询和浏览图书馆资源的一款基于 wap、Android、ios 平台开发的手机软件。通过互联网以及多媒体技术，能够使读者不受时间、地点和空间的限制，利用各种便携移动设备进行图书馆的信息查询、浏览，一站式查找并获取图书馆纸本图书及电子资源，并可以帮助读者通过该软件享受图书馆提供的一系列个性化服务。

Book+：Book+ 是图书馆设计的读者个性化服务系统，它将图书馆书目信息与互联网信息技术相结合，给读者提供了全新的登录体验，读者可使用校园一卡通登录，也可使用 QQ 号、微博账号等登录，提供了丰富的书目信息和互动服务，增加了读者的参与度，加入书籍封面、豆瓣评论、添加标签、给图书打分以及分享到微博等新鲜元素，使之更加贴合用户的使用习惯。并且可以推送个性化的借阅排行和新书推荐，实现与书评网及网上书店的互联互通，展示征订目录和分类浏览服务，提供荐购图书的绿色通道。

Pad+：Pad+ 是数字图书馆互动服务终端，基于安卓系统开发的大屏触控互动服务终端。可以部署在教学楼、图书馆、学院大楼、宿舍楼等场所，提供数千种电子书、数万种电子期刊以及图书馆提供的一系列服务，支持与手机终端互动，用户不必到图书馆现场也能查阅到图书馆的相关资源和信息。

Subject+：Subject+ 是学科知识服务平台。以学科为基础，建立各学科新闻、文献、课程、会议、人物、机构、专利的聚合系统平台，将网络上有关学科的信息聚合到图书馆学科服务平台上，便于用户及时通过这一平台了解各相关学科发展信息。建立基于学科的互动问答平台，方便学科馆员帮助用户解决在学科教研学习过程中遇到的各类问题，通过 subject+ 学科知识平台建立学科知识库。

Mashup（混搭）外部数据：Mashup 是一种网络聚合应用，由一个或者多个信息源整合起来的网站或者网络应用。也就是说，它能从多个分散的站点获取信息源，组合成新网络应用的一种应用模式。在图书馆智慧服务系统中，充分应用了这些混搭技术和资源，比如豆瓣书封和书评、图书馆地图、优酷相关学科视频、RSS 汇聚学科博客和 Delicious 书签等，为系统的服务能力做了很好的扩展，也为读者提供了更多人性化的服务。

四、智慧图书馆研究发展趋势

（一）基于物联网制定图书馆相关标准

虽然物联网已经开始关注标准和协议问题，但至今还未制定出统一的物联网标准，导致各行各业在应用物联网时缺乏规范性和标准性，这会在很大程度上影响物联网在相关行业的推广和发展。因此，要想建设智慧图书馆，就必须和相关行业积极沟通，参与到技术标准的制定和完善中来，积极促进相关政策的制定和完善，有效避免因标准不统一造成的一系列问题。另外，图书馆界在应用物联网时还需要紧密结合自身的实际情况，在充分了解自身情况的基础上，科学合理地制定相关标准，确保图书馆的合法权利，有效保障图书馆的数据安全和用户隐私。

（二）增强图书馆工作人员的自身素养

智慧图书馆的核心理念是"以人为本"，要想更好地推动智慧图书馆的发展，就需要增强图书馆工作人员的素养，积极引导他们树立读者至上的良好服务理念，并且贯彻落实到日常工作中。同时，充分调动他们对图书馆工作的热情，让图书馆工作人员全心全意为读者服务，努力给读者创建自由宽松的阅读环境，通过健康和谐的氛围来潜移默化地影响读者的思想和行为，真正体现出新时代背景下智慧图书馆的价值。

（三）增强用户的信息意识

智慧图书馆的研究源于智慧城市的兴起与发展。随着智慧城市的不断推进，智慧图书馆成为图书馆研究的一个热点，不管图书馆采用何种技术，其最终目的都是更好地为用户服务。在现代信息技术不断发展的背景下，用户利用信息的难度在不断增加，随之出现了越来越严重的信息贫富不均的现象。

面对这种情况，有些学者提出在建设智慧图书馆时，应该注重增强人们的信息意识，充分激发用户积极利用信息的热情。为了有效提升用户的信息能力，用户必须积极主动地学习和掌握相关技能，大致了解现阶段信息技术的情况，及时更新自身的信息知识，同时也可以巧妙借助电子资源自学，在网上多了解与信息技术相关的知识。

（四）重视智慧图书馆馆员的培养

在智慧图书馆建设过程中，图书馆馆员必须积极转变自身观念，与时俱进，多学习一些新的知识和技术，及时更新自身的思想，这样才能更智慧地为读者服务。同时，建设智慧图书馆要不断完善馆员的职业培训制度，综合提高图书馆工作人员的职业素质。随着信息技术的广泛应用及智慧图书馆的不断发展，对馆员的要求越来越高，图书馆工作人员必须紧随时代发展潮流，不断学习和掌握新知识。

图书馆可以采取业务讲座和学习考查等多样化的培训方式来加强馆员教育，要求他们不断学习新的理念和技能。另外也要紧密结合图书馆工作人员的实际情况，有层次地提升他们的文化层次，建立科学有效的学习机制，监督他们把学习行动落实到位，并定期检查他们的学习效果。

随着科学技术的不断发展，人们越来越关注智慧图书馆建设。智慧图书馆是一种新形态的图书馆。在物联网的环境下，智慧图书馆是数字图书馆未来的发展方向，它发展了数字图书馆技术，能够充分发挥人、资源、空间三种组成要素的作用，以此更好地为读者服务。智慧图书馆贯彻的以人为本理念，能够促使人们更好地利用图书资源，并全面感知人、资源与空间三种组成要素，而这需要有效借助现代信息技术。

第二节 智慧图书馆的建设原则和内容

一、智慧图书馆建设的原则

（一）标准化和规范化原则

智慧环境下，图书馆信息的采集和加工、传播和利用，都是以网络为依托的。"无处不在"的互联网，对于图书馆建设的便利性是不言而喻的，但是若要形成全国范围内的图书馆事业体系，甚至全球范围内的共建共享，统一的标准和建设规范是必不可少的。由此可知，标准化和规范化会直接影响智慧化建设的成败。例如国际上通用的数据格式标准规范、统一的网络通信协议、符合行业标准规范的设备等，统一的标准、规范、协议，以及可兼容的软硬件，在数字资源系统建设、技术平台构建、信息服务系统开发等过程中，都是至关重要的，在图书馆系统互联互访到其他系统的智慧化建设中，发挥着不可替代的作用。换句话说，智慧图书馆的未来建设及其功能服务更好的实现，必须建立在统一的标准、规范基础之上。

（二）开放性和集成性原则

未来智慧图书馆的发展，将为读者提供智慧化程度较高的个性服务，同时，读者能够互动式或自主式地参与图书馆的服务与管理。在移动互联网的基础上，信息的创建和处理、传输和搜索，都会达到难以想象的高效和便捷，图书馆馆员不再是唯一的信息制造者和发布者，读者也将成为信息数据的创造者，使得信息的扩散更加迅速，信息在"图书馆—读者"之间的流动更加快而直接。智慧图书馆为用户提供的微信互动、微博分享、网上联合知识导航站，以及电话预约、就近取书等服务，降低了图书馆的进入"高度"，使馆员与读者、读者与读者、馆员与馆员之间能够自由互动、协同参与，在图书馆的管理和服务中，读者可直接或间接地发挥作用。智慧图书馆是在云计算技术、物联网技术的基础上，各个文献信息机构之间、不同类型文献之间，实现跨系统应用集成，跨部门信息共享，跨媒体深度融合，文献感知服务和集群管理。上海图书馆的"同城一卡通"，使读者对可用一卡通借阅的文献的存储和流通状态，能够跨时空、实时获取。在237个总分馆中，跨空间的实现各个单一集群系统的互通互联。通过知识信息的共建整合、无障碍转换、跨时空传递等，实现集约显示和便捷获取，依靠集群化综合服务平台，使知识资源的视角不仅仅局限于点，而是扩展到条、面、区域，从而达到条线的交流、块面的联系、区域间的互动，实现智慧化运作。图书馆要实现服务创新，就必须依靠新技术的智慧化应用。

（三）共建性和共享性原则

全国范围智慧化图书馆体系的建设，一个图书馆的力量是有限的，短时间内很难完成智慧资源建设。几个图书馆之间的信息共享，通过共享人力、物力，可以短时间内丰富馆藏资源，最大化地满足用户需求。由此可知，作为个体的图书馆，若想要尽快实现泛在化、智慧化建设，必然需要与其他馆合作，通过共建共享，贡献自己力量的同时，也获得更多其他馆的馆藏资源。为实现信息资源共建共享，图书馆个体可以相互联盟，例如国际上的OCLC（ Online Computer Library Center，联机计算机图书馆中心 ），以及国内的CALIS（ China Academic Library & Information System，中国高等教育文献保障系统 ）等，一方面，一定区域内的图书馆形成统一体，以联盟的形式采购图书、数据库等，从书商、服务商处获得较低的采购价格，不仅节省资源，也可扩大资源利用率；另一方面，各个图书馆之间可以共享技术、平台资源等，在数字化建设过程中，避免资源重复开发、节约成本，还能有更多的资源用于读者服务，促进图书馆的智慧化建设。

（四）智慧性和泛在性原则

图书馆的智慧化、泛在化主要表现在以下三个方面：

第一，服务时间和服务空间。无线网络技术的发展，更加智能的自动化服务系统的出现，实现在网络所覆盖的地区，都能体验到的图书馆服务，且连续 $7 \times 24h$ 的服务。图书馆用户通过终端设备，可以不受时间、地点限制地享受数字资源和服务。

第二，服务对象和服务模式。移动通信技术的发展，图书馆的服务模式势必要发生改变，为所有连入网络的用户主动推送资源、服务，不再仅限于到馆用户，每个人都能公平地获取所需资源和服务，真正地扩大图书馆服务对象的范围。

第三，服务内容及服务手段。泛在环境下，图书馆之间资源的共建共享，使得图书馆用户可获得资源服务，不再仅限于本馆的馆藏，而是整合不同平台的资源，例如共享资源中心、互联网和开放知识库等，同时，对信息加以归纳整理、去伪存真，然后供用户使用，如通过网站、WAP 平台拓展数字化资源的利用率。由此可知，随着时代背景和技术环境的变化，图书馆的建设发展务必要遵循智慧化、泛在化的原则，才能真正体现图书馆的社会价值。

二、智慧图书馆建设的内容

（一）电子读者证

用户进出馆舍须凭借载有个人身份信息、个人教育信息、门禁、消费以及借阅记录等多功能于一体的"电子图书证"，通过读卡设备可以将读者在图书馆的个人行为（比如进入离开时间、次数、借还书目记录、借还时间记录等）存储在后台当中，给每一位读者建构信息数据库，以便馆员信息管理及用户行为分析。新许可的读者进入图书馆以后，在服务台或者自己的手机里输入身份信息及一些其他信息，建立一个新的读者证号码和二维码，然后通过短信、微信或者电子邮件的方式发送给用户。图像是电子证书，可以节省卡的成本。使用电子证书不存在丢失图书证所导致的更换证书的问题。此外，使用电子注册可以简化用户的操作流程，还可以节约纸质资源。读者还可以在网站上填写注册信息。图书管理员在后台批准申请后，完成的个人注册信息可以发送到读者的手中，以便今后入馆出具。这有效地节省了读者时间并且简化了发布和认证流程。

目前这种电子读者证可以与微信或支付宝合作，绑定到微信卡包或者支付宝卡包中，借助微信支付或支付宝来进行用户缴费。比如浙江图书馆就与支付宝合作，把电子读者证放在了支付宝卡包中。

（二）自助借还系统

图书自助借还系统的核心是采用条形码或射频识别技术、网络传输技术和软件工程技术来实现图书的自动借还自助管理的一种 IoT 技术。学者肖焕忠的研究表明，当下图书馆的自助借用和返还系统包括以下两种类型：条形码识别和无线射频（RFID）识别。条形码识别模式的特点是标签价格便宜和抗干扰能力强，而且图书馆现有的书目无须更换条码。射频识别模型仍存在一系列问题，如投入成本高、替换现有书籍、图书馆系统升级等。尽管近几年 RFID 标签的成本已经由几元钱一张下降至几分钱一张，但是对图书馆数量巨大的藏书来说也是一笔不小的开销，况且更换条码的人工成本还没有计算在内，所以现行最好的模式就是条形码和 RFID 码通用。自助借还系统硬件有电脑终端、读卡设备、条码扫描设备、书籍充电和消磁设备以及书籍监控器。该系统主要包括自助借还系统软件、自助借还机系统、管理系统和自助设备界面。当用户申请图书时，系统读取图书证的相关信息，判断读者是否是允许借书人（书有没有过期图书、拖欠欠款等），然后提示读者放置图书在指定的位置并扫描书的条形码，系统完成借书步骤。

在现有水平上不断升级和完善以 RFID 技术为支撑的自动借还系统，加设摄像头监督设备以及书籍破损、乱涂的即时检测设备，在后台记录用户的行为是否合法，反映赏罚机制。自动借还系统在每天的排队时段制定借还时间，以减少读者的排队时长，从而体现服务的人性化。依托 IoT、RFID 技术来达到对书籍的全自动管理可以大大减少馆员的工作量，提升工作效率。2002 年 11 月，新加坡国家图书馆首先全面应用 RFID 技术建设了全球第一个智能图书馆。2005 年 11 月，东莞市图书馆开创性地设置了自助借还处；近年来全国各大图书馆尤其是高校，陆续开启了图书自助借还功能，这也标志着朝智慧图书馆迈出了第一步。

（三）智能书架系统

如果说自助借还系统主要是为了方便读者，解放馆员的劳动力，那么智能书架系统可以说是图书馆馆员的眼睛了。不过目前智能书架系统只能通过射频识别（RFID）技术来实现，所以在全面普及的道路上还有一段路要走。传统的库存方法要求管理员对条形码扫描设备进行一次扫描，并且有必要根据他们自己的记忆对书籍进行分类和存储，这是耗时且难以实现的。根据 RFID 的空间定位功能，使用 RFID 库存系统不仅可以轻松找到不在货架上或杂乱架子上的书籍，而且可以快速重新确认货架的位置，从而有效解决货架和反向货架的问题以及 RFID 系统，实现多本图书扫描，可以减小图书库藏和搜索工作量。第一步在每个书架和每一册藏书上都装有 RFID 码，使用 RFID 读写设备对放置的 RFID 标签进行扫码，就可以获取所查询馆藏的具体信息。智能书架系统利用 RFID 阅读设备通过整个业务流程的内容识别来进行在架位置定位和书本位置定位。通过这个系统，可以及时发现该书是否被借用。智能书架在整个智慧图书馆系统当中的首要作用是帮助读者和馆员准确发现图书的定位并且搜索图书。所以，在这个智能书系统的设计过程中，可以将整个系统分为三个模块：信息采集、数据服务和读者服务。

数据采集模块：系统使用 UHF 标签和阅读器来实现硬件架构。每本书都附带有 RFID 码，其中包含书籍的基本信息和初始货架位置。每个书架都有多个天线阵列组，货架上的天线阵列组可以通过多个标签。天线多路复用器通过后台开关来控制端口，从而实现监视和控制天线和 RFID 读写设备的连接状态，从而使读写设备能够精确扫描书目 RFID 码。

数据服务模块：这个模块是智能书架系统的数据库。RFID 读写设备读取的信息通过内部传输系统或数据线传输到数据库。其中包含书籍本身的基本信息、书架的基本信息和书目是否错放的信息。数据服务器要对这些信息处理并进行深层次的数据二次挖掘。

用户服务模块：用户服务部分主要显示后台管理系统的查询界面。它在系统中的主要作用是向读写器发送控制指令并控制天线的辐射区域。

将 RFID 技术的智能书架系统广泛应用，一方面可以减少工作人员的日常工作内容，提高智慧馆的管理水平。另一方面，它可以确保图书馆为用户的服务更加便捷和人性化。

（四）基于大数据的用户行为分析

用户行为数据分析，该分析主要对用户检索的信息、借阅书目的信息和下载的文献资源信息等进行分析，从而分析用户有什么需求，进而调整馆藏资料分配，完善图书馆的服务定位，最终进行个性化服务，从而提高用户对服务的满意度。智慧馆的"智慧"要以每个用户的感受和理解为准，特别是智能知识信息服务。智慧馆的读者中不仅有图书馆的访问者，也有部分无法来访图书馆的读者，不使用图书馆的用户通常有更多的空间。对于用户持有的读者数据记录，他们深入挖掘和分析读者的访问、离开、借阅、下载等信息，来得到读者的借阅习惯、属于哪个学科的范围、喜欢的书目、研究课题等信息。并将这些信息作为提供情报的手段。用大数据对读者的行为进行研究一定要连贯系统，而且要有科学的方向指引，这才是一切智慧服务的基础和根本。比如上海交通大学图书馆对毕业学生的个人信息进行了深入的挖掘，为每一位毕业生提供了其大学期间借阅信息的大数据整合，使得每一位毕业生在离校之际满怀感动。在大数据分析的同时，还要将学校各个系统的数据进行整合，比如每个毕业生的借阅书目、来馆次数、到馆时间、下载数据等进行深入挖掘，同时为毕业生提供毕业就业咨询服务。信息可以以各种形式呈现，比如 H5 小页面等等，既打了情怀牌，又有实际效果。

（五）智能座位预定

在各大高校的图书馆都存在占座问题，为了杜绝占座情况，各高校也是挖空心思，但是都没有根本性地解决占座问题。占座会导致图书馆资源的浪费，有需求的读者得不到满足，容易引发读者之间的口角。智能座位预定功能彻底解决了这一问题，作为目前大部分图书馆采用的方式是在图书馆设置选座机，读者通过在卡机刷卡来实现功能。但是该功能存在一些缺陷，比如在选座高峰期刷卡机前的排队现象，离开时还需要刷卡签退，到一定时间需要刷卡续时，可以代刷卡占座等等，虽然一定程度上解决了占座问题，但是也给读者带来诸多不便。图书馆智能座位预订系统总体集中在 IoT 的三个层面。红外传感器安装在感官层上以确定座椅的状态，RFID 读取器模块确认座位预约信息。连接蓝牙通讯网对数据信息进行实时传输。在传输层中，数据传输和交换主要通过蓝牙和以太网进行，最后将数据存储在 SQL 数据库中，并且将获取的数据反馈给应用层网页选择界面和 Wechart 选择界面。

通过红外线技术人体感应器可以用来应对占位问题。红外设备可以用于确定当前库中是否使用了座位。然而这样的设计存在一个巨大缺陷——将物品遮挡在传感器前，红外传感器就会判断此座位有人使用，针对这一问题于是采用人体红外感应模块。人体红外感应模块是依据生物发出的电磁波的固定波长的红外线来进行工作的。采用人体红外感应器可以判断是人在占座还是物品在占座，这样可以规避掉传统红外感应器的诸多弊端。针对校园图书馆的座位预定系统可以选择用校园卡来进行座位判定，可以方便每一位读者。通过校园卡中储存的信息进行身份校对，并且确认座位已经使用。这里应用到了 RFID 读卡设备。获取到了读者信息之后，通过蓝牙通信装置将信息进行传播，连接人体红外感应系统和射频读卡模块，将信息实时传输至后台数据库中，并且实时反馈到选座界面，以供读者进行选择。

在软件方面，为了实现选座系统整体服务，在网页页面对图书馆的各个区域、各个楼层要进行可视化的构造，用不同的颜色将座位标记为使用中和空座。读者可以选择暂时离开，当读者离开时需要二次在手机客户端确认离开或者 PC 终端刷卡确认离开，从而在软件层面规避占座行为的产生。

系统保留限制预订时间的权利（包括预订的开始和结束时间以及座位的持续时间）；使用智能座位预约系统，读者可以通过图书馆账号登录任何终端；预定成功后，预约区域访问控制模块将与图书馆馆员交互监督；如果有用户由于临时变更而无法联系，他可以在指定时间之前的规定时间内取消。如果用户在指定时间内没有抵达，系统会自动取消其预订，扣除用户的信用额度后退出座位，扣除一定金额后系统有权暂停用户座位预订服务。

（六）自助打印服务

智能自助打印机相对于传统打印机及其服务的固有优势，例如占地面积很小、安装方式多样、分散式布局、远程监控、便捷支付、完整的管理系统、健全的后期管理、维护及服务体系等。图书馆内的智能自助打印机系统可以最大限度地满足读者便捷、高效、安全的打印需求。对于使用者来说，把自助打印机放到图书馆能够免去读者去打印店的路途，方便读者的打印需求。在线支付功能，读者使用在线支付即可付费，免去支付零钱和找零的麻烦，消费额明确无误。简单便捷的操作，给读者充分的打印自由，免去烦琐的交流沟通，并确保打印资料的私密性。对于智能自助打印机这种硬件设备、软件系统和线下支持相结合的服务项目来说，云存储和智能联网技术的推动下，使得自助打印机服务具有更好的发展机会，使服务系统进一步完善和多样化，将服务过程变得便利和高效。在未来智能自助打印机将会利用云技术提高自助服务的便利性，可以通过云输入方式提高打印输入的效率，用户可以通过多种途径和平台接收、上传或编辑自己即将打印的内容；通过云存储将文件储存到打印系统网上云盘，并绑定到用户的 PC 端个人中心和移动端 APP，实现便捷存储，达到免硬盘传输；也可以通过云共享将自己的各类云盘账号相连，实现多通道获取共享文件，同时也可以设置绑定多账号，方便多名用户共同共享云端文件。

第三节　智慧图书馆建设的关键技术

一、感知识别层技术

（一）传感器技术

传感器技术应用于智慧图书馆感知层的传感器，主要通过对信号或刺激的接收，使自然环境或生产领域中待测的物理量、化学量发生转换并输出。物联网环境下，传感器主要用于对物和机器的感知，目前主要有作为视觉的光敏传感器、作为听觉的声敏传感器、作为嗅觉的气敏传感器、作为味觉的化学传感器，以及作为触觉的压敏、温敏传感器等，它们就像是机器的感官，通过这些传感器的使用，可以获得外界的信息。随着智慧地球建设进程的推进，传感器技术已在各行各业得到广泛应用，例如环境保护、远洋探测、家居生活以及医学监护等，都综合应用了多种传感器。

另外，传感器技术和 RFID 技术都只是信息采集技术中的一种，不能等同于物联网。除了这两种技术之外，GPS 技术、红外技术、激光技术以及扫描技术等，都属于物联网信息采集技术的范畴，都能实现自动识别、物物通信的功能。

（二）RFID 技术

RFID 技术是利用射频信号及其空间耦合、传输的特性，自动识别静物或移动物体的一种技术，目前多以芯片的形式存在。例如，通过对馆内图书、设备以及建筑等嵌入 RFID 芯片，就可以减少人工干预，实时监管图书馆内的各项工作，并且根据反馈的实时数据，智能化地采取行动，实现自动化管理，节省资源，例如自助借还服务、图书定位、自动盘点等。另外，还可以对读者进行芯片的嵌入，芯片中存储每个读者的个人信息，可以作为其身份的唯一标识，轻松通过馆内服务的识别认证，如借阅情况、学习记录等，都能通过此标识进行确认，为读者提供自助化、智能化的服务。同时，图书馆可以根据每个读者的标识信息，制定个性化的信息资源服务。RFID 是图书馆智慧化的关键技术基础，在智慧图书馆中的应用非常广泛，例如照明采光、安全认证、防火通风等，未来的智慧图书馆建设中，将会更多地用到 RFID 技术。但基于 RFID 需要植入读者标签，这将牵扯到读者隐私保护问题，因此这将是 RFID 应用建设中的最大障碍，需要后续技术的发展，以及政府出台相应的法律政策，保障读者权益，杜绝读者隐私泄露。

（三）iBeacon 技术

iBeacon 是苹果公司开发的一套开放性协议，通过低耗能蓝牙技术即蓝牙 4.0 的应用，由 iBeacon 基站发射信号，创建一个信号区域，当携带移动设备的用户进入该区域时，便可通过具备 iBeacon 功能的设备与应用方进行通信。读者携带具备蓝牙功能的移动设备，能够进行信号采集和数据汇总，计算当前坐标，依据指纹信息库将读者定位，然后向服务器发送请求，以获取位置服务。因此，iBeacon 技术的工作过程，大致可分为三个阶段，即连接阶段、数据采集阶段、定位阶段。其具体在智慧图书馆内的应用所实现的功能是：室内定位和室内导航。基于此技术，图书馆可以实现个性化的位置服务功能。针对读者，可对其进行精确定位，并且基于其当前所在位置，进行信息推送、图书智能检索、向工作人员求助等，精度能达到 0.5m；室内定位、导航功能，比 GPS 更精准。针对工作人员，通过 Unity3D 引擎软件，构建图书馆的虚拟场景，实时获取读者信息、馆区信息，对全境实施动态智能监管。

目前，绝大多数 iPhone、Android 新机，都可以作为 iBeacon 接收器或发射器，这将极大地方便智慧图书馆内人与人之间的交流，虽然短期内图书馆内诸多 iBeacon 技术应用的设想还不能实现，但 iBeacon 的时代也为时不远。

（四）智能卡技术

智能卡通常是信用卡大小，一种内嵌微芯片的塑料卡。嵌有 RFID 芯片的智能卡，不需要物理接触读写器，便可识别持卡人信息。另外，智能卡之所以智能，是因为卡内的集成电路，主要包括：中央处理器、可编程只读存储器、随机存储器，以及固化在只读存储器中的卡内操作系统。因此，智能卡可以在不干扰主机工作的情况下，自行处理大量数据，并通过对错误数据的过滤来减轻主机 CPU 的负担，一般用于较多端口数目、较高通信速度需求的场景。

目前，智慧图书馆内应用的"智能一卡通"，大多是以智能卡技术为核心，通过计算机技术、通信技术将图书馆智能建筑内的设施互联，使其成为一个有机的整体，用户只需一张"智能一卡通"，即可实现最简单的钥匙、考勤功能，以及复杂的资金结算或操作某些控制，并且可以根据需要实时监控管理各部门，各局部系统、终端可自动收集信息进行归纳整理，以供图书馆系统进行查询和汇总、管理和决策。互联网环境下的智能卡，又可以相互沟通，不仅能实现独立的职能管理，而且可以保证一致的整体管理。例如，城市公共图书馆之间，通过智能一卡通，实现图书的通借通还，真正给读者的生活带来便利，是智慧城市中文化建设的重要组成部分。

二、数据汇聚层技术

（一）数据汇聚技术

智慧图书馆感知层的微型传感器，通过自组织的方式，形成无线传感网络。通过无线传感网络，对馆内的环境、监测对象进行实时监测、感知以及相关数据采集，获取信息，进而为用户提供智慧服务。由于无线传感器网络存在局限，如有限的能量、有限的计算资源等，需要运用数据汇聚技术，从而减少能量消耗，消除数据冗余，达到增加有用信息流、延长网络寿命的目的。

以数据为中心的路由协议，是数据汇聚技术的主流。根据所监测到的原始数据的特征、表现形式，以及未来应用的不同，在不同协议层对数据含义进行理解，汇聚数据，但一般容易丢失大量信息。如信息协商传感协议，主要是在传送数据之前，通过传感器节点之间的协商，不同节点的资源自适应，确保数据传输的效率和质量。在各个节点之间，通过发送元数据进行交流、协商，从而避免盲目使用资源，同时，相对于传输采集的数据而言，传输元数据又可极大地节省能量消耗。另外还有定向传播路由、基于簇的层次路由协议、基于平衡汇聚树的路由协议等，都可以达到数据汇聚的目的。

聚集函数，主要包括 COUNT（计数）、AVG（平均值）和 SUM（求和）等。感知层的传感器节点空闲时，多处于关闭状态；接到指令或监测对象出现时，才产生传感数据。因此，感知层获取的数据具有阵发性、持续性以及不可预知性等特点，可以与流数据类比，处理方法也可参照流数据，即与事件相关的时空查询。聚集函数的使用，虽然可以节省能量，但数据的原始结构发生很大变化，所以存在一定的弊端。

（二）Ad-hoc 技术

Ad-hoc 技术是一种点对点的模式，P2P 的连接，类似于直线双绞线。Ad-hoc 是一种特殊的无线移动网络协议，即在网络中没有中心控制结点，每个结点地位相同，形成对等式的网络，每个结点能够进行报文转发，并且具有普通移动终端的功能。同时，因为所有结点可以自由加入、离开网络，所以某一结点发生障碍，整个网络仍能正常运行，即有较强的抗毁性。Ad-hoc 网络不依赖任何预设设施，而是在分层协议、分布式算法的基础上，各个结点协调各自的行为，结点开机后，会自动形成一个独立的网络。另外，不在同一覆盖范围内的结点通信时，只需要普通的中间结点的多跳转发，不需要专用的路由设备。

Ad-hoc 技术的主要应用有两个，即传感器网络和个人局域网。智慧图书馆中的传感器网络，多使用无线通信技术，但是因为体积、节能等因素限制，传感器的发射功率一般较小，无法与控制中心进行通信。而分散各处的传感器作为结点，可以组成 Ad-hoc 网络，进而实现多跳通信。应用了 Ad-hoc 技术的个人局域网，可以实现用户平板电脑、手机等的相互通信，还可以像蓝牙技术中的超网，实现个人局域网之间的多跳通信。

（三）传感器中间件技术

中间件是一个软件层，介于底层通信协议、各种分布式应用程序之间，主要作用是：使软件模块之间建立一种互操作机制，屏蔽底层复杂、异构的分布式环境，为上层应用软件提供运行、开发环境。基于感知层的应用特征，传感器中间件提供一种开发平台，主要用于隔离物理网络、上层应用。图书馆内的设备因为来源于不同的制造商，造成通信协议、数据格式不同，便可以通过传感器中间件技术，提供统一的数据处理、网络监视，以及服务传送接口。面对图书馆感知层的复杂结构，以及大规模应用开发需要，中间件技术能够提供通用的视图、开发接口，帮助简化开发过程，进而提高效率。在智慧图书馆的建设中，基于物联网的大规模网络构建，各类图书馆应用的开发，甚至整个中间体系结构，都要综合考虑开发需求和传感器的特点，即感知层不同传感器的特征，以及应用服务层所要实现的服务目标。同时，还要考虑中间件的模型、角色构建。图书馆内的传感器中间件技术，在物联网网关的支持下，可以细粒度调整不同感知设备的功能，配置分布式应用。另外，通过节点的可编程性，以及任务的重新调度，使节点侧、网关侧相互关联，传感器中间件以其特殊的结构特点，能够以服务的形式满足这一要求。因此，传感器中间件技术在智慧图书馆建设中，发挥着承上启下的作用。

三、网络传输层技术

（一）移动通信技术

随着便携式个人通信设备的广泛应用，图书馆用户对短距离的无线网络、移动通信有了更高要求，例如无线局域网技术、蓝牙技术、Wi-Fi 技术，以及超宽带技术、ZigBee 技术等，以其各自不同的技术特点，在需要的场合发挥作用。图书馆智慧性、泛在性的实现，必然离不开无线网络技术。

Wi-Fi 技术又可称为无线保真技术，是一个高频无线信号。目前，图书馆基本实现

Wi-Fi 全覆盖，且绝大多数智能手机和平板电脑、笔记本电脑，都可支持无线保真上网。因此，图书馆用户通过携带的 PC、PAD、手机等，都可以通过无线进行连接上网，进而实现馆内各种用户数据的汇聚、整合。Wi-Fi 技术以其独特的优越性，已经成为应用最广的技术之一。UWB 技术不同于带宽较窄的传统无线系统，例如蓝牙、WLAN 等，UWB 能在宽频上发送低功率脉冲，因此具有较强的抗干扰性，并且在室内无线环境应用中具备很好的性能，同时还具有较高的传输速率、较大的系统容量等特点。ZigBe 是一种无线传输协议，ZigBee 技术具有可靠安全、复杂度低、功耗小、低速率时延短，以及网络容量大、成本低等特点，成为无线传感网络的关键技术。因此，电子设备之间的数据传输，特别是周期性、间歇性、低反应时间的数据传输，为实现短距离、低传输速率、低功耗的目的，多应用 ZigBee 技术。智慧图书馆内基于 ZigBee 技术的应用也很多，主要是用于实现馆内的智能消防监控系统。

目前，绝大部分图书馆已实现无线互联网全覆盖，并在此基础上推出各种移动服务，读者通过自己携带的移动设备，例如手机、笔记本电脑以及平板电脑等，登录图书馆主页，使用图书馆的服务。随着生活节奏的加快，微阅读成为大势，各大高校图书馆的"手机图书馆""移动图书馆"也应运而生。SMS 服务、WAP 服务、APP 服务、网络广播服务等被读者所喜爱，并广泛使用。例如，中国国家图书馆的手机图书馆——掌上国图，不仅能够查看轮播消息、公告新闻，还可以使用服务和资源。随着 4G 技术的稳步发展，未来图书馆中的服务建设，将更加智能、多元。

（二）异构网融合技术

异构网融合是指：电信网、互联网及广播电视网，向宽带通信网、下一代互联网和数字电视的发展中，通过技术改造，使这三大网络的功能、业务范围趋于一致，从而实现网络互联、资源共享。智慧图书馆的物联、协同，是通过泛在网实现的。智慧图书馆的泛在网，主要包括两个方面：能够实现人、书、设备和场馆之间互联的物联网；能够实现服务参与方之间数据交换的数据互联网。智慧图书馆通过异构网的融合，实现多种网络通信技术的集成，进而实现任何时间、任何地点为任何用户，提供任何图书馆的任何信息资源的泛在智慧服务。

随着全国范围内异构网融合技术的发展和投入应用，图书馆建设中已出现成功应用异网融合技术的案例，例如杭州市图书馆——文澜在线。异构网融合之后，一方面，图书馆用户可使用的上网终端将更多，用户对图书馆资源的访问，如数字文献、多媒体资料以及数字期刊等，不受网络形式和地域限制，在任何地方都能通过多种设备访问资源。另一方面，不同网络间的互联互通，不仅使各部门业务上能够渗透合作，而且统一通信协议的使用，使得图书馆资源的共建共享变得更加便利。

（三）虚拟专用网络技术

VPN 是一种虚拟专用网技术，通过 ISP 互联网服务提供商和其他 NSP 网络服务提供商，利用隧道技术，遵循一定的隧道协议，在公网中建立私有专用网。通俗地讲，VPN 是指：接入互联网的两个或多个机构，因所处地理位置的不同，通过对通信协议的特殊加密，在它们的内部网之间，建立一条能够通信的专有线路的技术。智慧图书馆运用 VPN 技术构建虚拟化的图书馆内部专线。

虚拟专用网络不同于公用网络，是对通信进行加密。信息化时代，知识情报变得异常关键，加之 VPN 低成本和易使用的显著特点，使得在企业网络中应用非常广泛。VPN 网关，主要通过两个方法实现远程访问：对数据包加密，转换数据包目标地址。按照应用的不同，可将 VPN 行分类，有远程接入 VPN、内联网 VPN、外联网 VPN 三种。针对图书馆内部存在大量的数字信息资源、设备资源，以及泛在环境下用户的个人信息等资源，并且不间断在各用户与用户之间、用户与馆员之间进行流动，这就需要能够保证信息安全的专用网络发挥作用。

（四）数据管理与存储技术

智慧图书馆中数据的显著特征是：数据增长迅速，总量较高；开放性致使数据需 $24 \times 365h$ 保持就绪状态；完全开放，只受安全机制管理。为提供智慧化服务，图书馆需要建立各种关联数据库，用于存放不同来源和用途的数据。对于海量智慧数据的管理，需要基于语义网的内容管理、元数据存储和检索技术，以实现数据资源的智慧化。

语义网是一种智能网络，是一种个性化的网络。它不仅可以理解词语、概念，还能判断词语之间的逻辑关系，还能根据用户的喜好，自动过滤掉不可靠的信息，提高了交流的效率和价值，用户在使用中可以对其高度信任。目前，在语义网实现技术的研究中，RDF（Resource Description Framework，资源描述框架）、Ontology（本体）是研究的热点。内容管理不同于传统的资源管理方式，是基于组织机构内部资源的有序化管理过程，根据其格式、媒体类型的不同，进行组织、分类、管理。

元数据检索技术，首先按照文件要求，把数据资源划分成块进行管理。划分成固定大小数据块的文件，在 DHT（Distributed Hash Table，分布式哈希表）网络的节点上分散存储。元数据描述，不仅是系统的语义基础，更是数据资源语义化的基本方式。利用元数据收割工具，从图书馆系统节点中，将元数据采集并提取出来进行处理、整合，然后保存在元数据库中，通过元数据注册系统的使用，查询、映射以及转换元数据，以便上层进行元数据检索。

四、应用服务层技术

（一）云计算技术

云计算是一种超级计算模式，因为其云状的拓扑结构图而得名。远程云计算数据中心里，大量的电脑、服务器相互连接，形成一片电脑云，通过系统资源的划分，为需要处理资源的单位，动态分配计算机资源。作为一种新兴的共享基础构架方法，云计算的目的是实现更加安全、更低成本的 IT 服务。目前，在国外，有 IBM 和亚马逊等公司；在国内，有无锡软件园、中化集团等机构或公司。它们都已经成功建立了自己的云计算中心。

云计算最基本的特性是：虚拟化、整合化和安全化。面对大规模的数据存储，TB 甚至 PB 级别，需要海量信息处理能力，智慧图书馆利用云计算，可以轻松地进行智慧信息处理，而且对数据的应用，灵活建立跨单位的语义关联，对用户终端发出的需求，进行智能化回复，用户无须了解复杂环境，便可以简单、随意地利用资源。另外，云计算可以有效地解决"数字图书信息孤岛"问题，通过将数字图书资源置于云中心，形成一个数字资源的"虚拟资源池"，用户借助云计算，在虚拟资源池中进行检索，从根本上打破传统图书馆之间的"信息壁垒"。智慧图书馆作为海量数字资源的存储基地，云计算的出现，特别是云存储技术的应用，为其实现各种方便、快捷、高效的智能化服务提供技术支持。

智慧图书馆应用云计算服务，例如基础设施服务、平台服务等，都可直接从云计算提供商处获得。分析当前学者的研究可知，目前，云计算在图书馆内的应用，主要通过两种方式：租用云计算服务和构建基于云计算服务的平台。因为租用服务，在提高图书馆计算服务效率的同时，能节省更多的人力、物力、财力等资源，充分提高了智慧图书馆的运作、服务效率，因此应用更为广泛。

（二）数据挖掘技术

数据挖掘，顾名思义是从一堆数据中挖掘出有价值的知识的过程。严格来讲，是从大量模糊的、随机的、不完全的数据库中，提取出人们预先未知的、有价值的、潜在知识的过程。数据挖掘的过程较复杂，但大致可分为主要的三个阶段：数据准备—数据挖掘—结果分析。数据挖掘的方法较多，例如关联分析、预测建模、聚类分析、异常检测等。另外，对于同一个挖掘方法，又可以有多种算法，因此实际应用中就较灵活、多变，具体问题具体分析。大数据环境下，海量的数据资源，使得数据挖掘技术成为公司企业、单位机构发现知识的重要工具。

图书馆作为大量信息的存储机构，随着信息技术的应用，图书馆内的资源变得更加丰富，智慧图书馆环境下，不仅有知识资源，还有用户的身份信息、借阅记录等，这些都属于结构化的信息；另外，还有用户的行为痕迹，如检索方式、存储行为等，这些属于半结构化或非结构化信息。但无论是结构化、半结构化，还是非结构化数据，都是静态存在的资源，要实现智慧化、泛在化，就要通过数据挖掘技术，将各种数据动态串联，以挖掘其深层次的价值。例如，运用数据挖掘技术，综合分析用户的学历、年龄，以及检索历史、借阅情况信息，可以判断用户的阅读篇好，可主动为其推送满足用户喜好的信息，提供个性化服务。还可通过数据挖掘技术，分析有相同偏好的用户群，进而向该群体主动推送书目信息，变"一人独占"为"群体共享"。另外，对新注册的用户，按照其年龄、专业等信息，推断其可能感兴趣的书目，并主动推送或方便用户分类定制、个性化检索等，使图书馆服务变得智慧化、个性化。图书馆运用数据挖掘技术还可研究其用户群的变化，预测未来发展等，以便及时做出决策。

（三）主动推送技术

信息推送技术，是遵循一定的技术标准或协议，以用户为中心，根据用户在终端设置的个性化需求，服务器主动将符合要求的信息，发送到用户终端供用户随时查看、使用。因此，信息服务方式有较强的主动性，服务内容有较强的针对性。

在传统邮递服务的基础上，在 Web 信息传送中引入"订阅"概念，是信息推送技术的一大特点，通过用户的订阅，主动为用户传送数据。信息推送服务系统由三部分构成：第一，用户需求管理数据库。根据用户填写信息需求表，由服务器进行统计分析，建立用户需求数据库。第二，信息数据库。建立信息库，根据用户需求从 Web 上收集信息，并分类和整理，制定个性化的信息标准，确定信息都能依照标准进入信息库。第三，服务器信息推送。作为第三代浏览器的关键技术，能够有效缓解信息过载。

不同于传统图书馆的被动服务，智慧图书馆最大的特点之一是主动服务，这就离不开信息推送技术的支持，且推送的信息不仅专业性极强，而且有较高的专指性、针对性，提高图书馆资源使用率的同时，又减轻网络传输负担、扩大用户范围，实现真正意义上的泛在服务、智慧服务。

（四）机器人技术

机器人是一种能够自主控制、自给动力执行任务的机器，是人工智能的一种。它综合运用了多种学科，例如仿生学、机械电子科学，以及材料科学、控制论理论、计算机科学等，这些都是将科学技术应用于实践的产物。目前，根据各行各业的需求，具备不同功能的机器人应运而生，有适用于军事活动、工业生产的，也有适用于医疗救助、农业劳作的。机器人的投入使用，不仅节省了大量资源，更以其高的工作效率取得了显著的效果。图书馆也在发展变化中应用此技术，虽然尚未有较成熟的机器人技术应用，但机器人技术的引入，必将提高图书馆的智慧化程度，减少馆员劳动量、劳动时间。例如，在保安保洁岗位、迎宾岗位，以及报刊信件签收分发、信息咨询等，设置具备相应功能的机器人，解放馆员劳动力的同时，还能达到事半功倍的效果。但是，任何事物的出现都有两面性，机器人引入图书馆各项工作中，虽然能带来便利，但是会造成一定的经济、社会问题，需要考虑其解决措施。

第四节 如何创建智慧图书馆

一、智慧图书馆建设的理论依据

（一）智慧图书馆建设的必要性

图书馆作为院校的文献信息中心，直接服务于高校教学科研和人才培养，它不仅是读者进行学习和获取信息的重要场所，更是院校教育信息化建设的重要基地。在信息爆炸时代，互联网和信息技术迅猛发展，读者对图书馆的依赖度不断降低。2014年9月，美国图书馆和信息资源委员会（CLIR）发布 The Changing Landscape of Library and Information services 空间研究报告，指出数字化技术和服务的快速发展引起图书馆的更大变化，图书馆需要拓展支撑教学及学习功能。

随着"慕课""微课""翻转课堂""碎片化学习"等教学新理念及模式越来越冲击传统课堂，高校的教学模式面临着巨大的挑战。同时，作为施教与被施教的图书馆，读者获取信息的途径、方式及载体形式大大改变，信息需求也趋于多元化。图书馆不再仅是信息资源的存储地，其信息服务的内涵延伸扩展，图书馆需提供一个嵌入式的、多维度、全媒体、个性化的学习空间。因此，传统的图书馆布局，即存储空间、加工空间、阅览空间已经不能满足各类读者的需求，必须紧跟教学改革及需求变化，以读者为中心，创建适应新环境下的图书馆空间与服务，最大限度地发挥其功能和作用。

（二）智慧图书馆建设的理念

传统图书馆仅需满足最基本的藏、借、阅服务，而新模式的教学环境已远远不能满足读者需求，建设智慧图书馆势在必行。智慧图书馆需紧跟教学新模式，根据现代图书馆建设发展新趋势，按照"着眼未来、创新发展、适度超前、略有预留"的原则，遵循"服务育人、功能完备、集约融合、美观舒适"的理念，实现"吸引、引导、体验"的功能布局主线，成为读者喜欢的、不可或缺的集学习、研究、交流以及休闲于一体的功能中心。

1. 以学科专业为主线，体现专业化服务

为紧跟现代化教学模式，融入混合式教学理念，把图书馆资源与教学科研深度融合，提供教研教学全过程跟踪、全系统嵌入式的新型专业化信息服务保障，智慧图书馆布局采用藏、借、阅、学和研一体的，有特色的，一站式、全开放、自助式、大开间、大流通的服务模式。图书馆资源存储打破传统的以知识门类、文献类型和语种进行布局，而以方便读者一站式获取资源，以专业性更强的学科专业为主题，突出特色，打造专题式存储空间。一站式资源获取是将基础设施资源、信息资源以及人力资源有效整合，把图书馆现有的图

书、期刊、报纸、音视频资源及各类商业、共享及自建原生、特色等电子数据库有序组织，搭建统一的资源入口及跨库检索平台，让读者简化资源发现流程，一站式获取图书馆实体及虚拟资源。专题式存储空间是按学科、专业将图书馆资源进行重组，对图书馆阅读空间重新布局，在一站式快速获取资源的基础上，突出专业特色资源，提升读者阅读体验感。同时提供互联网无线覆盖、军网终端有线接入的网络环境，营造专业性突出、温馨、自主、动静结合以及高雅的学习阅读氛围。

2. 以读者为中心，体现人性化服务

高校图书馆的藏书面积与读者空间面积占比应为 1：1.8，要体现图书馆"一切为了读者"的思想，不是为了扩大书刊存放空间，而是为了提供给读者更多的可利用空间。注重图书馆空间营造，根据读者不同的学习形态，提供不同的学习空间，例如专题式学习空间、个性化学习空间、沉浸式学习空间、技术体验空间、休闲空间等。利用自然能源，加强空间绿化设计，营造舒适学习氛围，构建美观舒适、绿色宁静的学习交流环境，吸引、引导读者，提升读者体验感。

3. 以智能化建设为标准，辅助现代化教学

适应混合式教学模式发展要求，加强图书馆智能化建设，将"互联网＋"、物联网、大数据、云计算等技术应用贯穿在空间重组的各个方面。随着信息技术的快速发展，除了计算机外，平板电脑、智能手机、博看读报机、超星阅读机等移动设备快速增长，空间重组针对终端多样性发展需布设多种智能控制终端，进行硬件融合和软件集成，搭建互联互通互操作的资源管理集成系统。利用 RFID 技术感知和定位图书，并与图书馆自动化系统无缝连接，让资源与读者、资源与资源互联互通，实现人、资源、空间、设备的高度融合。统一身份认证、自助借阅、预约、打印、扫描、个性化推送、智能推送等服务，使整个图书馆灵活感知、泛在智能。全馆范围内实现互联网无线覆盖、军网终端有线接入，充分利用网络优势，发挥图书馆"信息辐射源"的作用，辅助现代化教学，实现信息资源在学院范围的共知共享。

4. 一体化设计，空间重组灵活化

图书馆空间重组应与校园环境和谐统一，现代简约、布局合理、美观舒适。同时，重组设计需考虑灵活化，有特色的设施、形状各异的设备会给读者带来愉悦的感受，激发其创造力。定制家具体现简约及灵动，可以根据读者需求及业务需要随时调整，重新组配，带给读者全新的体验和吸引力。图书馆空间重组设计让公共空间与个性空间形成一体、相得益彰、凸显个性，并富有鲜明的学院特色和深厚的文化内涵。

（三）智慧图书馆设计

1. 以学科专业为主题，打造专题式存储空间

提升专业化服务水平，拓展特色化服务功能，以学科专业为主题，打造专题式存储空间。专业信息学术空间设计体现专业化、一站式的服务理念，遵循藏以致用、方便读者的原则，

突出专业特点，采用书架、阅览座位相融合的方式，营造"人在书中，书傍人旁"的良好环境，给读者以沐浴知识的美感和享受。配置计算机机位及网络端口，提供电子资源学习环境，实现专业信息资源一站式获取服务。主要分为专业文献借阅区、原生文献查阅区、教材研究区、新技术展示区以及自主学习区等。

2. 建立个性化学习空间

随着信息技术的发展，教学方法、手段及模式的革新，读者获取信息的模式也向多样化、现代化发展，图书馆空间布局更需要满足读者的个性化空间需求。读者在进行学习时，需要多方位信息保障，图书馆空间需提供数字资源和无障碍信息交互，促进团队协作。建立个性化学习空间可分为大小不一的多种形式，利用大开间建设可容纳 10 ～ 30 人的讨论空间，利用小房间建设容纳 10 人以下的小型学习研讨空间。空间内配置桌椅，提供投影、电子白板和音响等展示交流演示工具。配置的桌椅需便于移动，可根据使用规模灵活搭配和组合。个性化学习空间综合实体空间、虚拟资源及学习分享交流平台，为科研讨论、团队创作提供研究空间，也可以为教师提供试讲空间，为学生拓展性训练提供研讨空间，为小型学术报告、学术讲座及多媒体培训提供智能空间。

3. 营造自主学习空间

自主学习模式是现行高等教育改革的重点，紧跟教育改革需求，图书馆需提供充足的自主学习空间，以增强学生自主学习的能力。在书库中增加便捷座椅，读者取阅图书的同时就构建了个人自主学习空间；将天井改造成馆内花园，读者休憩、阅读时，构建了轻松舒适的学习氧吧；将连廊部分扩展，设置异形阅读桌椅、带光源的阅览座位，提供网络和电源接口，配备新书、新报刊、主题展板等资源及宣传品，建立相对独立、安静的沉浸式学习空间；在图书馆各层楼梯、拐角等区域布置休闲座椅，使之成为学员自主学习、小憩的场所。随处可见的自主学习空间帮助读者营造自主学习的氛围，提高自主学习的能力。

4. 创建技术体验空间

高等教育的变革发展，给教师及学生带来了极大的机遇和挑战。多样化的教学方法增强了学生解决问题的能力和团队的合作精神，同时培养了学生的创新意识和创新能力，现代图书馆不仅是信息资源的集散中心，也是激发知识创造能力的学习交流中心。技术体验空间建设内容与学校的学科、课程相关，通过学术交流、教学研讨、创新实践，运用编程软件、3D 建模、3D 打印开发制作模型、模具，搭建网站以及开发 APP 或游戏等。图书馆提供信息资源及信息检索服务，提供解决问题的场所，支持方案的组织收集整理，让学生接触新知识和新科技，让知识信息和创新相结合，在动手操作中深刻理解知识，提高能力。

5. 利用网络拓展服务空间

图书馆的实体空间是有限的，而利用网络可以让图书馆的服务空间无限扩大。随着教学改革的深入，混合式教学带给学员新的获取知识的手段，图书馆应紧跟读者需求提供服务。各类图书、期刊数据库让图书馆的实体保障数字化，读者仅需一台计算机，便可随时随地及时地获取信息；电子读报机、电子借书机、数字阅读机等新型电子阅读设备让读者方便、快捷地获得可移动阅读资源；腾讯等即时通信工具将参考咨询服务异地化、及时化；网站资源发布、微信公众号的创建使得图书馆信息发布、推送及活动宣传网络化。无限的网络空间无形拓展了图书馆的服务空间。

二、我国高校图书馆智慧空间建设现状分析和对策

自 20 世纪 90 年代美国爱荷华大学（University of Iowa）建立了一个真正意义上的"信息共享空间"（Information Commons）后，图书馆的空间建设问题得到越来越多的关注。随后国外众多高校图书馆如美国南加利福尼亚大学、美国亚利桑那州大学、英国谢菲尔德图书馆都开始大规模进行信息共享空间建设，美国的北卡罗来纳大学也于 90 年代成立了IC 任务组，并且制定了一系列 IC 发展计划。我国内地对信息共享空间的研究始于 2005 年，此后各地高校图书馆也纷纷尝试建立信息共享空间。随着研究的不断升级，信息共享空间的内涵与功能不断充实，在此基础上涌现了"学习共享空间""创客空间""智慧空间"等空间类型，图书馆空间的建设探讨也得到长足发展。如今，随着时代的发展，人工智能技术正在成为未来高校图书馆建设发展的新动力，"智慧空间"这种形态更加高级的空间形式在高校图书馆逐渐火热，有学者预测这将是图书馆创新空间发展演变的必然趋势，智慧空间正在成为我国高校图书馆空间建设发展下一个重要内容。然而目前，我国高校图书馆空间建设策略与方案的研究对象主要集中于信息共享空间、学习共享空间以及创客空间等空间类型，对智慧空间的研究较少，可见对智慧空间的相关研究有待发掘。

（一）我国高校图书馆智慧空间建设现状梳理

国外对智慧空间主要有两种看法：一是 Donald Beagle 的物理空间与虚拟空间两层论；二是 Jim Duncan 和 Larry Woods 提出的三层次的概念，即物理层（physical layer）、虚拟层（virtual layer）和支持层（support layer）。智慧图书馆不仅包含线下学习、合作、活动的物理空间和利用信息技术构建的线上知识共享和交流协作的虚拟空间，信息服务与背后的技术支撑也是图书馆空间建设不可分割的一部分。笔者将从物理空间、虚拟空间与服务支持三个层面上，对我国高校图书馆的智慧空间主要的空间类型建设现状进行如下梳理。

1. 物理空间

（1）朴素的信息共享空间建设

UNCC 图书馆 IC 馆员 Russell Bailey 认为信息共享空间除了要有强大的数字环境，还需要拥有可以为用户提供研究指导与技术支持，能满足教学、学习等诸多需求的硬件支持。吴建中教授认为信息共享空间就是一种物理空间意义上的学习和使用信息技术的、使用和检索信息的、测试软件和硬件的研究"场所"。在以上理论认知的基础上，孙瑾从基础设施建设的角度，将信息共享空间物理空间建设方案具体化，将信息共享空间划分为信息台、小组学习区、个人学习区、多功能室、图书资料区、打印扫描区与休闲区，并且详细地介

绍了所需设施明细，配备有利于学习、交流和协作的装备与设施，例如计算机、打印机、扫描仪、复印机、多媒体制作设备、无线网络等。国内高校比如浙江大学、四川大学、宁夏大学等的信息共享空间物理空间建设的实践也基本在这种朴素的建设方案上发展完善。

（2）注重协同合作与人文关怀的学习共享空间

随着信息共享空间逐渐向学习共享空间甚至科研性更强的学术共享空间发展，国内对学习共享空间的建设也有了更多的观点。基于学习共享空间强调学习协同合作的支持的特点，尹雪等认为学习共享空间应由开放学习区、小组学习室、参考咨询台、多媒体工作室、写作指导室、休闲区等服务区组成，强调需要同时兼顾个体和群体两方面的学习需要；朱小梅的研究更加具象化，主张在家具设计与空间布局样式上应有鲜明的风格，使空间更具有人文性、趣味性和亲和力；长安大学图书馆交通分馆的建设理念充满人文关怀，将能体现公路交通学科的特征信息如公路、桥梁以及隧道等有机融合在环境中，使读者感受浓厚的学科气息。

（3）面向创新创造的创客空间

互联网环境下图书馆空间再一次转型升级，创客空间的建设又引发广泛探讨，高校图书馆也积极响应。比如清华大学、哈尔滨工业大学、上海交通大学等都成立了创客空间，电子科技大学成立了"创新实验室"等。由于创客空间强调实践操作及其创新创造能够带来社会价值的独特属性，因此在物理空间设计上又有所增减与创新。赵杰、曹美琴认为场地中划分的加工制造区、创意作品展示区、创意产品孵化区使创客空间的社会价值与创新创业服务属性最大化；曹芬芳、刘坤锋建议创客空间可建设移动式物理空间作为实体创客空间的移动式分支；孙建辉、戴文静通过调查发现用户对 3D 扫描仪、3D 打印机为首的各类新型数字制作工具有诉求。

（4）智能技术规模性应用的智慧空间

目前我国对智慧空间尚未有一个明确的定义，也未有详细的建设阐述，国外论文大多采用"smart library""smart space"。大多数研究都将"智慧空间"或"智能空间"泛化为"智慧图书馆"，但二者是有差别的。目前的研究中，刘宝瑞等认为智慧空间是利用先进的技术设备从社会中收集知识，并通过自组织、自优化、自创新将其返回给用户的智慧图书馆的空间样貌之一；卢章平等则明确指出智能空间依赖于 RFID（射频识别）、普适计算、物联网、云计算、机器人、VR/AR 等技术，智能技术的规模性应用在智慧空间的物理空间的建设中起关键性作用。

2. 虚拟空间

（1）交互性与社会化程度加深的 web2.0 环境中的空间建设

早期虚拟空间的建设主要是通过建立丰富的资源数据库，以网站为平台，加强读者与资源间、读者与馆员间的联系，以提高信息资源的整合度与利用率。随着 web2.0 技术和社交软件的发展，读者的学习方式与信息行为不局限对资源的查找，越来越注重交流、互动与创作，虚拟空间的交互性与社会化程度提高。有的高校图书馆的学习共享空间的虚拟环境中就包含虚拟社区、在线交流与学习工具、数字资源与学习课程几大部分，为学习者提供不限时间与空间的线上学习平台；有的高校图书馆充分考虑学科特点，例如中医药高校图书馆就通过嵌入医学影像、远程医疗等具有学科特色的协作平台加强学习过程体验，增强学习效果。

（2）移动互联网时代下的虚拟空间建设

随着移动互联网时代的到来，交流协作与互动不再局限于网站等 PC 端平台中，移动端的开发对虚拟空间建设有了重大启迪和推动作用，提供个性化推送、SNS 在线讨论、实时咨询等服务，成了虚拟空间的重要建设内容。在移动学习环境中，图书馆学习共享空间开发学习终端的操作系统或客户端软件，实现学习资源无缝集成。另外微课程、MOOC、学术视频等在线教育模式也为移动学习提供了便捷的资源和平台服务。创客空间的虚拟空间更加具有应用性，用以辅助实体创客空间，为用户提供线上创客活动的平台，比如可以在云服务器下载或上传项目进程、文献和各种资源。

（3）个性智能的 web3.0 环境下的空间建设

Web3.0 是在 web2.0 的基础上，对用户行为进行分析，采用语义网、人工智能等技术整合与过滤不同来源的信息，为用户提供个性化、精准化和智能化服务的互联网。在 web3.0 环境下，信息资源高度整合，语义网能够智能解读语义信息，有利于信息资源共享，服务也更加智能化、个性化，并且支持多终端信息交互，这些都推动高校图书馆虚拟空间的建设。周佳骏通过建设图书馆虚拟社区，利用 Web3.0 的个性化信息聚合实现知识共享的个性化和精准化。蔡焰基于 web3.0 中核心语义网技术构建图书馆自主学习平台，实现个性化智能检索，更高效利用图书馆资源。基于 Web3.0 环境建设虚拟空间是目前图书馆空间建设的主流趋势，是未来图书馆智慧空间建设的必要支撑。

3. 服务支持

（1）不断智慧化的信息服务建设

图书馆不仅给学习者提供人性化的物理空间，为学习者提供丰富的在线资源，还提供优质的虚拟信息服务。除了传统的信息咨询、资源查找、在线交流之外，图书馆共建信息服务正在朝个性化、智慧化方向发展。比如，许多图书馆已经开展数据挖掘与推送的个性化服务、利用动态交互平台随时随地参考咨询与协同探讨。

（2）多元并进的信息技术支持

信息技术是构建图书馆空间和支撑系统运行和发展的重要驱动力。在信息服务技术方面，多种技术齐头并进：web2.0 技术为图书馆虚拟空间的构建提供了交互软件工具和知识共享环境；互联网＋、大数据、物联网、云计算等新兴技术通过采集、分析用户在空间中的各种行为信息，辅助图书馆进行参考决策；利用大数据分析，对读者数据的精准细分，提供个性化的跟踪式服务。在信息安全保护技术方面，云南电大图书馆配置了多级网络安全设施，建立全面的校园网管理规章制度及网络安全措施。

（3）高素质的人力资源要求

人力资源与信息服务密不可分，不同的服务应有不同专业背景的人员来负责，现今图书馆空间建设对人力资源环境也有了更高的要求。比如，李朝晖等提出创客空间应注重培养智慧馆员，引进技术专家、市场顾问和志愿者以支持创业创新项目的顺利运作。

（二）我国高校图书馆空间建设存在问题

基于以上梳理可以发现，随着技术的进步，我国图书馆空间的发展越来越先进，功能越来越强大。物理空间的建设已经较为成熟，各种类型的空间功能分区及设备设置配置都已成体系，更加注重空间品质的提升与注重专业化、智能化硬件设施的应用。同时，随着web3.0技术与移动互联网的快速发展，图书馆的虚拟空间建设越来越重要、使用越来越频繁，依托先进的信息技术，提供个性化的信息服务也逐渐成为图书馆的建设趋势。但也存在着需要改进的问题。

1. 人工智能等相关技术的应用成熟度低

随着web3.0技术与移动互联网的快速发展，人们需求和习惯的改变，虚拟空间的功能与内涵也相应地改进。图书馆的虚拟空间建设越来越重要、使用越来越频繁，但虚拟空间与实体空间的融合还不够，二者之间的联系不够紧密。物理空间与虚拟空间等各种形态的空间之间的鸿沟大，可以运用智能技术实现将物理空间、虚拟空间与信息服务间有机融合。同时，作为高校图书馆空间开展智慧化信息服务的载体与基础，智能化设备设施对提升物理空间品质有重要影响。

在信息服务方面，提供个性化的信息服务模式是图书馆的建设趋势，如今有不少高校图书馆已经尝试通过分析用户来判断其喜爱偏好，为其推送个性化内容，但是也仅停留于此。在如今的大数据时代，图书馆的功能不再是简单地对数据进行采集与存储，而是应充分融合人工智能技术通过对数据进行深度挖掘和分析，最终实现知识创造和服务创新。人工智能技术在高校图书馆空间中的应用，有机融合了用户、资源、环境与服务，为读者带来了视听触嗅全面丰富的感知体验，为用户提供高效优质的服务。在图书馆中应用模拟人的各种感知的虚拟现实技术是未来技术的发展趋势。

2. 信息安全的保障不足

目前我国图书馆空间对信息安全的提及较少，如今图书馆空间信息服务更加强调个性化，对个人信息的挖掘越来越普遍，个人信息数据的保护显得尤为重要，用户在获得个性化服务的同时，也面临着个人隐私泄露的风险。不仅是个人数据信息，保障所有网络资源数据等各类数据信息的不丢失和不损毁，对图书馆空间建设也有重要的发展意义。网络信息安全相关技术也是保证图书馆虚拟空间正常运行的重要力量，信息安全的保障是今后高校图书馆空间网络信息安全建设的重点问题。

3. 馆员素养与图书馆建设进程不匹配

虽然如今高校图书馆空间中用户的自主性增强，可以通过移动终端设备按需自行索取资源、享受信息服务，但有些需要人参与的更复杂、更真实的服务仍然是不可被人工智能替代的，如今大多数馆员缺乏专业化、技术化，不能很好地适应目前空间"智慧化"的发展趋势，也缺少智能化设备的使用经验，只能为用户进行简单的、传统的指导，因此智慧化馆员的培养仍然很有必要。

除此之外，高校图书馆空间建设不受重视、人文精神价值偏离、空间建设理论多于实践以及资金投入不足等也是智慧图书馆建设过程中出现的问题。我国高校图书馆空间建设还未发展至更加智慧化的阶段，仍需要改进与完善。

（三）未来高校图书馆空间建设对策及趋势分析

在对高校图书馆空间建设及其存在的问题进行梳理的基础上，从以下几个方面对未来高校图书馆空间建设对策进行探讨，并预测未来高校图书馆空间发展形态。

1. 合理增置智能化设备设施

图书馆除了配备传统工作设备、数字制作工具等外，还可以在空间中配备如智能机器人、PAD 等移动设备、媒体触摸标识、座位预约、射频识别设备、可穿戴智能设备、数据管理与分析系统、全球定位系统、iBeacon 室内定位系统等新型设备设施，为用户提供更优质、更高级的线下感知体验，提升用户使用空间的兴趣与效率。

2. 运用智能技术有机融合各形态的空间

图书馆可以利用物联网技术、云计算、机器人技术、VR/AR 技术、RFID 技术、iBeacon 技术、数字空间整合技术、普适计算理论以及应用等，增强用户与有机一体化的空间的交互，可以使其通过视听触嗅等感知来获得良好的服务体验。如 RFID 技术可以智能控制管理空间内部设施，使整个空间变成一个智慧感知系统；利用 VR 技术为用户提供模拟空间场景，使用户远程体验实体空间，或者模拟纸本翻阅；利用智能机器人技术可以代替人工咨询、导航、借阅等基本服务，给用户更新奇的交流体验；利用 iBeacon 室内定位技术，让用户在空间内不同位置时收到相应的读者服务与资源。

3. 利用数据挖掘为用户推送智慧精准的服务

充分利用大数据对用户进行深度分析与挖掘，更加主动地为用户提供精准的、智慧的信息服务，而不仅仅是移动端的推送内容，最终满足用户的复杂需求。空间中广泛应用的各种终端设备让图书馆积累了海量的客观数据，这些数据的背后是每一个用户的行为习惯与资源偏好等深层价值。图书馆可以运用数据挖掘技术，对读者进行用户细分，预测用户信息需求，为其推送个性化的精准服务，还可追踪跟进用户，及时调节改进服务策略。

4. 加强网络信息安全建设

保障用户信息隐私，让用户安全享受全面便捷的信息服务，同时保障庞大的信息资源不受侵害。一方面配置网络安全系统，过滤不良信息和垃圾信息，防止病毒入侵破坏网络；另一方面，制定全面有效的安全规章制度与应急预案，从制度层面推进网络信息安全建设。

5. 培养高素养智慧馆员

智慧馆员除了应有传统的、基本的素质技能要求，还应该掌握更多的技术，并且善于利用先进的技术与设备，高质量解决问题。图书馆应设立培训部门，提高空间内人员信息素养，例如提高馆员职业道德修养，优化知识结构，提高设备使用等业务能力。同时，用户培训也不可忽视，这有利于提高设备使用率和使用效率，延长设备使用寿命，使其更好地服务于用户。

纵观高校图书馆空间的发展趋势，随着技术的进步与发展，物理空间的质量将会越来越高，虚拟空间的功能愈发强大，图书馆服务不断转型，越来越智能和主动。随着人工智能技术逐渐成熟并规模性运用到图书馆建设当中，高校图书馆空间的智慧化趋势逐渐明朗，"智慧空间"作为图书馆空间发展的新类型，将成为高校图书馆的建设趋势。

目前学界对智慧空间的理论与实践研究尚显薄弱。一方面在理论上，尚未有确切的"智慧空间"的定义，对智慧空间的要素、特点与价值都没有清晰的梳理与归纳；另一方面，"智慧空间"的落地仍然在探索阶段，图书馆空间的智慧化建设研究多是仅依托于某一技术的实践运用，如利用机器人或 RFID 技术等对图书馆功能进行探索与拓展，而缺乏对智慧空间整体性的构建研究，也尚未有科学性的建设模型以供参考。然而笔者相信，随着图书馆空间建设的不断发展，智慧图书馆将成为未来高校图书馆空间的建设趋势，人们将越来越重视智慧空间的长远发展，其相关的理论与实践也会得到更多的关注。未来图书馆空间的建设发展会更加以用户体验为中心，在如物联网、云计算、虚拟现实技术、机器人、数字空间整合以及 RFID 等规模性的多元智能技术的基础上，将用户与环境融合为一体，为用户提供更加个性化与精准化的智慧服务，智慧空间也将成为集智能化设备齐全的物理实体空间、有机融合的数字虚拟空间和全面丰富用户感知空间为一体的多维空间，这是高校图书馆空间发展的必然方向。

第六章 RFID 与手机二维码在
图书馆中的应用

第一节 手机二维码与微信公众平台的应用

随着互联网技术的蓬勃发展及智能手机用户的兴起，到 2012 年上半年，通过手机接入互联网的中国网民数量达到 3.88 亿，相比通过台式电脑接入互联网的网民数量 3.8 亿，手机成了我国网民上网的第一大终端。伴随着配备摄像头的"千元智能手机"的普及及二维码行业的不断成熟，手机和二维码相结合的手机二维码有了广阔的应用空间。二维码被誉为未来改变互联网的十大技术之一，目前二维码已经在多个领域得到了应用。

一、手机二维码在图书馆中的应用

（一）手机二维码

手机二维码技术是指以二维码标准为核心，将手机作为载体而展开的码制编码、译码、识别、被识别相结合的综合性技术。二维码是相对于一维码而言的，它根据某种特定的几何图形，将数据符号信息按一定规律记录在平面分布的黑白相间的图形内。在代码编制上，它巧妙地利用构成计算机内部逻辑基础的"0""1"比特流的概念，使用若干个与二进制相对应的几何形体来表示文字数值信息，通过图像输入设备或光电扫描设备自动识读以实现信息自动处理。

二维码分堆叠式/行排式二维条码，矩阵式二维条码。目前，在我国国内，最常使用的是分堆叠式二维码 QRCode。QR 不仅有信息容量大、编码范围广、容错能力强、译码可靠性高、保密防伪性好、成本低廉、制作简易、持久耐用等优点，还具有汉字存储显示模式，这也使得 QR 码更好地在我国应用。

（二）手机二维码在实际中的应用

随着智能手机的普及，手机二维码的应用比较广泛。目前，手机二维码在现实生活中，除了应用在移动订票、积分兑换、电子 VIP、电子折扣券以及电子导诊等方面外，由于其制作简便，除了可以自行编制软件生成外，还可以在网上搜索到很多二维码生成软件。因此，还经常出现在网页、电视、报纸、杂志上，只要把相关的信息制作成二维码，用户用手机扫描后就可以了解到信息。此外，二维码还可以嵌入手机应用软件中，例如很多手机应用软件中都带有"扫一扫"功能，就是用手机上下载的二维码扫描软件扫描二维码后，即可得到相关服务和信息。手机二维码在实际中的广泛应用，同样可以考虑应用到图书馆中去，使图书馆的服务更加人性化、更加个性化、更加现代化。

（三）手机二维码在图书馆中的应用

目前，大多数高校图书馆还是采用传统的服务方式，即读者要借阅图书，要先到图书馆书架上去查找，找到之后再进行借阅。如果没有找到，还要到服务台询问图书馆工作人员，由工作人员在电脑上进行查询，才能得知该书的馆藏情况。虽然有些图书馆使用了自助借还书机方便读者借还图书，但是如果自助借还书机提示读者有超期书未还，那么读者还需要到服务台进行查询，缴纳逾期使用金后才可以进行再次借书。可见，在大多数高校图书馆中，信息获取渠道还是比较窄的。读者要获取信息，主要还是要亲自到图书馆查阅，并在图书馆中阅读。在当今社会信息量大，人们对获取信息快捷性、便利性的要求下，高校图书馆应该更多地对读者所需数据进行人性化展现，使图书馆向数字化、创新化、服务化运行模式转变。随着二维码在生活中的应用越来越多，在图书馆中应用手机二维码，对读者快速获取图书馆知识信息，提供了便捷性，提升了图书馆的服务水平。手机二维码在图书馆中的应用大致可以分为以下几个方面：

1. 资源定位方面

（1）虚拟导向标识

随着高校办学规模的不断扩大，很多高校纷纷建设新校区，随即出现了图书馆多馆格局现象，对于刚入学新生或其他不是经常到馆的读者来说，进入图书馆大楼后，往往要花费相当的时间去弄清图书馆各种资源和服务的分布位置。为了让读者进入图书馆后能够快速找到所需资源及服务，可以设计一个基于二维码的虚拟导向标识系统。读者在查看物理标识系统的同时，可以通过手机上下载的二维码扫描软件扫描导向标识二维码，便能访问虚拟图书馆导向标识系统。在设置好目的地之后，该系统会绘制出具体的行走路线，指导读者快速达到目标，找到需要的资源或服务。

（2）图书架位信息

图书的排架是按图书分类法编排图书的索书号后再按一定的排架号放置在书架上。在大型图书馆中，读者要查阅一本图书，往往要先了解这本书的分类号所在的楼层，再找到这本书的分类号所在的书架，然后按索书号的排架顺序一本本地查找，往往耗时较多。而应用手机二维码技术，用二维码对每排书架所放置图书的排架号和层架号等信息进行标注，生成二维码后打印在每排书架侧面的导读页上，让读者在查找图书的排架细目时，只要在手机上下载一款二维码扫描软件，用该软件对准导读页上的二维码一扫描，书架上的书目便一目了然了。这样，就节省了查找某本图书所在的书架的时间。二维码对图书排架细目标注，使得图书架标既详细又简洁，能让读者更快速、清楚地知道书目的排架情况，极大地节约了读者在图书馆寻找书籍花费的时间。读者只需要用随身携带的手机一拍，就能将图书信息保存下来，这样既免去了读者需要用笔记录书目信息的烦琐，也能让读者快捷地了解更多有关书籍的详细信息，方便学习。而且二维码使用后，也能够方便图书馆管理人员对书籍的管理以及对书籍架标的分类，推进工作有序进行。

2.OPAC 信息检索方面

OPAC 在图书馆学上被称作"联机公共目录查询系统"。可以在 OPAC 数据库里进行书名、作者、ISBN、年份、出版社及分类法、导出词、丛书和套书等检索。目前大多数高校都开设有自己的图书馆网页，在借阅室里也安装了自助查询机。读者在图书馆网页或查询机上都可进行 OPAC 检索。使用上述检索方法，就可以找到相关信息。这些信息也可以根据本馆 OPAC 系统的实现语言，以二次开发的方式在 OPAC 系统中实现馆藏书目信息的二维码显示功能，在查询界面上增加馆藏检索书目二维码，让读者可以通过手机自带的二维码扫描软件，把检索到的信息储存到手机中，这样可以使读者不用亲自进入图书馆借阅室查询，就可以在手机上了解图书的相关书目信息。最主要的是可以知道该书的馆藏情况，避免盲目借阅。这就节省了读者查找图书的时间，能够满足读者实时查询的需求。

3. 身份认证及信息查询方面

（1）读者身份认证

由于每个人的二维码都具有唯一性，因此可以将个人身份信息制作成二维码进行身份识别。在图书馆入口处安放读取二维码信息的读码器，读者进入图书馆时，只要调出手机上存储的身份识别二维码，然后将手机屏幕靠近读码器，就可以将个人信息传到图书馆的电脑中进行身份识别，识别无误即可以进入图书馆内。整个过程只需要几秒钟，快捷准确。

（2）查阅借阅信息

图书馆借阅厅内的电脑系统也可以与二维码读码器实现连接。一般来说，读者都希望能了解自己借阅图书的情况，而以往都是要通过咨询工作人员或者登录图书馆网页上的移动图书馆才能了解，比较麻烦。实现二维码读码器与电脑系统连接后，读者就可以将手机上用于身份识别的二维码扫入读码器，便可以在旁边的电脑上直接查阅到自己的图书借阅情况，包括已经借阅书籍的名称、到期时间、逾期情况等，更加方便，更适合现今大多数读者的需求。

（3）查询阅览室位置及座位情况

在阅览楼门口也可以放置与二维码读码器连接的电脑系统。读者将储存有自己信息的二维码扫入读码器后，便可在扫码器上方的屏幕上详细了解目前阅览室的实际状况，包括不同阅览室所在的位置，以及阅览室剩余座位数量等。通过了解这些信息，学生可以决定选择去哪一间阅览室，从而避免了盲目寻找阅览室，浪费时间。

二、微信公众号在图书馆中的应用

（一）概述

微信自 2011 年推出以来，因其即时性、双向性、界面友好等特点，广受欢迎，现已成为最为普及的集通信、社交、媒体等功能于一体的交流分享工具，其活跃用户已达 10 亿人。2012 年，微信团队推出微信公众平台之后，很快受到图书馆界的关注，一些高校图书馆迅速开始探索结合微信公众平台来开展读者服务业务。微信以其巨大的用户基数为图书馆利用微信公众平台开展服务提供了用户基础，以其丰富的平台功能为读者提供了提升使用体验感的可能。微信平台的成熟度高、关联度好以及各高校图书馆无线网络的高覆盖率为读者提供了优质服务的保障。因此，微信公众平台在高校图书馆中的应用普及率越来越高，服务范围越来越广，逐渐成为受到读者认可，集信息发布、读者咨询、馆藏查询和阅读推广等服务于一体的新型一体化综合平台。

近年来，随着微信和微信公众平台的普及，大多数高校图书馆都开通了微信公众平台服务，通过这个新媒介与读者建立越来越多的联系，通过平台进行的互动行为也在不断增加。基于微信公众平台开展高校图书馆读者服务已经成为一种新兴的服务模式，成为图书馆这个生长着的有机体的重要部分。

微信公众平台在高校图书馆中的应用主要体现在如下几个层面：一是信息推送服务，即利用微信平台即时、双向沟通的特征，向读者即时发布活动通知、资源推介等信息；二是平移服务，即利用微信公众平台绑定读者账号，为其提供基于平移图书馆原有的资源检索、借阅查询、续借等功能的服务；三是移动图书馆服务，即通过微信平台实现在线阅读和获取电子期刊、文献、电子图书等资源；四是拓展服务，涵盖读者参考咨询、新生入馆教育、阅读推广等针对本馆读者推出的一些特色服务。本节拟在具体分析以上服务模式的基础上，探索微信公众平台在高校图书馆中应用的发展方向。

（二）微信公众平台开展高校图书馆读者服务模式

1. 信息推送服务

信息推送服务主要是基于微信用户的庞大数量，面向读者即时发送图书馆通知公告、学术活动、运营团队原创或转载的文章等。讲座、活动预告是高校图书馆微信公众平台服务的普遍功能，和以往的海报宣传相比，具有即时、高效、低成本、宣传面广等优势。文章主要依托微信公众平台的运营团队也会有针对性地推送一些撰写或转载的文章，如相关时事新闻、活动新闻、图书和书单推荐等。不同高校图书馆推送的标准和风格会有较大差别，一般针对学校的特点并且结合时下热点进行推送，其点击率和浏览量及传播效果在一定程度上受题目、配图等的影响。例如上海交通大学图书馆的"展览——阅读之美"配图一个正认真读书的女生，信阳师范学院图书馆推送"阅读代言人：平凡的世界，不平凡的人""征稿！你的故事，不应只藏在心里"等，推送配图和名称就能吸引读者不少点击率和转发量。

2. 平移服务

以读者自身内在需求为导向，各高校图书馆必须实现微信公众平台的主要功能拓展，应有对接平移图书馆各大系统的常用功能，主要有资源检索和借阅管理两部分。资源检索即馆藏书目检索、电子资源检索等，借阅管理即读者借阅信息查询、续借、预约等功能。大部分高校微信公众平台已经实现这些功能和电脑端的对接，用户在手机端操作甚至比以往电脑端操作更加便捷。在高校微信公众平台主页中导航菜单的项目一般设有三个一级自助项目，分别为检索栏、动态栏和服务栏。每个一级自助项目下一般开发有二级目录，因各平台发展和定位不同，二级自助项目在设置上各有不同，但平移服务部分的设置基本相似。书目检索栏下有馆藏图书检索，直接进入馆藏书目检索页面，实现和电脑端操作一样的各种检索。登录后进入"我的借阅"，可以直接进行查询、续借和预约等操作。有的平台还对接有图书荐购系统，读者直接手机拍摄或存储需要的图书，填写书名、作者等即可实现购书服务。不用到图书馆做纸质登记购买，手机端一体化操作在极大程度上方便了读者，真正实现了"以人为本"，同时也优化了图书馆运行机制，提高了工作效率。

3. 移动图书馆服务

通常而言，高校图书馆需要实现的基本功能除了上述的各类信息推送、资源检索、读者借阅管理等外，还有越来越受到重视的电子资源的利用，即移动图书馆服务。在移动设备上在线阅览和下载电子资源，这是移动图书馆的核心服务内容，其推广程度和应用便利程度直接影响着各馆购置的电子资源的利用情况，这在当前也是研究的重点和热点。移动图书馆的发展基于多年的探索，目前功能和服务都已经比较完善并且成熟，越来越多读者已逐渐转变原有的阅读习惯，由纸质阅读转向更为方便的电子阅读。传统移动图书馆服务与目前基于微信公众平台开发的移动图书馆服务还有一定的区别，体现在以下几个方面：一是性能上，传统移动图书馆较微信移动图书馆比较完善和专业；二是使用便利度上，移动图书馆需要单独下载 APP 使用软件，培养新用户使用习惯难度较大，微信移动图书馆的构建基于微信平台，用户基数十分庞大因此更易推广，使用更加便捷，更容易培养用户习惯。两者定位侧重不同，两者在未来如果能实现功能整合，移动图书馆服务将会有更好的发展。

4. 拓展服务

由于各馆馆情各异、发展不同，拓展服务在设置上呈现差异化状况。但目前微信平台这个融合度极高的平台带给读者良好使用体验，引起了越来越多高校图书馆的重视，各馆在拓展服务方面的探索也在不断地完善。

一是参考咨询服务。高校图书馆微信公众平台的发展，应该始终围绕格林提出的信息咨询的本质即"帮助读者"来建设。基于微信公众平台的咨询服务具有两大特点；一是对于普通常规性的咨询问题，微信为公众平台用户提供了关键词自动回复的功能，系统通过分析读者输入的关键词自动反馈问题的答案，既改变了读者以往需要翻看完所有"常见问题"才找到答案的状况，也大大降低了馆员参考咨询工作中对于读者低层面需求的工作量；二是有些读者不善于与馆员进行面对面咨询，并且每位馆员服务读者意识、掌握信息多少、所擅长的方向不同，读者不一定能得到最佳回复，而基于微信公众平台的即时咨询服务可以弥补这个方面的缺陷。

二是阅读推广服务。近年来，在各高校图书馆的积极探索下，阅读推广的模式也在不断创新，尤其以微信公众平台为媒介进行的阅读推广模式从阅读引导、阅读环境和阅读媒介等方面都给读者带来了全新的体验。在当今大数据时代信息量爆炸背景下，以碎片化、快餐式阅读为主体的浅度阅读方式大行其道，虽然高校图书馆阅读推广活动一般主要以倡导深度阅读为主，但是并不能选择忽略浅阅读的分量，"深浅并重"才能得到更有效的推广效果。

高校图书馆读者以大学生群体为主，年龄特点赋予其心理思维活跃、认知力非常旺盛、渴望尝试新事物等特征，图书馆应该以读者为导向，结合大学生群体的个性特点，注重其关注的时下热点，创新阅读推广形式，以他们喜爱的形式和风格进行阅读推广显然更具吸引力。比如，信阳师范学院图书馆在电影《唐人街探案》火爆荧幕之际，阅读推广活动及时策划推送了"唐人街探案番外篇之图书馆谜案"，通过微信平台以"馆君"名义推荐了同类型经典作品《24个比利》等书籍。和以往教授荐书、校长荐书等充满严肃意味的推荐模式相比，这一模式更能引起青年读者的兴趣，并且因微信即时通信的属性，还能让兴趣点还未转移之时进一步得到放大和延伸。长远来看也有益于持续性阅读行为习惯的培养，拉近他们和图书馆的距离。以拟人化的"馆君"名义进行推荐阅读进而拉近和同学们的关系，"馆君"成了一个有生活表情的图书馆代言人，成了读者的一位朋友。新颖的形式让读者在参与时不仅在活动中留下宝贵记忆和对书的感悟，同时养成良好的阅读习惯，来展现个人风采，提高思想道德素质，实现更高层次的"阅读推广"。

三是新生入馆教育。传统新生入馆教育的方法主要有：向新生发放入馆教育指南与图书馆宣传手册、分批次实地引导参观、分批次开展专题讲座培训。高校每年新生入馆教育人数众多，一般达数千人，导致短时间内图书馆在空间资源与人力资源上都有不小的压力。并且，开展传统形式的高校新生入馆教育效果未必十分令人满意。湖北大学图书馆贺艳菊等对该校 2012 级本科新生的入馆培训进行柯氏评估模型效果评估，其结果显示，传统入馆教育的方式效果并不理想：新生对培训教育虽然"总体满意"，但 28.6% 的理工科新生认为"仅仅满意"。因不同学科的新生对入馆培训的需求、期望以及评价标准都不尽相同，这对特别是综合性高校的新生培训教育提出了更高的要求。而借助高校图书馆微信公众平台协同传统形式开展新生入馆教育，不仅缓解了紧张的空间和人力资源，而且让同学们学会使用微信公众平台获取图书馆的相关信息，培养了信息检索的意识。实践证明，这种新生入馆教育模式取得了更好的教育效果，逐渐受到高校图书馆的重视，并且形成了良好发展态势。

四是座位预约服务。众所周知，大学图书馆座位资源相对不足，尤其是考试临近时，占座现象相当普遍，一些同学对座位"占而不坐"，引起了其他同学不满甚至矛盾。一些学者也对此有所研究，华立等认为，占座现象在资源稀缺时必然存在，降低了资源的利用率，而强行取缔则需要付出高昂的监督成本。如何建立更权威且成本较低的监督制度，是高校图书馆普遍存在且长期得不到妥善解决的难题。曾有一些高校图书馆如东南大学、深圳大学等使用独立预约系统尝试解决座位分配问题，但实际使用中存在一些制度设计不合理、系统使用不方便的问题，并没有得到读者的一致认可。笔者认为，高校图书馆运行基于微信选座的座位预约系统，乱占座现象可大有改观。读者可通过图书馆微信公众平台，选择座位预约，登录后即可预约使用，并可根据喜好和需求选择楼层和座位，操作十分方便，真正实现公平并充分地利用图书馆有限的公共资源。

（三）高校图书馆微信公众平台应用未来发展

高校图书馆微信公众平台目前仍处于发展探索期，其应用价值还未完全得到展现。各馆服务定位不同、发展速度不同，存在一些不足，主要表现为以下几点：一是一些公众平台仅仅局限于某一个方面的应用，尚未全面发挥平台的作用，大数据利用不充分，分析辅助少；二是推送质量参差不齐、频率不固定；三是内容的表现形式以图文为主，利用音乐、语音、视频等形式较少，未能充分整合其他资源等。图书馆微信公众平台应用的未来发展愿景和内容优化建设应以面向读者为依托，更好地推进图书馆工作为导向，进行创新与思考。

1. 开发新型功能，不断提升平台实力

微信作为一个综合性平台，还有一些没有充分挖掘的功能有待进一步整合利用。微信平台新功能对于许多读者来说可能具有天然的吸引力，因此，图书馆开发新功能也可以在一定程度上提升用户利用率。比如可以依托微信"扫一扫"功能，开展读者调查等在线信息收集和反馈服务，更加及时和充分地掌握读者需求和建议；运营方式上也可以借鉴一些较为成功的商业微信平台，如"逻辑思维"坚持真人语音推送读书心得、经历感悟、时事热点评论等，相比一些高校图书馆"云图数字有声图书馆"没有情感共鸣的机器音，对读者来说就显得很有温度。这一思路可供高校图书馆微信公众平台学习借鉴。

2. 继续树立角色意识，提升服务理念

虽然目前大多数高校图书馆微信公众平台利用关键词回复功能可以进行简单的读者咨询服务，但更深层次的"人工服务""学科服务"等，怎样以更贴合读者需求的方式呈现为佳，还有待进一步探索。高校图书馆也应该在微信平台服务中积极融入大数据理念和主动服务意识，注重收集微信用户行为的习惯或变迁。如从每条信息阅读量的多少推断用户的关注点，继而增强微信服务能力与效用，使之更吻合用户行为习惯，或者引导用户培养习惯。这些数据也有益于我们工作效率的提升和加深对图书馆工作的理性思考。

3. 利用校本资源，提供特色服务

立足校本资源，加强探索。立足学校办学特色、图书馆馆藏特色资源，提供有特色的资源和服务，应当成为高校图书馆微信平台未来创新点。例如，信阳师范学院图书馆结合特色茶学专业、特色馆藏《大众哲学》系列藏书，做一系列相关特色活动，也是一种特别的阅读推广路线。资源与用户，是图书馆微信平台定位与发展所要考虑的两大重要因素；如何妥善协调好两者之间的关系，是图书馆始终应当思考的问题。解决得好，图书馆微信平台才能走得更长远，服务才能更加完善。

高校图书馆微信公众号近年来发展迅速，作为高校图书馆一种新的服务方式，通过持续的建设与完善，已成为高校图书馆推广资源与服务的重要手段。当今时代背景下，各高校图书馆也需要这样一个集读者交流、自助服务、信息推送于一体的平台，从而进一步地深化和整合图书馆的各项服务。国内图书馆界也有学者提出"微信图书馆"的概念，对读者来讲，这种服务方式普及所带来的便利程度是不言而喻的。高校图书馆应当继续贴近读者、积极了解读者需求的变化，以图书馆功能开发为"基础"，以读者互动为"抓手"，以本土特色打造为"亮点"，继续完善图书馆微信公众平台成熟度和便利度。利用微信公众平台开展图书馆服务，这既是顺应时代之举，也为高校图书馆服务提供新的增长点，相信会不断促进高校图书馆服务发展和创新。

第二节　RFID 技术在图书馆中的应用

一、概述

从远古时代的羊皮卷到当今的数据库，再从先前的借书卡到现在的先进的读者证，图书馆事业在变革中一步步走向进步，正如印度著名图书馆学家阮冈纳赞所言：图书馆是一个生长着的有机体。当今，随着无线射频识别技术及配套芯片技术的持续发展和演进，图书馆事业也随之获得相应的进步和革新，从而带动了图书馆服务的新一轮转型与变革。RFID 技术在国外图书馆中的应用始于 20 世纪 90 年代，在国内，这一进程比国外晚了近 20 年。

目前图书馆虽然已经由单纯依靠手工管理的方式过渡到了——"条形码 + 磁条 + 计算机网络"的数字化管理模式，但是，这其中仍然存在许多亟待解决的问题——图书馆快速自助借还、自动分拣、快速理架、精确定位等。这些不足阻碍了图书馆界的管理和服务水平的进一步提高，业界急于寻找一种更为先进的管理模式来实现图书馆服务的飞跃。RFID 技术的出现使我们看到了希望。RFID 技术最早是由 Hairy Stockman 1984 年提出的，起先应用于军事领域，后来随着技术的日益成熟才被广泛应用于各个领域。其中，最为突

出的应用是在物流领域。1999 年，美国纽约的洛克菲勒大学图书馆和密歇根州的法明顿社区图书馆率先将 RFID 技术应用于高校馆和公共馆，自此 RFID 技术正式进入图书馆领域。在我国，最早应用 RFID 技术的图书馆是深圳图书馆和集美大学诚毅学院图书馆，此后经历了较为缓慢的发展时期。

随着图书馆管理信息化的普及，如何实现图书快速可靠借还、快速盘点、查找、乱架图书整理等的智能化，是一直制约着图书馆管理行业发展的瓶颈。RFID 技术应用于图书馆，通过 RFID 技术及产品来识别、追踪和保护图书馆的图书资料，以实现图书资料的借还、顺架、查找、馆藏盘点智能化，极大地提高图书馆图书资料处理的效率。从而大大提升了图书管理方式智能化水平、提高工作效率、降低图书管理人员的劳动强度，为图书馆信息化管理带来了革命性的提升。

（一）国外图书馆 RFID 技术应用现状

在图书馆领域最早使用 RFID 技术的国家是新加坡。新加坡图书管理局于 1998 年对 RFID 技术应用于图书馆的图书物流系统进行了测试并获得成功，其中包括图书分拣和流通等过程。美国图书馆在 RFID 技术的应用方面居于世界领先地位，迄今为止，有超过 300 家图书馆应用了 RFID 系统。与许多国家不同的是，美国的大型图书馆，如纽约公共图书馆等往往由于更换系统的工作量太大等原因而对 RFID 技术望而却步，这样一来，率先引进 RFID 系统的反而是中小型图书馆。要研究美国近年来在图书馆应用 RFID 技术，就不得不提到位于华盛顿的西雅图公共图书馆，该馆因引进全自动的 RFID 图书分类系统而得到广泛关注。读者将归还的图书放在还书口，这些书会自动通过输送带被传送到位于二楼的图书整理室。整理室内的 RFID 读取器自动读取贴于书上的 RFID 标签，同时将标签内的信息录入电脑，进而进行自动分类。对于其中需要归架的图书，输送带会在读取资料后将其送往停放于一旁的十二个书车中的一个，此时安装的机器手臂会将书籍方向导正并协助摆到书架上；若其中有被其他分馆的读者预约的图书，输送带会自动将其转往各个分馆的图书箱，以便次日将其送往分馆并通知读者。西雅图公共图书馆引进的这套自动分类系统可不分时段地运转，解放了以往需长时间劳动的馆员，使他们从烦琐单一的归架活动中解放出来，这套系统平均每小时可以分拣图书 1200 本，使得图书馆在不需裁撤图书馆馆员的情况下，可以将更多的时间和精力转向于提升服务水平与提高服务读者效率上去。除西雅图公共图书馆之外，作为美国最大的公共图书馆的纽约公共图书馆在长期观望后，也引入了 RFID 技术，建立起一个超大的自动分拣机来承担为各个分馆分送书籍的工作，使得原本需两天处理的工作现在只需七小时便可完成，节省了工作时间，提高了图书馆的工作效率。

在欧洲，图书馆界对 RFID 技术的应用有大量的研究与实践，除了应用技术走在世界前列的英国外，丹麦、瑞典等国也都将 RFID 技术纳入了图书馆的范畴。在采用了 RFID 技术后，每天可以接待 3500 名读者同时使用该系统。根据 library RFID 英国图书馆 RFID

技术应用进行了调查，调查共针对 170 个图书馆，其中应用了 RFID 技术的有 122 个，从调查数据可以看出，在 2010 年到 2011 年的时间中，使用 RFID 技术的公共图书馆从 61 家增长到 81 家，增长率为 33%，而高校馆从 46 家增长到 68 家，增长率为 48%。在这 122 家图书馆中，公共图书馆倾向于更加保守的选择，其中有 72% 的公共馆选择只在不到一半的地方排布 RFID 系统，与之相反的是，高校图书馆则会选择更大规模、更系统全面地使用 RFID 系统。

在澳洲，图书馆较大范围内开始将 RFID 技术引入图书馆系统始于 2002 年，最早开始应用的是中小学图书馆和公共图书馆，高校图书馆并没有引进该技术，直到 2009 年，澳大利亚昆士兰大学 St Lucia 校区的 TESOL 图书馆引入了 RFID 系统，自此 RFID 技术正式进入澳大利亚的高校图书馆。奥克兰理工大学图书馆在 2005 年引入了 RFID 读架定位系统，大大提高了服务效率，随后，奥克兰大学图书馆也开始尝试使用 RFID 技术。

在亚洲，最先应用 RFID 技术的国家是新加坡，目前，RFID 技术在新加坡国内已基本普及，各地图书馆都引入了 RFID 自助借还系统和自助分拣机等来简化工作流程。除新加坡外，马来西亚是 RFID 技术应用于图书馆领域发展最快的国家之一，到目前为止马来西亚大约 95% 的图书馆都引入了 RFID 技术。日本图书馆也是 RFID 技术发展较快的国家之一，其技术水平目前也居于世界前列。日本奈良尖端科学技术大学图书馆、九州大学图书馆筑紫分馆、东京都广告博物馆图书馆等，都成功地应用了 RFID 技术。九州大学图书馆更是全球第一家实施了智能书架先导试验的图书馆，系统通过安装 RFID 读写天线，对位于架上书籍的标签进行信息读取，从而通过发送到电脑的数据来监测书本的位置、书籍的借还情况，还可以掌握单本书的利用率，从而为图书馆提供更人性化的增值服务奠定基础。此外，泰国和印度的很多图书馆也都引入了 RFID 技术。近年来，包括迪拜在内的亚洲许多国家也相继在图书馆系统内引入了 RFID 技术。

（二）国内图书馆 RFID 技术应用现状

国内图书馆中最早引入 RFID 技术是在 2006 年，厦门集美大学诚毅学院图书馆和深圳图书馆，其中深圳图书馆是我国第一家全面采用 RFID 技术的公共图书馆，该馆在书籍分拣流通、OPAC 导引等方面引入 RFID 技术，基于 RFID 技术自主研制出了 RFID 智能书车。特别是 OPAC 检索系统的引入，使得读者在查找书籍时可以摆脱以往单纯靠索书号指引的局限性，直接被指引到第几区第几排第几层书架，极大地提高了图书馆的人性化服务水平，同时能使公众能更充分、更方便地利用公共资源。仅在引入 RFID 技术一年时间内，深圳图书馆到馆人数比原来增加了八倍，文献外借量增加了五倍，其中有超过八成的文献借还任务是由 RFID 自助借还机完成的。

汕头大学图书馆拥有 RFID 标签转换装置和移动智能书车，并引入了安全口禁系统和馆员工作站。汕头大学图书馆使用移动智能书车进行上架，并使用 OPAC 系统对图书进行直观定位和导航，使得读者在查书找书的过程变得更加直观和便捷，提高了人性化服务水平。此外，汕头大学图书馆打破了以往图书严格按照书号排序的传统，使得图书只要放在所规定的层格中即可，这样不仅减轻了馆员烦琐的理架顺架的繁重工作，同时提高了服务效率。另外，对于某一系列有联系丛书，汕头大学图书馆并不是严格按照中图分类法设置的分类号排架，而是在 RFID 系统中对这一系列图书重新排架，把它们放在同一区域，这样不仅能够简化读者的查找过程，同时对拓展他们的知识面很有帮助。

在当今的中国，图书馆引入 RFID 技术的统计中，公共馆的数量多于高校馆。除了最先实施 RFID 技术的深圳图书馆和厦门集美大学诚毅学院图书馆外，上海市长宁区图书馆、厦门市少年儿童图书馆也引进了 RFID 系统，国家图书馆二期、上海水利规划研究院图书馆、北京石油化工学院图书馆等也完成了 RFID 系统的实施工作。此外，国家图书馆、武汉图书馆、陕西省图书馆、湖北省图书馆等也相继实施了 RFID 技术。

香港地区的很多高校都在图书馆实施了 RFID 技术，例如香港城市大学图书馆、香港大学图书馆等。此外还有许多社区图书馆和教会图书馆也都引进了 RFID 技术来提高服务水平。

澳门行政区引进了 RFID 技术的图书馆有永援学校图书馆、澳门民署黄营均图书馆、澳门镜湖护理学院图书馆、圣保禄学校图书馆、澳门大学图书馆、澳门理工学院图书馆等。在台湾，使用 RFID 技术的图书馆很多，高校馆主要有台大图书馆、台北医科大学图书馆、嘉义大学图书馆、辅大图书馆、台湾科技大学图书馆、台北科技大学图书馆、玄奘大学图书馆、昆山科技大学图书馆、建国大学图书馆、逢甲大学图书馆等；公共馆有台北市立图书馆、桃园县大溪镇立图书馆、国立台中图书馆、台湾卫生研究院图书馆、传统艺术中心图书馆等。

这一切表明，图书馆在运用 RFID 技术实现图书馆智能管理上已达成共识，图书馆为了更好地为广大图书爱好者服务，通过 RFID 提高图书管理的效率势在必行。

二、RFID 在图书馆中的基础应用

（一）用户自助借还

1. 图书馆自助借还研究

图书馆开展自助借还服务，可以让读者能够自主地根据自己的阅读喜好完成借还书，保护了用户隐私权，减轻了工作人员的负担。

自助借还服务的效果对图书馆而言，最好的目标是通过使用自助借还的流通量占图书馆整个流通总量的百分比接近，从而整体上实现图书馆的自助借还。提供自助借还服务是使用最基本的目的，但图书馆的自助借还并非 RFID 的专利。基于条形码的图书管理系统也可以实现自助借还，只需加以改造，但使用条形码对书本进行识别存在很多不足：识别时需要靠近光源，存储的信息容量有限条码读取时扫描设备需要对准条形码，一次只能读一个，除了读取条码进行操作外还需要进行对书本充消磁。这些弊端导致使用条

码的自助借还系统的自助借还过程较复杂，效率不高，相比于到流通柜台借还书没有太大优势。

基于条码的自助借还技术的难点在于：处理借还书本的同时需要处理充消磁。首先，由于充消磁需要一定的时间，也要求书本静止放置在处理区域，如果读者在充消磁过程中操作的时间不充分，就会发生没有充消磁情况。等到读者在走出安全门会产生不必要的麻烦。

其次，基于条码的自助借还充消磁时存在着多书检测问题，典型的情况是：读者将多本书上下重叠放在基于条码的自助借还机上，而扫描条码的时候系统会扫描到上方书本的条码，接着系统会进行消磁。如果系统不完善，消磁时无法识别在磁场范围内有几本书，而将所有的书同时消磁，那么放在下面的书本就可能在未被借出的情况就被消磁，用户可以将其带出图书馆。

3M 公司生产的读者自助借还书系统是目前国内外用得较多的基于条码与磁条的自助借还设备，该设备可以直接同时处理条形码识别与磁条处理，在图书馆现有的基础上轻松实现自助借阅服务，提升了借还书的效率。使用用户自助站进行自助借还，与条形码的自助借还相比有以下优点：

第一，自助借还最大的优点是能够同时读取多本书籍，借还书能一次性完成，节省了读者时间。这不仅读者得益而且图书的流通也快速起来，提高了馆藏资源利用率。

第二，不用定位条形码，所以不会出现读者携带物品的条形码与书本条形码混淆的状况。

第三，RFID 标签能够远距离并且从不同方向被读取，因而只需让书本处在借还读取区域，不需要像传统的条形码借还书，必须将书本的条码对准条形码阅读器上。传统的条形码借还书时，自助机要对磁条进行的充消磁处理，而自助借还机不需要这个步骤。

2.RFID 自助借还机的流程

线性的操作是 RFID 借还流程的最大特点，简单的步骤就可以完成借还，不管是一本书还是多本书，不会因借还书的多少而让操作时间增加或减少。借书流程是：选借书、放卡、确认、放书、确认借书；还书流程是：选还书、放书、确认还书。在深圳图书馆的自助借还系统中，用户卡是卡，所以在借书时只需要在阅读区域放进书本和用户卡，流程为：选借书，放书与卡，确认借书。几秒钟完成了借书操作，方便快捷。

3.自主借还系统分析

（1）用户群分析

RFID 智能图书馆系统的使用对象主要是图书馆工作人员和读者。

①图书馆工作人员构成分析

根据调查，图书馆的工作人员普遍具有较高的文化水平，学历大多在大专以上，经过短期培训可以很快掌握各种设备的使用方法，能对设备进行基本的维护，为读者提供操作上的咨询；少部分的工作人员，例如保安，只具有初中或者高中文化水平，经过培训后仍可以掌握设备的基本操作，主要负责图书馆的安保或者图书上架工作。

②读者构成分析

每个图书馆服务的读者构成存在比较大的差别，读者的教育水平也是参差不齐。高校图书馆的读者群成分比较单一，主要为本校的学生以及教师，具有较强的理解能力，大多数通过使用说明就可以掌握设备的使用方法，少数经过图书馆工作人员的提示后也能进行各项业务的自助办理；城市中的公共图书馆，其读者的构成则要复杂很多，文化水平存在很大的差异，随着我国教育事业的发展，大多数读者的学历都在高中及高中以上，经过图书馆工作人员的培训以及其他读者的帮助，也能很快掌握自助借还设备的操作方法；极少数只有初中文化水平以及年长的读者，在操作时设备时，需要图书馆工作人员在旁协助。

为了减少图书馆工作人员的工作，使读者能尽快掌握设备的操作方法，系统就必须做到界面简洁，增加适当的文字和声音提示，具有较高的人性化。

（2）自助借还系统功能分析

①读者服务机功能分析

读者服务机最主要的功能是图书查询，如果没有查询到读者想要借的图书，应该允许读者进行需求登记，如果读者想要借阅的图书已被全部借出，则允许读者进行图书预约。读者在查询到图书后，需要知道图书馆的楼层分布以便节省拿取图书的时间；读者服务机一般放置在图书馆的入口后，为了使读者在进入图书馆后，使读者对图书馆产生认同感，首先应该对图书馆做一个简单的介绍；其次，为了使读者对图书馆的部门设置有一定的了解，应该对图书馆的部门构成有一个直观的介绍。一般来讲，读者在拿到借书卡后，需要对自己的个人信息进行确认，读者服务机应该提供读者信息查询的功能；考虑到不少读者进入图书馆后，只是需要对即将到期的图书进行续借，读者服务机还应提供图书续借功能。

②自主借还机功能分析

图书自助借还机主要面向读者，主要为读者提供图书的自助借阅、自助归还服务，考虑到部分读者在还书完成后，为了确认自己已经还书成功，需要进一步查看自己的借阅信息，故还应提供借阅信息查询功能；当读者查询自己的借阅信息时，读者可能有即将到期的图书，需要进行续借，因此可以将图书信息查询功能扩展为图书续借，这样就将借阅信息查询与续借合二为一，不仅使界面更加简洁，而且会节约读者的操作时间，从而减少后面读者的等待时间，加快图书流通速度。

考虑到读者在办理完图书借阅手续后会忘记带走借书卡，造成借书卡的丢失，为了使读者可以尽快地挂失借书卡，还应该提供挂失功能；同样的，读者捡到丢失的借书卡后，会主动交还失主，失主来借阅图书时，就需要对卡进行解挂操作，因此图书自助借还机还应该提供卡解挂功能。

③二十四小时还书机功能分析

二十四小时还书机主要是针对远离图书馆的读者而开发的，放置在宿舍区，方便读者的自助还书，与图书自助借还机相比，二十四小时还书机没有借书功能，由于其无人看守，因此需要加强还书操作的安全性。

为了避免读者将已办理完图书手续的图书带走，将自助还书机的放书台改为还书舱。还书舱是一个封闭的容器，整体可以旋转，计算机可以发出开关指令来控制舱门，舱底放有超高频天线，来读取图书中粘贴的标签信息。

为了防止还书舱在开启后，遭到破坏，在读者还书时，应该要求读者使用借书卡并输入正确密码后，还书舱方可打开，并对还书场景进行抓拍。

（3）可行性分析

①技术可行性

技术可行性分析的主要目的是评估系统的可行性，分析为完成系统所需的功能、达到系统既定的性能指标而采取何种技术，该技术存在哪些风险，并判断该技术对开发成本的要求；再对现有的资源，包括人力、可复用构件、软硬件开发环境的资源，进行评估，以确定是否支持该系统。

②经济可行性

经济可行性主要是将系统的开发成本与其带来的经济效益进行对比，从而判断该项目是否有开发的价值。

如果自助借还系统能够投入使用，首先，读者可以完成图书的自助借阅与归还，而不需要工作人员的协助，一次性投入就可以减少图书馆工作人员的人数，节省人力财力，从长远角度来看为图书馆节约了大量的经费；其次，由于整个图书借阅、归还过程由自动化设备来完成，有效地避免了因为工作人员的失误操作而造成的损失，并且加快了图书的流通速度，读者长时间排队等待的日子一去不复返了，在减少工作人员误操作率、提高业务办理效率的同时也带来了间接效益；此外，自助借还系统带来的无形效益也是相当可观的，由于图书的借阅、归还方便快捷，读者更愿意到图书馆来借书，提高了图书馆的服务质量。

③社会因素可行性

社会因素的可行性主要是市场、法律和政策的可行性。在图书管理系统中实施技术是大势所趋，而我国只有极少部分图书馆采用了该技术，大部分图书馆还处于条形码磁条的手工管理方式，所以市场是广大的，本系统在很大程度上迎合了市场需求。

④系统性能分析

主要从以下几个方面来对系统的性能进行分析：

系统响应时间：实时，当读者自助办理业务时，系统根据读者的操作进行实时响应，并与数据库进行通信。

系统所需要的存储容量：由于自助借还系统与其他系统共享数据库资源，只需要在系统设备上安装应用程序以及其他外设的驱动程序即可，需要的存储空间不超过。

系统的安全性：数据安全主要通过数据库服务器来实现，本系统并不存储图书信息、读者信息以及其他信息；系统设备在与数据库通信时，要进行密码认证，自助借还系统对密码管理的安全性有很高的要求。

（二）还书箱与自动归还

与图书馆自助借还机一样，图书馆提供还书箱服务也并非 RFID 的专利，在以往图书馆中可以利用还书箱提供自动归还服务。传统的还书箱非常简单，事实就是一个箱子，读者将书本直接放入还书箱中便可以实现还书，这种自助还书箱的还书其实是由图书馆人员手工将还书箱的书本还回。传统的还书箱服务实际上并非实时服务，也就是在读者将书本放入还书箱的一刻，在图书馆的流通记录中并没有立刻将书本归还，因而读者如果将书本放入还书箱后即刻查询自己的借阅记录，会发现书本依然在自己的借出清单上。只等图书馆馆员打开还书箱，并将里面所有的书本还回时方会修改相应记录。由于还书箱不是实时还回，因而无法为用户立刻提供还书收据。

还书箱的使用，使图书馆即使在闭馆时也可以提供自动还书服务。图书馆引进技术后，还书箱的模式主要有以下三种：

（1）传统还书箱

依然使用普通的书本容器，当读者将书本放入还书箱后由工作人员进行处理，读者很习惯于这种还书箱，而图书馆工作人员处理还书箱中的书本时，只需要通过阅读器将所有的书本还回，由于可以一次性还回多本图书，因而也将节省图书馆工作人员的时间。

（2）RFID 还书箱

这一模式的还书箱会将 RFID 阅读器与天线装入传统还书箱中处理有 RFID 标签的书本，它将会实时处理滑进还书箱中的书本。对于读者而言，与传统的还书箱没有太大的区别，他们所需要做的也仅仅是将书本扔进还书箱中，而有时图书馆为了提高还书箱读取 RFID 标签的机会，会要求读者一次只能放进一本书。

（3）Kiosk 模式的还书箱

这种模式是基于 RFID 还书箱，并且会有计算机人机交互的界面，让读者进行一些功能选择。Kiosk 模式的还书箱会要求读者每次只能放进一本书，会提供更多的类似于收据、借还错误书本返回（这种情况要求有传送带）等高级功能。对读者而言，这一模式与传统的还书箱有着较大的区别，对于那些很信任图书馆还书箱的读者会觉得使用 Kiosk 模式方便性反而不如传统的还书箱。

（三）自动分类系统与图书自动分类

自动物件处理系统近几年在图书馆也开始应用，使用 RFID 的一个潜在的巨大优势是可以更方便地进行自动书本处理，即通常所称的 RFID 图书自动分类系统。RFID 自动分类系统可以显著改进图书馆对还回图书的分类过程，减少图书馆工作人员的时间与花费。基于 RFID 的自动分类优势明显强于条码系统的自动分类，图书馆安装 RFID 自动分类系统，会节省相当多的人力资源，这是 RFID 的投资相当快速的回报。

将自动分类系统安装在还书箱上之后，还书箱会将读者还回的书本传送到自动分类系统中，由系统进行分类。一般如果图书馆安装了自动分类系统，为了提高分类系统的准确率，会要求读者每次只能还回一本书，并且待该本书处理完成（屏幕会显示）后方可放入第二本。这是为了保证书本被摆放于传送带的正确位置，一次性放入多本书对 RFID 系统而言尽管可以识别，但是要将书本分开则需要较麻烦的技术步骤。

从还书箱还回的书通过传送带传送至自动分类系统中，在传送带上 RFID 阅读器会读取该书本的分类信息，如果该书本 RFID 标签上的内容没有相关的分类信息，则会连接数据库查询该书本对应的分类，然后通过分类系统的传送带传送至相应的书箱中。

自动分类系统对书本所做的分类是基于书本对应的分类号，也会受到自动分类系统的书箱数目的影响，书箱数目越多就可以把书本分类分得越细。然而自动分类系统占用的空间较大，图书馆需要专门腾出一个大空间给分类系统，限制了书箱的数目不可能无限制扩大。目前在世界图书馆范围内应用自动分类系统较为有名的是美国西雅图公共图书馆的 RFID 系统。该馆的自动分类系统主要用于将读者还回的书本按照各分馆分进书箱之中，由于该公共图书馆有 28 个分馆，因而其分类系统占据的面积相当庞大。该系统的供应商是 Tech Logic 公司。当书本通过还书箱或者流通台还回中央图书馆时，它们会通过传送带传至图书馆二楼。每一个书本 RFID 的标签都会被天线读取，通过图书馆目录查询其位于哪个分馆之后，便可以通过庞大的传送带系统送至该分馆的书箱内。

各图书馆所使用的自动分类的依据并不相同，以下是一些常见的分类依据，图书馆的系统会根据自身实际情况设定分类依据。

异常图书：这是基本上每个图书自动分类系统均会设置的一类书，将系统无法进行 RFID 识别的书本分入该箱子中，图书馆工作人员可以查明该书本无法识别的原因并进行相应处理。这些异常的图书可能会包括 RFID 标签损坏的图书、没有 RFID 标签的图书，通过这些异常图书的处理，可以使图书馆系统的使用不断趋于完善。

被预约图书：该类别也是一种特殊的图书。将被预约的图书另外捡出，可以省去由工作人员捡出被预约书本的工作量，提高工作效率。

按照分馆进行分类，这是美国西雅图公共图书馆 RFID 分类系统采用的图书自动分类系统的分类条件。

按照分类号进行分类，不仅可以按一级类，甚至可以按照第二级子类、第三级子类进行分类，从理论上而言是可以实现的，但是现在并没有相关的成功案例。

按照分类号将不同类型的书本放进同一书箱中。这从理论上可以实现，但是目前并无成功案例。

（四）RFID 安全门与安全检测

1. 安全门与安全检测图书馆的安全问题

图书馆系统的安全方案主要有以下三种：

（1）磁条方案

以 3M 为代表的图书馆设备供应商认为使用 RFID 作为图书安全手段过于脆弱，因而推荐采用"RFID+磁条"。RFID 负责流通和典藏，磁条负责安全。使用磁条作为 RFID 图书馆的安全手段的优点是磁条相对于 RFID 较为隐藏，不易被发现和破坏，而磁条的安全方案已由图书馆的实践证明是有效的。然而使用磁条作为安全方案也存在以下缺点：使用磁条在安全门报警后无法马上确认哪本书未借出，需要读者将手上的书一本本确认；图书馆与其他领域磁条会产生混乱，造成一些错误报警；在环境下以磁条为安全手段还需要额外的成本。

（2）查询数据库方案

图书通过安全门时，安全门读取标签中的标识信息，向书目数据库查询该书本是否已被借出，并做出相应动作。查询数据库方案最适合只读 RFID 型标签。采用该方法不需进行标签写入操作，标签寿命长，成本较低。但是查询数据库就需要一定的查询与返回结果延迟，并且一旦自动化系统或网络连接出现问题，将极大地影响正常工作。为提高查询的速度及保证系统在出现网络问题时可继续工作，可以采取以下改进措施：图书馆可创建已借出书本的书目信息，当书本借出或归还时，除了更新图书馆书目数据库外，还需要更新这张已借还书本信息表。当书本的标签通过安全门时，如在借出书本的书目中找不到该书则报警。该方法能够有效提高查询速度，其原理是基于一个事实：借出的书目数量占图书馆馆藏书目数量的比例不高，因而查询速度可以提高十倍以上。

（3）EAS 安全位方案

EAS 应用于图书馆中，是把书本的状态存储于标签中的某一位，称之为"安全位"，该位的"0"和"1"状况改变表示书本的借出或还回。安全位在每次借出还回时必须进行写入标签操作以修改。图书安全门会读取 RFID 标签中的安全位信息以判断书本是否被正常借出。使用安全位的方式处理速度快于查询数据库方式，因此目前也被更多提供商所接受。但由于标签经常需要进行读写操作，对标签制作工艺要求很高，制作成本较高。对图书馆的安全方案，有几点需要进一步比较：

①磁条与 RFID 的讨论

以 3M 为代表的供应商支持在大型图书馆中依然使用磁条作为图书馆安全的方式。3M 中国有限公司在 2005 年中国图书馆学会年会上指出，RFID 标签在图书资料无法隐蔽，容易受到金属干扰，无论是撕掉标签或者紧握住图书，采用锡箔纸包住标签，都可以使标签失效；同时 RFID 标签容易被破坏，用小刀一划就可以使其因短路而失效，丢书太容易。然而使用 RFID 作为安全手段也很有诱惑性：在图书馆系统中，不需进行磁条的额外投资。RFID 的错误报警很精确，能达到识别书本层次的能力，在报警时可明确指出哪本书未借出；而在磁条时代只能告诉读者你有书未借但无法告知哪本书。因而使用显然更方便图书馆工作，减少纠纷，报警书本准确识别被很多使用 RFID 的图书馆看重。目前图书馆 RFID 设备提供商主要是采用 RFID 的安全方案。

② EAS 安全位的工作方式

EAS 安全位有两种不同的工作方式："阅读器先说话"（RTF）和"标签先说话"（TTF）。

RTF 工作方式是 13.56MHz 的 RFID 的技术标准 ISO 18000-3 所建立的工作方式，ISO 18000-3 主要建立了 RTF 机制作为标准的交流协议。在 RTF 工作方式下，图书馆安全阅读器将首先向进入它读取区域的每个标签询问，标签会将 EAS 信息返回给阅读器，阅读器判断 EAS 的开关状态，反映书本的状态。这种工作方式存在一定的性能缺陷：随着阅读区内标签数目增多，一些标签将有可能被漏读。也可以这样理解这个问题：当安全门试图探测许多 RFID 标签状态时，是读取完一个标签后继续读取下一个标签。当标签数量太多时全部读取的性能就会相对差些。在 TTF 工作方式下，在安全门读取范围内的所有标签获得场的能量后，只有那些安全位是打开（也就是未合法借出）的标签会发出信号给 RFID 安全门，因而安全门可以马上知道哪些标签未被借出。在 ISO 18000-3 标准中建立了机制作为标准的交流协议，但是并未规定安全问题的工作方式。因而有一些 RFID 供应商使用 RTF 机制作为标签流通和书架管理的方式，使用 TTF 作为安全手段。在 TTF 工作方式下，由于是标签主动发送信息，RFID 安全门的性能将不会因读取区域内标签数目的增加而降低，但是，标签主动发送信息可能会涉及一些隐私问题。因而在实际应用中，为了避免隐私纠纷，更多供应商选择 RTF 作为主要工作方式。

2. 图书馆 RFID 安全门的评价指标

RFID 安全门的实质是 RFID 的阅读器，其功能是读取书本的 RFID 信息，并判断书本是否被正常借出。对图书馆 RFID 安全门的性能探讨主要用以下几个性能指标：

（1）准确性

在很多参考文献中将 RFID 的安全性作为 RFID 的可能利益，然而安全性并非指 RFID 相比磁条而言更能够保护图书的安全，RFID 由于容易被发现破坏，也会受到金属和人体干涉，其绝对安全性能反而不如磁条高。然而当 RFID 安全门报警时，则可以很准确地指明哪本书未被正常借出，而不会出现指错书本情况，引起图书馆工作人员与读者纠纷情况将会大大减少。在各种资料中提及的图书馆的安全性更多是指其准确性，而并非指绝对的安全性能。"图书馆 RFID 的准确性"比"图书馆 RFID 的安全性"应该是对图书馆安全性能上更准确的描述。

在传统的图书馆磁条安全系统中，磁条有失效的可能，而图书馆的磁条又易于与其他领域的磁条产生混乱，造成了一些错误的报警。报警之后因为无法指出哪本书未办理借出手续，图书馆工作人员需要与读者一起测试是哪本书的问题。这无疑浪费了工作人员和读者的时间，而当测试结果发现引起报警的书本并非图书馆的书本，也会显得很尴尬。使用 RFID 作为安全手段的优势在于保证准确性，在报警的时候，图书馆工作人员能向读者指明是哪本书未借出。

（2）干涉

所有的电磁波信号都可能受到干涉。最有可能干涉图书馆 RFID 安全门的就是金属。

将铝制金属片或其他金属物质盖在含 RFID 的物件上时，将很容易使 RFID 失效。此外 RFID 安全门还可能受到电子设备的干涉。为了安全起见，一般图书馆会保证在安全门周围区域没有金属制的物品或者电子设备。

（3）错误报警（RFID 的信号泄露）

RFID 信号的范围较广也会导致错误报警，称为 RFID 的信号泄露。提供商在调试安全门时，总是会通过系统调试使安全门读取范围限制在一定区域，防止错误报警。然而这样也会降低安全门的读取敏感性，在敏感和错误报警之间总是会有平衡点。为了降低泄露情况，有以下几种调试方法：在保证探测能力的基础上适当降低灵敏度（如阅读器读取 Power 的值）；在安全门上增加传感器，只有在安全门传感器探测到有读者通过时，才启动 RFID 的读取，或者将传感器的信息作为一个判断条件。传感器的类型包括红外线传感器与重量传感器；可以增加一些遮蔽或吸收 RFID 信号的物质，降低某些区域的读取能力。

（4）读取范围

目前各提供商采用的图书馆高频 RFID 安全门两边合起读取范围接近 1m。该距离较适合图书馆的应用。然而在具体读取各种标签，如只读型标签，可读写标签的速度和性能则会有所区别。

（5）门的信号死角

图书馆 RFID 安全门的空间上各点探测标签的性能上存在差别，各供应商调试时，都会使安全门在人腰间高度之处的性能最好，然而当标签位于头上或者脚部位置时性能可能降低。尤其高频 RFID 的安全门，由于其读取范围为 1m，射频波的形状更接近圆弧形，安全门就可能存在一定的死角区域，例如两个安全门的中部、安全门的底部都可能是死角。

（6）安全门的判断方向

图书馆 RFID 安全门范围内横竖直三个方向都具有探测能力。但是由于 RFID 天线以及书本的 RFID 标签的位置，三个方向的探测能力有所差别。一般而言，垂直到安全门方向的探测能力会差一些。因而当书本平放时，安全门的探测能力一般最差。

（五）RFID 点检仪与书库管理

点检仪就是手持可移动式 RFID 阅读器，因为轻便工作人员可以手持它在书架间移动，读取书本 RFID 标签信息。点检仪在图书馆中有特殊的功能：盘点。使用点检仪读取书本比使用条形码更方便，原因是：条码识别每次只能扫描一个条形码，书本扫描时需逐件进行，而 RFID 阅读器能一次性读取多个标签，速度明显提高；条形码读取需要在有光源的条件下进行，将条形码对准扫描仪，因而在书架上读取书本时，需将书本从书架抽出后再读取，这加重了工作人员的负担；而 RFID 读取无方向之分，在书架上读取书本时不需将书本从书架上抽出，明显减低了工作人员的工作量。使用 RFID 点检仪，将极大地提高扫描书本的速度，以前可能需要几个月完成的馆藏盘点工作，现在几周就可以完成，大大提高了典藏效率。

图书馆可以利用点检仪对书库进行管理。

书库管理包括书架读取应用、盘点、查找、确认错架图书四个子功能。

周文骏主编的《图书馆学情报学词典》中认为：典藏部是图书馆业务部门之一，负责取书、归架以及馆藏图书财产的安全与保管工作。秦瑛认为：典藏工作是将图书馆购进的新书通过验收、分编进入读者服务部门的一个中间环节，它的主要功能是合理、客观地对藏书进行组织、调拨和调整，努力使馆藏布局达到最佳化。而点检仪在图书馆传统典藏功能可以发挥作用。

吴慰慈和刘兹恒认为：藏书清点是依据入藏图书馆个别登录的文献或藏书的排架目录，核对包括借出图书在内的藏书，以确定馆藏书刊的实存情况，它不仅可以查明图书馆藏书是否丢失，还能确定需要修补装订的书刊，同时还可以恢复错架图书的正确位置。与典藏相同，点检仪可以在藏书清点时发挥作用。

盘点是对图书馆所有馆藏进行核对，以确定馆藏书刊的实存情况，实现剔旧、查找丢失书本等目的。

三、RFID 技术在图书馆应用中存在的问题及应对措施

（一）图书馆 RFID 标准问题

目前众多图书馆不想使用 RFID 的原因之一是图书馆标准不统一，标准不统一，就意味着实施 RFID 的水平将因为设备供应商的不同而有着较大的差异。并且一旦将来标准统一了，那么便意味着先于标准统一之前实施的图书馆都需要进行一定的系统转换或移植，届时又要进行新一轮的图书馆系统变革。

制定图书馆的标准，将有如下的作用：提供各图书馆之间设备的互操作性，有利于开展馆际互借服务；防止各不同系统之间的冲突；使图书馆领域使用的系统与其他领域应用的系统分开，从而起到快速识别的作用；提高数据的可移植性；提高图书馆的安全性，保护用户隐私；使图书馆设备具有通用性的可能，使设备供应商进入良性竞争状态，使图书馆免受某一供应商的锁定。

（二）图书馆 RFID 安全与隐私问题

RFID 技术带给图书馆的不仅仅是效率，也有安全与隐私问题的担忧，RFID 存在的安全问题显而易见。图书馆传统安全方式是采用磁条，磁条隐蔽于书页之间，不容易被读者发现，因而破坏起来相对困难。与此相比，RFID 容易暴露在读者面前，被读者发现，读者可通过各种手段使 RFID 失效，从而将书本带出图书馆。正是因为在 RFID 环境下偷书的难度大大降低，因而部分供应商（如 3M）不支持在大型图书馆中使用作为图书的安全方式。除了易暴露之外，图书馆还存在诸多其他问题。

隐私问题是存在的安全问题的一种，在国外图书馆（尤其是美国）应用最大的担忧与障碍就是 RFID 的隐私问题。隐私被认为是除了物理之外的另一种不安全因素。

1. 安全问题

存在的安全问题是图书馆考虑是否引入 RFID 的现实问题。图书馆传统安全方式是采用磁条，磁条隐蔽于书页之间，不容易被读者发现，因而破坏起来相对困难。尽管由磁条负责图书的安全也存在诸多问题，例如使用磁条易与其他领域的磁条混淆而引起图书馆的错误报警，同样磁条安全门也存在安全漏洞，然而磁条的隐蔽性极大地弥补了其不足。与此相比，尽管 RFID 存在报警精确的特点，但是由于其外部暴露，并且数据采用阅读器和标签无线交流方式，受破坏的可能性比较高。下面是可能存在的安全问题：

（1）RFID 干涉

RFID 信号能够穿透木头、纸和塑料等物质，但很容易受到金属的干涉，导致 RFID 信号屏蔽。将铝、锡制薄金属片或其他金属物质盖在含 RFID 的物件上时，就很容易使 RFID 失效。此外，使用超高频（UHF）的 RFID 标签，还较容易受到水的屏蔽，人体在普通状态之下用手或者腋窝夹住书本就可以逃避安全门的检测。

高频（HF）的 RFID 标签可以穿透水，除非用手或者腋窝很紧地夹住标签才可以逃避安全门的检测，一般的夹住 RFID 标签安全门可以检测出来。RFID 干涉产生的安全问题主要有以下几种：

第一，读者利用 RFID 干涉将书本不经手续带出图书馆。例如读者可以使用锡纸包住图书馆书本，或者单单挡住书本有 RFID 标签的位置，这就可以逃避 RFID 安全门的检测而将书本偷走。

第二，由于 RFID 易受金属干涉，对一些封面含金属材料的书，图书馆要进行特殊处理。图书馆可以根据金属面积及影响进行相应处理，一般的处理方法是用纸封面代替金属封面。

第三，由于 RFID 标签易受金属的影响，图书馆的书架如果是金属材料，那么图书馆在进行书本盘点时就可能会受到影响，读取不到在金属书架旁边书本的 RFID 标签。在有 RFID 系统的场地上，最好要避免金属的存在。

第四，由于光盘本身具有的金属结构，以及采用光盘圆 RFID 标签时，光盘的 RFID 标签常被放置在相同的位置，加上光盘很薄，放置时经常是将一堆光盘对齐放置，因而光盘 RFID 标签读取的性能较差。

（2）RFID 标签物理破坏

RFID 标签的物理破坏也面临较大安全问题。RFID 标签暴露在读者面前，读者采用物理破坏的方法可以很直接地逃避 RFID 安全检测。破坏的行为如下：撕下书本含有 RFID 标签的封面或封底；从书本上直接撕下 RFID 标签；用指甲或小刀等在 RFID 标签用力一划；对拆标签等。

图书馆减少标签物理破坏的方法依然是隐蔽书本中 RFID 标签的存在，然而读者一旦识破图书馆的隐蔽意图后，各种隐蔽方式都是徒劳无功。

（3）RFID 数据非法读取

由于现有的 RFID 阅读器与标签均遵循一定的标准，非授权方只需要有符合相应标签的阅读器便可以读取图书馆 RFID 标签的数据。如图书馆的 RFID 遵循的是 ISO 18000-3 的标准，那么只要有一个遵循该标准的阅读器，便可以读取标签中的数据。一些人通过读取图书馆 RFID 标签中的数据，然后进行一些数据分析、数据关联等，将造成对读者的隐私的侵犯。

（4）RFID 数据非法写入

RFID 数据非法写入可能造成对图书馆书本安全更大的威胁。与非法读取相似，非授权方只需要有符合相应标签的阅读器便可以向图书馆 RFID 标签写入数据。这对图书馆而言相当危险，盗书者只需要在图书馆内向 RFID 标签随便写入数据，将标签原有的数据擦除，就可以很顺利地将书本盗出。

2. 隐私问题

自 RFID 在图书馆开始应用的时候，它就已经受到诸多的隐私质疑。2005 年，美国加利福尼亚州因考虑到 RFID 可能让用户的隐私泄露，而规定禁止使用来记录标示文档信息，原因就是 RFID 可能会侵犯用户的隐私。

RFID 侵犯用户隐私的情形是：当带着图书馆的书或者读者卡的读者，黑客可以在不用靠近的情况下，用 RFID 的阅读器就能够读取用户信息与书本信息。这样图书馆用户的隐私就毫无保留地暴露在黑客面前。更进一步，黑客可以对读者的行进路线进行追踪，从而能在没有被察觉的情况下一直跟踪读者。

这种典型的 RFID 侵犯用户隐私权的行为在 RFID 技术下可能发生。但问题在于 RFID 类型多样化，各种不同类型的性能各异，图书馆可以选择不会出现上述侵犯隐私问题的标签，并辅之以合理的系统流程设计，最大限度地阻止侵犯用户隐私权的行为发生。

图书馆必须使用书目数据库去追踪馆藏的流通信息。图书馆中的每一本书都被赋予独一无二的编码，称之为条形码或者书本的 ID 号，ID 号随机产生，著者、题名和条形码之间并没有必然的联系，而是需要通过查询图书馆的书目数据库才能把两者关联起来，如书本的 ID 号为 "06608828"，不查询图书馆书目数据库是不知道它与哪本书相联系。在图书馆 RFID 系统中，标签的内容至少包括书本 ID 号。另外一些提供商则建议把其他信息也输入标签中，可省去查询数据库从而将条形码信息与书本联系起来的操作，有利于提高标签处理的速度，但是却为那些侵犯隐私的黑客提供了获取书本信息的便利性，不利于隐私保护。

RFID 造成隐私问题最基本的原因是：RFID 标签与 RFID 阅读器之间的交流是使用无线波，比起传统的采用可见的数据线，其数据传输过程不可视也不可控制。

那么图书馆会侵犯用户哪些隐私？Lee Tien 归结为以下几点：知道你是谁，在哪里，有什么，做什么，想什么，有何信仰。黑客从 RFID 读者卡中可以读取读者的识别资料信息，知道 "你是谁"；可以通过 RFID 进行追踪，那么对 "在哪里" 也了如指掌；可以读到读者借出的书本题名，知道 "你有什么"，从而也可以推断出你在 "做什么" "想什么" "有何信仰"。要获取信息并推断出与读者相关的信息，有两个基本条件，这两个基本条件是本书隐私分析的基础：可以读取读者所携带RFID的标签，包括读者卡和图书的标签；知道读取的信息含义。比如黑客读到了"06608828"的号码，而他不知道代表哪本书，那么也认为不侵犯隐私。

黑客可以通过用户借还书，通过安全门的时候读取到标签RFID的内容。黑客读取的难易程度主要是与作用距离有关，影响黑客识别RFID的有效距离的因素有很多，主要包括读写器的发射功率、系统的工作频率和电子标签的封装形式等。在其他条件相同时，频率越高，识别距离越近；有效识别距离和读写器的射频发射功率成正比，发射功率越大，识别距离也越远；封装形式也影响有效识别距离，标签天线越大，识别距离越远。

（三）RFID产品与图书馆的服务不契合

通过对图书馆进行调研，针对RFID技术使用的过程中出现的问题，得出在图书馆引进技术的时候，存在设备提供商对图书馆需求了解不够，同时图书馆没有设立专门的技术研究团队，对产品没有深入研究，造成图书馆设备所需要的服务提示声音等不能实现。

（四）标签信号与系统不稳定

通过查看图书馆读者交流信息，发现馆内出现过自助办证机故障、自助借书系统连接时间过长而无法正常使用的问题。这些直接影响到读者的借阅，影响到读者对省图书馆的服务评价。由于HF标签都是贴在书籍的封面或封底，对于比较薄的图书在信息读取的时候互相干扰，致使阅读器读不到该书的信息。

（五）应对措施

1. 统一标准

中国"电子标签"的国家级工作组应尽快对RFID出台统一的标准，统一的技术标准即RFID标签及阅读器间的空中接口；统一的数据模型即定义统一的RFID标签写入内容及编码方式；统一的实践标准即规范图书馆RFID系统的设计及实施。只有这样，RFID技术在图书馆的应用才可能普及，图书馆才可能放心使用，顺利实现馆际互借、通借通还。

2. 隐蔽并错开标签

图书馆可以采用各种方案隐蔽RFID标签的存在，如在标签上再贴上一张纸，上面印着条形码与图书馆的标识信息；可以在标签上加上图书馆的书袋，从而达到掩盖RFID标签存在的目的；也可以通过更新技术缩小RFID标签的面积，放置在书脊内，使其不容易被读者发现、破坏。在贴标签时尽量错开贴标签的位置，尽量减少标签之间的相互影响。

3. 图书馆保护用户隐私的构建

从总结出的黑客侵犯用户隐私的两个条件分析图书馆RFID保护用户隐私的建构。黑客侵犯用户隐私的条件有两个：一是可以读取RFID所携带的标签；二是知道读取的信息含义。图书馆保护用户隐私的RFID建构是围绕如何破坏这两个条件，或者增加这两个条件形成的难度而构建。

（1）增加读取标签的难度

破坏第一个条件"读取所携带的 RFID 标签"，就是要增加读取标签的难度。图书馆使用的近距离读取的 RFID 标签，那么黑客希望远距离读取 RFID 标签，从而获取相关信息的难度很大。

图书馆的 RFID 目前使用的绝大多数是发射频率为高频（13.56MHz）的无源被动式标签，这种选择就已经决定了图书馆的 RFID 标签读取距离有限。发射频率为 13.56MHz 的标签理论上而言读取最大距离是 1 米，被动式和无源的特点决定了标签只有在进入一个特定区域才会发射信号，而且读取距离比主动式和有源标签短。图书馆的这一选择已经决定了其读取 RFID 距离肯定小于 1 米。

黑客读取用户 RFID 的信息需要在 1m 的范围之内，站在如此近的距离内读取用户身上的 RFID 标签，肯定早就被用户所发觉，更不用谈所谓的像追踪器一样追踪用户的整个行程。

（2）增加读取信息解析的难度

破坏第二个条件"知道读取的信息"，就是要增加读取信息释义的难度。理想情况是只有使用该 RFID 的图书馆以及其授权的组织（比如馆际互借时，图书馆可以授权其他图书馆也可以读取本馆的标签）才能对读取的信息进行解析，理解读取信息的含义，从而进行各种操作。

对图书馆管理而言，事实上 RFID 标签中只有一个信息是绝对必要的：书本的 ID 号，即以前书本条形码的数字，类似于上文所举例的"06608828"。黑客在无法通过号查询其所对应的题名与著者信息的情况下，无法解析这号的含义。出于对保护用户隐私的考虑，图书馆不能在图书的标签中加入用户的信息。如果图书馆愿意进行标签的数据加密，那么也会增加读取信息解析的难度。

四、RFID 技术给图书馆带来的影响

RFID 技术给图书馆带来的影响主要体现在业务的转型、管理的变革、流通的改变三个方面。

（一）业务的转型

长时间以来，图书馆业务部门划分都是按照图书流动顺序而来，根据"物质流"或者"工序流"设置部门显示出不小的弊端，例如造成服务空间封闭和部门之间隔阂等。在相当长的时期内，有许多学者和研究人员都提出要实行业务流程重组，但是由于图书馆工作的特殊性和复杂性以及具体操作上的不易，研究者提出的业务流程重组很难实现。RFID 技术在图书馆的应用为图书馆业务转型提供了机会。RFID 技术的应用使图书馆的传统服务模式发生改变，服务手段更加多元化，服务效率较以往也有很大提升。为了适应新的、多样化的读者需求，图书馆更需要转变服务理念，更新服务方式来适应 RFID 智能管理模式。

1. 技术部门业务转型

采编部增加工作量，错误率减少。RFID 技术实施之后，采编部的工作量会较以往大幅增长，因此人员需求也会相应增加。在采编部的工作中，可以通过全国联合编目网下载信息后写入标签，图书分编和著录内容的统一，使得本地区馆际互借和跨区域馆际互借更加方便。同时自动传送带的应用，可以使传送带上的阅读器自动扫描到附着在书籍上电子标签上的信息，进行自动分拣，把不同分区、不同位置的图书分门别类地自动整理，并传送到各自的书箱中，提高了工作效率，减少了人力、物力的浪费。RFID 实施之后，采编部需要为新采购的图书和期刊粘贴电子标签，并将标签上号继而录入系统。此外，采编部还必须承担图书采购、分类、著录的工作。

2. 系统部业务转型

RFID 技术引入图书馆使系统部更加重要。RFID 图书管理系统中读者和馆员对于网络的需求非常大，需要有技术人员随时对新系统进行指导和维护，同时在前期的网络构建过程中，与供应商的软件对接和管理需求协调等方面都离不开系统部的工作。系统部与其他各个部门的黏合度逐渐上升，同时随着图书馆自助程度的提升，系统部的工作量也随之增加。因此，在实施 RFID 系统之后，技术部成为图书馆的关键部门，管理着整个图书馆的网络应用和维护、计算机软硬件的监测。

3. 读者服务部门业务转型

阅览室转型。阅览室馆员服务层次提升。RFID 图书管理系统除了实现图书的自动借还之外，还实现了图书的自动清点和智能书车等自动化管理功能，RFID 馆藏架位管理系统的应用使系统中能够清楚地看到图书的精确定位信息，实现文献馆藏的智能查找和实时三维导航，还可实现智能查询等，阅览室的工作效率大幅提高，工作质量也得到了本质的提高。

传统意义上的阅览室管理模式逐渐改变，阅览室的工作内容有原来的理架上架和简单的读者解答等基础性工作转型到更加人性化、更显现知识性的个性化服务中去，将精力更多地投入到读者的创新服务中去，图书馆应以 RFID 图书馆服务系统为依托，以用户偏好为着眼点，引入个性化推荐的思想，进行图书馆资源个性化推荐，为用户提供更高效、更准确的个性化图书馆服务，体现大数据时代图书馆的价值。

4. 流通部转型

流通部的工作重点也将由简单的重复劳动转型到读者的信息素养教育和培训上。RFID 技术的应用，使图书馆书籍流通环节自动化，这样一来，图书馆传统的图书流通工作功能就被弱化，原本的借还书手续办理的人员被解放，这样就可以将其转型到创新服务上去，如文献导读等，流通部的业务针对 RFID 技术的应用做出调整，将服务台人员进行重新整合，这将为图书馆提升服务效率和服务水平提供新的契机。

信息素养是指能够利用各种检索方法和信息工具，从复杂海量的信息资源中识别、获取、评价和有效利用信息的技能，信息素养教育是当前图书馆学科服务的一项必不可少的内容。图书馆应用 RFID 技术之后，流通部的业务量会减少，信息部馆员可将业务向对读者进行信息素养教育方面转型，帮助读者掌握快速获取有效信息的方法，提高竞争力。同时，流通部人员还可以将目光转向馆际互借和文献传递业务，进行广泛宣传和推广，推进资源共享，也能提高文献资源的利用率。

5. 总务部业务转变

RFID 技术不仅仅可应用在图书馆日常的借还书等图书管理业务上，还可用到许多方面。图书馆的总务部门把 RFID 技术应用其中，为图书馆总务部建立一个专用的数据管理平台，将总务部业务中各类耗材的价格、进出情况、保管期限和库存量等信息做系统的记录。

（二）管理的变革

统计工作更加便捷高效。不论是高校馆还是公共馆，图书馆每天的访客量和文献流量非常庞大，图书馆的管理工作离不开这些数据的支持，可见，流量的统计关系着图书服务模式的改进和完善。按照传统的统计方式要完成数据统计非常困难，在实施 RFID 技术后，根据每一台自助借还设备和门禁系统终端、智能书架、智能书车等盘点设备的统计数据，这些都使图书馆的数据统计工作变得更加简单、高效。具体来说有以下几点变革：

第一，RFID 的智能预约管理设备和 RFID 智能盘点设备的使用，不仅能使读者寻书找书更快捷，同时能使后台的采编部门根据一段时间预约频率较高、阅览率高的图书来判断图书的需求程度，从而尽快有目标地完成剔旧工作、增加复本量来满足读者需求。

第二，利用 RFID 系统后台的数据库在完成流通总量的统计的同时可以记录单种图书的借阅次数和预约情况，获得图书文献利用率的第一手资料。同时还可统计借阅者的个人信息，归纳分析个人偏好，以此作为个性化导读服务和个性化推送的数据基础。

第三，通过 RFID 将阅读装置与图书馆内的自助复印设备相关联，在电子标签内写入每本图书的载体信息，从而实现对文献扫描复印的数量控制，最终达到在图书馆公共场所实行版权保护的目的。同时能够了解读者对技术加工的需求，以便今后有效地改善管理。

第四，利用 RFID 智能书车完成人性化排架。读者将阅毕图书放置在书桌上，智能书车定时对馆内阅读区的书桌进行全方位扫描读取被取阅的图书内 RFID 标签信息，以此积累获得图书的取阅率。通过对取阅率的分析，分拣出最受欢迎的图书，并将其摆放在书架的最显眼位置，方便读者发现和取阅，实现人性化管理和服务。阅览室管理更加科学化表现在以下三个方面：

盘点更准确。图书馆规模越大，统计馆藏的任务越繁重，甚至不可能完成。RFID 自身的物理特性和推车式图书盘点系统可以解决图书馆的长期难题——盘点。馆员只需手持 RFID 阅读器在书架附近走动便可将书架上的书目信息录入图书盘点系统，改变了以往需要人工上架、翻书、下架的繁重复杂工作。

理架更轻松。采用 RFID 系统进行理架，改变了以往开架阅读时馆员花费大量时间和精力在书架上用肉眼反复搜索的情况，RFID 理架器能把理架顺架的过程变得更加轻松。

剔旧更精准。图书资料具有时效性，图书剔旧工作是保持图书馆活力、优化馆藏结构的必要环节，RFID 系统中录入了图书的详细信息，包括图书的年份和借阅频率，能极大地提高图书剔旧的精准率。

（三）流通的变化

图书流通工作长期以来一直停留在人工阶段，包括图书的预约管理、磁条充磁等业务，迅速增长的读者和图书数量的大幅增长造成流通服务和管理水平之间的矛盾越发尖锐。RFID 技术则能使图书流通的精确管理变成可能。

1. 安全口禁系统

安全口禁系统可以对 RFID 标签的图书进行扫描，迅速判别图书是否办理借阅手续，避免传统由于充消磁误差导致的误报漏报现象。

2. 智能预约图书管理技术

RFID 智能预约管理能将被智能预约的图书自动分拣到书箱里，并通知读者领取。

3. 归还图书按照馆藏地自动分拣识别技术

归还图书需要充磁，这项工作十分烦琐，RFID 图书管理系统能够解决这一问题。

4. 破损图书的自动识别技术

由于读者素质和阅读习惯不同，对图书的保护程度也不一样，有的图书在归还时已经出现缺页、破损的情况。对这一情况的识别是传统图书馆人工操作的一大优势，一经发现，会对相关读者进行说服教育。但这一技术目前在 RFID 图书管理系统中还不能实现，亟须研发相关技术扫描图书来判断图书是否出现污损和缺页等情况。

五、RFID 技术在图书馆的应用前景

"大数据""互联网+"是创新 2.0 下的互联网发展的新业态，是知识社会创新 2.0 推动下的互联网形态演进及其催生的经济社会发展新形态，能够带动社会经济实体的生命力，为改革、创新、发展提供广阔的网络平台。在这一新背景下，图书馆的发展也面临诸多机遇与挑战，RFID 技术在图书馆中的应用也呈现出新的应用前景。

大数据时代，图书馆在信息存储、信息安全、工作模式和服务流程等方面面临着巨大挑战，同时也迎来了难得的发展机遇。面对挑战与机遇，图书馆必须在保证基础业务服务的基础上，着眼于智能化、个性化、知识化服务模式创新，从而提高图书馆的核心竞争力。图书馆只有在服务、技术、管理等方面不断创新，建立高效读者服务模式，提供优质服务内容，才能在层出不穷的非图书馆网络信息服务的冲击下立于不败之地。RFID 技术的应用为图书馆服务的人性化、智能化转变奠定了基础。

1. 基础服务从"柜台式"转变为"超市式"

RFID 技术在图书馆的应用不仅能够节省人力成本、简化文献加工、实现精确典藏，

而且能实现自动借阅、提高工作效率和服务水平。在清查数目方面，还能够提高馆藏数目的准确性。在服务空间和时间上，可以延伸服务空间、延长服务、时间，以实现自助式和24小时全天候的人性化服务。随着RFID应用的不断推广，图书馆的基础服务将由传统的"柜台式"服务转变为"超市式"服务，向不受时间和空间限制的智能化图书馆方向迈进。

2. 读者管理由"被动"变为"主动"

满足读者需求是图书馆的使命和职责所在，自古至今，图书馆界的学者们一直在如何更好更快地满足读者需求的道路上上下求索。读者关系能够反映出读者在图书馆内利用资源的状况，同时也能反映出读者对图书馆服务的满意度。读者关系管理包括取阅、借还书、使用自习室等读者在图书馆内进行的一切活动。在传统的手工管理时代，图书馆内的读者关系管理一直被忽略，甚至极为被动，因为传统的图书馆繁重的工作让馆员几乎无暇顾及读者关系的管理。但在RFID环境下，读者的借还书时间记录、数目记录、借阅偏好、学科特点等数据都能被轻松收集，能为以后提供个性化服务推送打好基础。读者关系管理也因此由"被动"变为"主动"。

3. 服务结构由"高素质人才缺乏"向"高素质人才合理配置"转变

人力资源建设是一项长期的、渐进的工作。传统的图书馆管理中，图书的借还、分拣和理架盘点等工作都处于人工管理状态，呈现出馆员众多但高素质人才缺乏的状态，这一特征使图书馆在提高服务水平和服务效率的道路上显得力不从心。

RFID技术的引入提高了图书馆的智能化水平，延伸了图书馆的服务深度和服务广度。图书馆RFID技术发展的同时也使图书馆由传统的单纯靠人多办事向高素质人才引进方向转变。在未来的图书馆，本科以下学历的人员将逐渐减少，未来图书馆的主力将集中在本科、硕士甚至是博士。在这些人员中，图书馆将引进多专业背景的人才、多技能馆员，同时也应注意引进市场营销方面的人才。

4. 服务管理向智能化转变

不论是RFID自助借还书机还是RFID门禁系统，都能精准地记录读者借阅和使用图书馆和馆藏资源信息，同时能够保证信息收集精准、及时，为图书馆管理制订合理有效的方案，提升图书馆服务智能化水平。通过RFID技术可以记录文献的借阅历史和数据，对数据进行分析便可以了解读者偏好，为资源建设决策制定提供帮助；通过对借阅量和借阅数据的分析，能够了解受欢迎的图书和需要剔旧的图书，以提高信息资源流通的效率；RFID技术的应用，能够将图书馆的服务重心向人性化方向转移，如学科数目自动推送等，为读者信息服务提供决策。

5. 服务创新

服务重心的转变必然引起创新型服务内容的开展，但任何一项新的服务项目实施之前，开展调研工作是必经之路。RFID技术可以收集大量的读者信息和需求信息，通过这些可以预测读者需求的趋势和走向。另外，通过对收集到数据的挖掘，可以预测图书馆的新增服务项目的读者接受程度以及接受或者不接受读者的群体共性等，使图书馆的服务创新有了可以依据的数据基础。这种方式较以往的纸质问卷和走访调研的方式，不但省去了发放、整理问卷和录入数据的烦琐过程，同时它在数据全面性、精准性和高技术含量等方面都完胜传统的问卷调查。RFID 技术虽然在物流领域较为成熟，但在图书馆领域应用历史尚短，技术也存在不确定性与不成熟性，在技术方面的应用中，必须注意 RFID 技术在应用前的调研阶段，根据本馆自身的实际情况进行效益评估，力求实现低投入、高效益；同时也要注重工作人员的自我修养和综合培训，尽快适应新环境；还要关注当前存在的诸多无法用RFID 技术实现的服务环节：自动借还书系统无法检验破损图书、RFID 系统的安全隐患、门禁系统缺陷等，及时改进方案，应对突发事件，减少错误的发生率。

图书馆固定资产类目众多、数量巨大，尤其对于公共图书馆来说，全年开放天数多，藏书量和读者数量十分庞大，固定资产分散又难以统一管理，人工盘点耗时耗力，因此造成了固定资产管理难度加大，资产风险增加。应用 RFID 技术，从资产的预算需求、采购验收入库，到资产的调拨、处置、报废，包括使用单位及人员、出现的变更和维修等记录，整个过程通过射频识别技术加以强关联管理。通过系统严格、规范的管理流程提高资产的利用率，从而有效降低资源的重复浪费。从资产产生的源头开始控制，顺延至资产管理的全过程，解决资产管理中账、卡、物不符，资产不明、设备不清等弊端，同时发现了闲置浪费、虚增资产和资产流失等问题。

六、RFID 技术应用新展望

1. 智能预约书架技术

面对每天大量的预约需求，同时为了节省预约读者的找书时间，图书馆可以为预约图书专门设置一个智能预约书架。当读者刷卡进入图书馆的预约书架区域，在读者刷卡的一瞬间，书架上预约书籍所在的位置便会亮起灯，能够有效节省读者的找书取书时间。

智能书架的主要功能是实现图书的快速盘点、图书位置信息的采集。在书架的各层铺设板状天线，若干个天线与读写器相连，对读写器以及天线进行编号，并将编号与其对应的位置信息存入数据库。图书馆工作人员向智能书架发出盘点命令。收到命令后，读写器通过控制电路及程序逐个选择与其相连接的天线，对图书标签进行扫描，扫描完毕后将扫描到的图书标签、读写器以及天线的编号一起上传给数据库；数据库根据盘存到的图书标签编号，可以完成对图书的盘点，根据读写器以及天线编号来更新图书的位置信息，这样读者在查询图书信息时就可以获取最新的图书位置信息。

2. 智能书车技术

目前已有智能书车的使用案例，但是并不普遍。智能书车是一种由计算机和固定文献分拣单元格组成的店里驱动小车，通过 RFID 阅读器对文献电子标签进行识别并将数据反馈到计算机，准确定位图书位置，通过小车运送，实现自动寻址和文献排架的功能。

3. 数据挖掘技术

通过对读者信息、借阅信息、冷门热门图书资源的收集和统计，可以为更合理、更人性化的排架顺序和排架位置做出决策支持，把更受欢迎的热门图书放在读者一眼就能看到的地方，使服务更加人性化。通过对 RFID 后台的数据分析和挖掘，可以得到图书馆热门图书排行榜，确定热门图书的种类，能为采编工作提出建议，提高采购文献的利用率。同时根据数据挖掘技术得出的更冷门的文献资料，可以根据情况及时开展剔旧工作。

4. 图书盘点与定位

RFID 在顺架理架和图书定位方面有着传统的人工管理无法达到的优势，能将定位信息定位到层标标签数据，这种定位方式对排架工作创造了很多灵活性，可以根据读者需求将某一系列丛书和同类热门图书放置在一起，打破原有按索书号严格排架的传统，但是这种方法存在定位不精确的缺陷，同时无法判断书籍是否在架。目前，应这一技术的要求，出现了智能书架，采用了轮询机制，可以在系统终端显示图书是否在架的情况。但是，当前的智能书架技术仍旧存在没有解决精确度的问题，无法获得图书的精确定位，要实现这一要求，必须对现有的书架进行改进。

（1）位置信息获取

设计图书整架车时，根据实际图书馆的楼层数将整架车设计为相同的层数，这样可以方便图书归架。把要装车上架的图书放置在整架车天线的扫描范围内，读取到其位置信息，如果图书的位置信息显示是某一楼层的图书则把图书放置在整架车的相应层，便于后续操作。

（2）图书归架

位置信息获取完成后，便可进行图书归架操作。图书馆工作人员利用图书归架功能，推着整架车沿着书架走，这时读写器会读取书架标签，并与整架车上的电子科技大学硕士学位论文图书对比，发现有属于该书架图书时在软件上进行高亮显示，以实现上架功能。

（3）馆藏清点

图书管理人员可以选择整个书架盘点或者书架的某一层进行盘点，选择层盘点则先扫描层标签，然后扫描该层的所有图书，图书整架车会将该层应有的所有图书、现有图书、缺少图书都计算出，工作人员可以选择观察相应的选项。工作人员可以保存本次盘点的结果。

（4）图书查找

工作人员先输入书名或者关键词，整架车屏幕上显示图书应在位置，若图书不在应在位置，则在图书应在位置附近按下"读写器查找"按钮，利用读写器进行查找，查找到后在读写器查找结果栏显示，若在图书应在位置附近用读写器找不到则可以放弃查找，等到图书馆定期整理放错书架的图书时，将错架图书放置在应在位置。

（5）整理放错书架的图书

将图书整架车推到要进行整理放错书架的图书的书架前，先利用整架车上的读写器天线扫描书架的标签，然后扫描该层的所有图书，整架车屏幕会高亮不属于此书架的图书，图书馆工作人员就可以将放错书架的图书找出，整理放错书架的图书。

（6）新书上架

此功能主要应用于新书上架时，将图书的位置信息写入图书标签中。先扫描标签，然后扫描要上架的新书的图书标签，将位置信息写入图书标签内，同时在屏幕上显示出。可以撤销本次已经写入的位置信息；利用"删除图书位置信息"和"修改图书位置信息"，有选择地选择列表上的某些图书进行删除和修改其图书的位置信息。

（7）架位管理

架位管理有删除图书位置信息、修改图书位置信息、交换位置的功能。删除图书位置信息和修改图书位置信息在新书上架模块已经说明。交换位置功能则是在书架的图书要交换时，利用位置交换功能修改位置信息即可。

5. 个性化学科书目推送技术

在 RFID 后台得到的统计数据可以归纳总结具体到单个读者的阅读偏好，该读者阅读了哪些文献、属于哪个学科等等，据此可向其推送相关的数目资料。也可以针对他感兴趣的学科来按照学科分类进行书目推送，更可以考虑通过 RSS 订阅的方式实现书目推送。

七、成本效益更高

成本效益又称为投资回报率，是指通过投资而返回的价值。效益可分为直接效益和间接效益。直接效益大多是关于图书馆引入 RFID 的目标价值，而间接效益则是指引入 RFID 技术后的附带效益。考量投资回报率通常是对可转换为金额的可计量直接效益的考量。

与其他技术相比，RFID 技术的直接效益最突出的是多标签识别，其次是自动识别，不需人工干预，这些实时信息对于监控和追踪馆藏变化不可或缺。

RFID 技术作为自动识别技术，最大的价值在于所收集的信息。当然，这些信息必须在被归纳整理、分析挖掘后才变得真正富有价值。同时，由于信息的时效性，即如何最大限度地在有效时段内利用这些信息变得尤为重要，其中还需要经过一番创新尝试，通过分析和挖掘收集到的数据，了解读者的习惯和需求，真正发挥 RFID 的整体效益。

引入投资回报率的概念可以降低风险，帮助图书馆更好地管理和使用经费，更好地为读者服务，同时能够获得更高的认可度，赢得更多的预算经费。RFID 系统的成本包括软件成本、硬件成本、后续系统运营成本、人工成本。其中软硬件成本可分为 RFID 设备、RFID 中间件、图书馆后台管理系统和图书馆终端设备。人工成本包括对已有图书一次性回溯贴 RFID 标签所需的人力费用等。随着技术的广泛应用，标签价格在近几年有了大幅度的下降，逐渐降至可被一般图书馆普遍接受的程度。因此，RFID 技术相比于传统的磁条和条形码扫描来说除了具备优越的直接效益外，还具备许多间接效益，而这些间接效益对于图书馆的长远发展十分有益。

参考文献

[1] 范亚芳. 现代图书馆服务环境再造研究 [M]. 徐州：中国矿业大学出版社，2006.

[2] 张占国. 现代图书馆服务创新与服务评价 [M]. 北京：中国知识出版社，2006.

[3] 郑红京. 网络信息时代图书馆服务创新管理的发展研究 [M]. 长沙：湖南大学出版社，2010.

[4] 王居平. 网络环境下图书馆服务的理论与实践 [M]. 合肥：安徽大学出版社，2009.

[5] 梁梦华. 图书馆知识信息服务综合评估研究 [M]. 上海：上海世界图书出版公司，2012.

[6] 方意平. 图书馆信息服务理论与实践 [M]. 武汉：武汉出版社，2008.

[7] 董素音. 图书馆竞争情报服务 [M]. 北京：海洋出版社，2008.

[8] 杨玉麟. 公共图书馆资源建设与服务 [M]. 北京：北京师范大学出版社，2013.

[9] 吴唏. 公共图书馆读者服务案例 [M]. 北京：北京师范大学出版社，2013.

[10] 梁瑞华. 高校图书馆知识服务体系研究 [M]. 开封：河南大学出版社，2010.

[11] 彼得·德鲁克. 新现实：走向 21 世纪 [M]. 刘靖华，等译. 中国经济出版社，1993：203.

[12] 毕小青. 周忠磊. 企业知识共享模型研究 [J]. 情报杂志，2007.（11）：40-42.

[13] 成兆珠. 高校图书馆学科读者服务团队的建设规划 [J]. 图书馆论坛，2005.05：79-81.

[14] 蔡梅. 高校图书馆建设服务团队的思考：以贵州大学图书馆为视角的探讨 [J]. 贵图学刊，2011.02：48-50.

[15] 楚存坤，孙思琴，韩丰谈. 基于层次分析法的高校图书馆学科服务评价模式 [J]. 大学图书馆学报，2014.06：86-90.

[16] 程莲娟. 高校图书馆隐性知识共享的实现机制研究 [J]. 图书馆学刊，2013.11：30-32.

[17] 陈连娣. 图书馆隐性知识共享实现的行为分析：博弈论视角 [J]. 图书馆理论与实践，2012.02：9-10.

[18] 陈欣. 个人知识与组织知识转化机理和机制 [J]. 中国地质大学学报（社会科学版），2004.12.

[19] 陈爱华，孙长虹. 从高考看我国知识的生态状况 [J]. 中国国情国力，2007，（8）：

35-37.

[20] 陈建东. 知识管理生态学初探 [J]. 科学管理研究，2009，27（1）：67-70.

[21] 陈曙. 信息生态研究 [J]. 图书与情报，1996，2（2）：12-19.

[22] 董朝峰. 图书馆自助服务研究及应用进展 [J]. 图书馆论坛，2009，29（6）：152-154.

[23] 孙海霞，薛茹. RFID 系统的组成及工作原理 [J]. 西藏科技，2005，（09）：59-60.

[24] 汤武艺. "城市街区24小时自助图书馆" 系统带来的思考[J].贵图学刊,2010,31(1).

[25] 吕欣. 24h 自助图书馆在西北地区的推广探讨 [J]. 图书馆工作研究，2010，37(12)：77.

[26] 崔宇红. 决策、规划、实施、评估、展望：北京理工大学 RFID 智能图书馆建设实践 [R]. 北京：北京理工大学学报，2010，54（4）：13-14.

[27] 李星光. RFID 文献智能管理系统在深圳图书馆的应用 [J]. 物联网世界，2010，3（11）：35.

[28] 韩俊兰. 我国公共图书馆创客空间建设的调查与分析 [D]. 合肥：安徽大学，2017.

[29] 韩媛媛. 微信公众平台在高校图书馆中的开发设计研究 [D]. 武汉：华中师范大学，2015.